長江日記

양자강 푸른 물결 위에 실린
한 여성 독립운동가의 파란만장한 일대기!

글 · 정정화

학민사
Hakmin Publishers

長江日記 장강일기

1판 1쇄 인쇄 | 1998년 8월 15일
1판 5쇄 발행 | 2018년 8월 15일

지은이 | 정정화
고 문 | 김학민
펴낸이 | 양기원
펴낸곳 | 학민사

등록번호 | 제10-142호
등록일자 | 1978년 3월 22일

주소 | 서울시 마포구 토정로 222 한국출판콘텐츠센터 314호(✉ 04091)
전화 | 02-3143-3326~7
팩스 | 02-3143-3328

홈페이지 | http://www.hakminsa.co.kr
이메일 | hakminsa@hakminsa.co.kr

ISBN 978-89-7193-101-1 (03990), Printed in Korea

· 잘못 만들어진 책은 구입하신 서점에서 바꿔드립니다.
· 저자와 출판사의 허락없이 내용의 일부를 인용하거나 발췌하는 것을 금합니다.
· 책값은 표지 뒷면에 있습니다.

추천의 글
장강 푸른 물결 위에 실린 한 여인의 이야기

송 건 호
(전 한겨레신문 사장)

　이번 김자동 형의 자당께서 걸어오신 파란만장한 지난 날이 기록되어 책으로 나오게 되었음을 진심으로 축하드리며, 기쁜 마음에서 인사말을 드리고자 한다.
　김형과 나는 친구 사이다. 1954년 경의 일이니, 이미 30년이 지난 이야기가 되겠는데, 그때 김형과 나는 「조선일보」외신부에서 같이 근무하고 있었다. 공교롭게도 같은 대학교를 다녔으니 동창인 셈이지만, 내가 알기로 김형이 나보다 한 두 살 아래인 것과 김형의 성장과정이 특이하다는 점이 나와 다르다.
　김형의 조부인 동농 김가진 선생에 대해서는 따로 말을 만들기가 송구스럽고, 또한 아버지 김의한 선생을 보더라도 젊어서부터 항일의 대열에 참가하여 한독당 간부로 중국에서나 귀국 후나 백범의 민족노선을 일관해서 지킨 분이니 그분의 자제 김형이 어떠하리라는 것은 두말이 필요없겠다.
　여기에서 내가 말하고 싶은 것은 이런 공적 이야기가 아니라 그와 함께 근무하던 신문기자 시절의 이야기다. 김형의 자당께서 쓰신 책에 굳이 자제인 김형의 이야기를 먼저 꺼내는 것은 나름대로 이유가 있어서다. 김형이 예나 지금이나 늘 말하기를, 자신은 어머님 덕분에 제대로 컸고, 오늘의 자신도 오직 어머님 덕분이라고 하니, 어머니를 직접 말씀드리기보다는 자제인 김형을 이야기하며 자당의 면모를 드러내고자 함이다.
　그는 지극히 곧고 솔직하며, 거짓이나 숨김이 없고, 매사에 분명한 성품으로 영어와 중국어에도 능통하여 나무랄 데 없이 유능한 신문기자였다. 중국에서 태어나 중국에서 학교를 다녔으니 중국어는 아마 그의 제2 국어쯤 될 것이다.
　그 후 나는 다른 신문사로 자리를 옮겨 그와 자주 만날 기회가 적었으나 그는 언제나 불의와 타협할 줄 모르는 기자 정신을 지켰다. 대를 이어 항일투쟁을 한 집안이면서도 당시의 자유당 정부로부터 아무런 특혜도 없이 그저 보통 시민으로서 양심을 지키고 사는 국민의 한 사람이 바로 김형이었다.
　게다가 그는 특히 금전에 욕심이 없었다. 그의 생활은 늘 어려웠다. 그러니 그가 생계를 맡고 있는 집안 형편도 넉넉한 것이 아니었을 것이다.
　내가 그의 집안 이야기를 알게 된 것은 김형을 만난 지 오랜 시간이 지난 후였다. 그것도 김형의 입을 통해서가 아니라 남을 통해서였다. 그후로도 그가 집안 이야기를 자랑삼아 얘기하는 것을 좀처럼 보지 못했다. 그런 까닭에 김형의 집안은 '독립유공자'의 가족 속에 들어가지 않았다가 아주 뒤늦게야 다른 사람이 대신 추천하여 겨우 알려지게 되었다.
　할아버지·아버지·어머니에 이르기까지 항일 애국운동에 참여했던 김형으로서는 자신이 그 나이 또래면 누구나 알고 있을 일본어를 통 모르는 것만 봐도 결코 평탄하지 않았을 집안의 숨은 이야기를 충분히 기록으로 남길 만도 한데, 무슨 뜻에서인지 그런 의사를 내비치지 않다가 이번 기회에 김형의 자당께서 회고록의 붓을 드신 것이니 반갑고 다행한 일이 아닐 수 없다.
　이번에 김형 자당의 회고록이 나오게 된 데에는 나도 전혀 관련이 없지 않았으므로 한마디 안할 수가 없다.

몇 년 전 나는 모 잡지 기자에게 김형 자당의 이야기를 한 적이 있었다. 그러자 그 기자가 대단한 관심을 보여 김형을 만났고, 자당을 취재하여 기사화했었다.

그러나 지면과 형식의 제약으로 자당의 이야기나 집안의 이야기가 충분히 전달되기에는 미련이 많이 남았던 탓에 주위의 강력한 권고에 따라 김형이 자당을 도와 여든 여덟의 노령에도 불구하고 자당께서 직접 회고록을 집필하게 된 것이다.

이 기록은 우리들 모두가 막연하게 알고 있는 임시정부의 온갖 사정을 숨김없이 밝히고 있다. 임정에 관해 알려진 대부분의 사실들은 거의 기존의 기록에 의한 공식적인 것들 뿐이지만, 이 기록에는 임정을 내부에서 본 의외의 새로운 이야기가 많이 소개되고 있다.

나는 김형의 성격을 잘 안다. 김형의 자당이 어떤 분이시라는 건 더욱 익히 알고 있다. 따라서 내가 분명하게 한마디 할 수 있는 것은 이 기록에는 임정에 관한 지금까지 남이 말하지 않았거나 못했던 사실, 이제까지 어물어물 넘어온 사실들이 기탄없고 솔직하게 나타나 있다는 것이다.

임정 내부에는 여러 가지 문제가 없지 않았다고 들었다. 귀국 후 중국에 망명했었다고 큰소리 친 인사 중에는 임정과는 별 관계없이, 별로 뾰족하게 한 일도 없이 그럭저럭 지내다가 일본이 망하게 될 무렵에야 부랴부랴 임정에 관여한 사람이 있다고도 들었다.

결국 이런 인사들은 귀국 후의 처신에서 그 정체가 밝혀지고 있지만, 이미 이 기록에서도 쉽게 찾아볼 수 있다.

나는 이 기록이 단순히 지난 날 중국에서의 사사로운 생활만을 그리고 있다고는 보지 않는다. 밖에서 본 임정이 아닌, 안에서 본 임정의 참모습과 거기에 관련된 인사들의 면모가 잘 기술되어 있기 때문에 사학을 전공하는 학자, 특히 중국의 임정과 8·15후의 한국 정치사를 연구하는 사람에게 크게 도움이 되리라 본다.
  영영 묻혀 버릴 뻔했던 역사적 사실들이 김형 자당의 생존시에 기록으로 남아 후세에 전해진다는 것이 얼마나 다행인지 모른다. 이러한 귀중한 기록이 세상에 남게 된 것을 나는 누구보다도 기뻐하며, 이 책이 이 나라의 많은 젊은 세대들에게 읽혀지기를 바란다.

책을 내면서
못난 줄 알건만 털어 놓고 하는 말

정 정 화

    반 평생 동안 나는 많은 영웅 열사들을 곁에서 지켜보았다. 제대로 시기를 타고나야 영웅도 영웅 값어치를 하고, 열사도 열사 대접을 받는다는 것을 그 동안 배워 알았다. 내가 반생(半生)을 받들었던 어른 백범도 그랬고, 석오 이동녕(石吾 李東寧)선생도 그랬다. 어디 그분들 뿐이랴.
    이제 세상에 안 계신 그분들을 회상하며, 나는 더욱 값진 인생의 가치를 깨닫는다.
    자연스레 왔다가 자연스레 가는 것. 공수래 공수거(空手來 空手去)라 하면 너무 허망하여 인생이 자칫 헛되기 쉽고, 사람으로 태어나서 이왕이면 큰일 한번 정도는 해보고 죽어야…… 어쩌고 하면 그만 인생살이가 경망스러워지기 십상이다.
    욕심이 없되 허망하지 않고, 뜻이 있되 결코 나대지 않는 자연의 모습처럼 그렇게 왔다가 그렇게 자연처럼 가는 것이 진정한 영웅과 참된 열사의 길이요 뜻이었거늘, 하물며 나같은 범부, 졸부가 뭐 남길 게 있다고 붓을 들고 나섰는지 나 자신이 생각해도 무척이나 후회스럽고 다시 물렸으면 싶은 마음이 굴뚝같다.
    워낙 사람이 졸해서 어디고 나서기를 극구 꺼리는 이가 다름아닌 바로 나요, 그래 구십이 가까운 이 나이가 되도록 이러니 저러니 입 뻥끗하기를 마다했었는데 어찌 된 영문인지 그만 과거사를 만인 앞에 몽땅 털어놓고 말았다. 날이 새는 줄도 모르고 흉허물 가릴 엄두도 없이 속내를 드러냈다. 가당치 않는 얘기조차도 모두 내 붓 끝에서 나온 것임을 부인하지 않는다.

어찌 되었든지 상해 임시정부를 뒷바라지했다는 소리나 들으면 다행일까. 애당초에 민족의 독립이니 투쟁이니 하는 것들과는 거리가 멀었던 내가 하고 많은 항일 혁명투사들의 혁혁한 이름을 들먹이며 어쭙잖은 글을 쓰게 된 것이, 우선 첫째로 그분들께 죄스럽고, 그분들을 대신해 이런 기록이나마 남길 수 있는 기회가 내게 주어진 것이 둘째로 썩이나 나행스럽다.

도대체 내가 이름 석자를 내걸고 항일 독립운동했다는 소리를 듣는 것은 여든 여덟의 나이되도록 부끄럽기 짝이 없는 노릇이다. 무릇 혁명가들이란 혁명의 의식이 확고히 굳어짐으로써 그 대열에 서는 것이 상례인 것으로 알고 있는데, 나로서는 그렇지 못했다. 그러니 부끄러울 뿐이다.

내가 임시 망명정부에 가담해서 항일투사들과 생사 존몰을 같이 할 수 있었던 것은 순전히 나의 사사로운 일에서 비롯되었다. 다만 민족을 대표하는 임시정부가 내게 할 일을 주었고, 내가 맡은 일을 했을 뿐이다. 주어지고 맡겨진 일을 모르는 체하고 내치는 재주가 내게는 없었던 탓이다.

그러니 나를 알고 지내는 주위 사람들이 나를 치켜세우는 것은 오로지 나의 그런 재주없음을 사 주는 까닭에서일 것이다.

26년이라는 결코 짧지 않은 세월 동안 나는 임시정부와 같이 살았다. 백범의 말대로 '거지나 다름없는' 상해 시절 어느 때는 이동녕, 차이석, 이시영같은 분들과 시장 뒷골목에서 동전 한 닢짜리 중국 국수 찌꺼기를 달게 사 먹기도 했고, 등 뒤로 왜놈의 기관총 쏘는 소리를 들으며 임정의 피난 짐보퉁이를 싸기도 했다.

이동녕 선생의 마지막 가시는 길을 지켜볼 때나 백범의 부인 최준례 여사의 식어가는 손을 보듬어 쥐었을 때는 마치 암담한 조국의 꺼져 가는 숨결이 내게 와 닿는 듯했고, 하늘을 깨뜨릴 것같은 드높은 사기로 무장된 청년 광복군들이 이국의 하늘 밑에 나부끼는 태극기를 앞세우고 행진하는 모습을 바라 볼 때는 당장 내일이라도 독립된 조국을 품에 안을 듯 싶었다.

나는 그렇게 임시정부와 함께, 임시정부의 식구들과 함께 먹고 잠자고 같이 일했다. 그러니 앞뒤 없이 풀어놓은 내 이야기가 만에 하나라도 가치있고 읽을 거리가 되는 것이라면 그것은 오로지 이미 이 세상에 없는 분들의 꺼질 줄 모르는 투쟁정신과, 잊혀질래야 잊혀질 수 없는 그분들의 꼿꼿했던 성품 탓이다.

임정의 비밀 지령을 받고 독립운동 자금을 구하기 위해 국내를 수차 드나들었던 내 행동이나, 그에 앞서 상해로 망명한 시아버님 동농(東農 金嘉鎭)과 외자 성엄(誠广 金毅漢)의 뒤를 따라 스무살 새색시 적에 타관 만리인 상해로 빠져나갔던 내 의협심 가득한 모험은 그분들의 공적에 견주어 감히 내놓을 만한 것이 되지 못하다. 따라서 내 이야기로 지면을 잡아먹고, 가족에 얽힌 사연으로 이야기의 앞뒤를 끌고 간 것은, 그것을 통해 임정의 내부 사정이 어떠했으며, 임정의 주인이든 식객이든 그들이 과연 어떠한 생활을 했는지 사실 그대로 보이고 싶은 마음에서다.

해방 이후 항일 투쟁의 역사에 대해 꾸준한 관심을 보여 온 것은 참으로 다행한 일이다. 하지만 상투적인 시대 구분이나 기존 자료의 나열에 그치고 마는 자세는 그리 바람직한 일이라고 볼 수 없겠다. 국내나 국외를 통틀어 항일 투쟁의 대열에 섰던 단체나 개인에 대한 연구는 보다 세세하고 사소한 것까지도 모두 포함되어야만 비로소 단체의 성격이나 개인의 활동노선이 바로 밝혀지리라 믿는 까닭에 국외의 광복진선에서 26년의 세월을 보냈다는 내 소박한 자격으로 이 글을 엮게 된 만큼 간혹 내 판단이 그릇되었을 수도 없지 않겠다.

하지만 이 글이 나오게 된 연유가 임정을 둘러싸고 벌어진 사건이나 임정의 내막을 맹목적으로, 또는 흥미 위주로 폭로하고야 말겠다는 것이 아닌 이상 혹시 잘못 그려진 부분들이 있더라도 크게 책망받을 만한 것은 아니라고 본다.

다시 한번 더 분명히 하거니와 이 글은 무엇보다도 나 개인의 기록을 우선으로 했다. 그리고 임정을 떠난 나 개인의 기록이라는 것은 아무런 생동감도 없고, 처음부터 성립될 수 없는 것이기에 가능한 대로 내가 알고 있는 임정의 안팎 사정을 모두 끄집어 내려고 애썼다.

오래 전부터 나에 대한 이야기를 책으로 묶어보자는 제의가 여러 곳에서 들어왔으나, 만인 앞에 내세울 만한 것이 결코 못된다는 이유 하나만을 들어 없었던 일로 해달라는 내 청에 번번히 제의가 묵살되곤 했다.

또 내 이야기가 전혀 일반에 알려지지 않은 것도 아니었으니 상해 시절부터 한 집안 식구처럼 지냈던 나절로(禹昇奎)가 특히 앞장 서 나를 일컬어 '한국의 잔 다르크'라고까지 신문에 소개하기도 했다. 실로 지나친 표현임에 틀림없으나 고맙다는 말을 하지 않을 수 없었다.

앞서 말했듯이 영웅도 시기에 맞추어야 영웅 소리를 듣는다. 그나마 내가 없는 자격에 며칠 저녁의 읽을거리라도 엮을 수 있었던 것은 그만큼 타고난 시대가 험난했기 때문이 아닌가 한다.

내 몸 속에 투쟁가나 혁명가의 뜨거운 피가 흐르는 것은 아니지만, 그렇기에 더욱 나는 내 과거의 행적에 대해 뉘우치거나 후회하지 않는다. 나는 보고 듣고 겪고 배웠기 때문이다. 그러기에 내 바람은 이 글이 특히 젊은이들에게 읽혀졌으면 하는 것이다. 바로 알았으면 하는 것이다.

내게 엄정한 선생님이며 다정한 선배님이기도 했던 백범의 말을 끝에 옮기면서 이 책을 쓰게 된 내 심정을 대신한다.

나라는 내 나라요, 남들의 나라가 아니다. 독립은 내가 하는 것이지 따로 어떤 사람이 하는 것은 아니다. 우리 민족 삼천만이 저마다 이 이치를 깨달아 이대로 행한다면 우리나라가 독립이 아니 될 수도 없고, 또 좋은 나라, 큰 나라로 이 나라를 보전하지 아니할 수도 없는 것이다. …… 나는 내가 못난 줄을 잘 알았다. 그러나 아무리 못났더라도 국민이 하나, 민족이 하나라는 사실을 믿으므로 내가 할 수 있는 일을 쉬지 않고 하여 온 것이다.

개정판에 붙이는 글
다시 어머니에 대하여

김 자 동

　　어머님은 1919년 말 중국 상해로 망명한 후 1946년 봄 역시 상해에서 귀국선을 탈 때까지 근 30년의 세월을 거의 계속하여 대한민국 임시정부와 함께 지냈습니다.
　　처음 상해로 가게 된 동기는 이미 그곳에 망명해 있는 시아버님과 남편의 뒷바라지를 해야 되겠다는 데서 출발한 것이었습니다.
　　어머님은 천성으로 겁이 없으며 부지런하며, 또 두뇌가 명석하였으며 책임감이 강했습니다. 그리하여 상해에 도착한 지 얼마 안 되어 가족에 대한 사랑과 책임감 못지않게 민족의식이 싹텄으며, 보다 넓은 사명감을 갖게 되었을 것으로 짐작됩니다.
　　상해에 도착한지 얼마 안되어 자금을 모으는 임무를 띠고 귀국하게 되었습니다. 그후에도 이런 사명을 띠고 총 6회에 걸쳐서 국내에 잠입하였습니다. 그때마다 모금에는 큰 성과가 없을 경우가 많았으며, 그럴 때에는 비교적 부유한 친정에서라도 도움을 받아 운동에 기여했다고 합니다.
　　1986년 겨울, 한 출판사의 편집실에 근무하는 분이 찾아와 어머님의 자서전을 구술해 주면 출판하겠다는 뜻을 전했습니다. 이 분은 전에 잡지사의 기자로 있었을 때 임시정부 및 그 관계자들에 관한 글을 쓰기 위하여 어머님을 찾아 뵌 적이 있어 스스럼없는 사이가 되어 있었습니다.

　어머님은 "내가 한 일이 별 것 있나?"하고 그 제의를 웃어 넘겼습니다. 그러나 그 후에도 몇 차례 찾아와 옛 이야기를 나눈 것이 기록되어 1987년 2월 『녹두꽃』이란 제목으로 엮여 세상에 나오게 되었습니다.

　당시 그 책을 낸 출판사는 3·1절에 맞춰 출간을 서두르는 바람에 그 내용을 내가 한번도 통독할 기회가 없었습니다. 사실 책의 제목도 책을 받으면서야 알게 되었습니다.

　그런데 이 책이 출판된 후 꾸준히 관심을 표시하는 독자가 많았으며, 절판된 후에도 책을 구해달라는 문의를 많이 받았습니다. 어머님이 '젊은 한때의 모험'이라고 웃어 넘기기도 한 국내 잠입 '모험' 뿐 아니라 임시정부와 그 주변 인물들의 일상생활의 묘사에 대한 관심도 높았습니다.

　그러나 그 후 출판사도 문을 닫고, 책도 시중에서 구할 수가 없어 답답하였습니다. 그러던중 평소 민족문제에 천착해온 학민사의 김학민 사장이 새롭게 책을 꾸며 내겠다는 제의를 하여 고마운 마음으로 흔쾌히 받아 들였습니다. 이번에 나온 책은 날짜 등 몇군데 착오가 발견되어 간단한 수정을 했으나 내용은 거의 『녹두꽃』을 그대로 옮기도록 했습니다.

　다만 독자들의 이해를 돕기 위하여 주요 인물과 사건에 주석을 붙였으며, 관련 사진도 더 수집하여 넣었습니다. 그리고 책 내용에 상응하도록 제목도 『長江日記』로 고쳤습니다.

　아무쪼록 이 책이 특히 젊은 독자들에게 역사의 내면을 들여다 볼 수 있는 참고가 되기를 바라는 바입니다.

　『백범일지』를 백범이 쓴 원문대로 정확히 되살려 출판한 학민사가 같은 뜻에서 이 책을 펴내는데 대하여 다시 한번 치하하는 바입니다.

1998년 8월

차 례

장강 푸른 물결 위에 실린 한 여인의 이야기 _ 송건호 ——— 3
못난 줄 알건만 털어놓고 하는 말 _ 정정화 ——— 7
다시 어머니에 대하여 _ 김자동 ——— 12

북으로 가는 열차 ——— 17
압록강을 건너다 ——— 49
체 포 ——— 69
1920년대의 상해 ——— 87
상해 탈출 ——— 109
불타는 중국 대륙 ——— 129
강물 위에 뜬 망명정부 ——— 147
화탄계의 푸른 물결 ——— 173
조선의용대와 광복군 ——— 189

長江日記

양자강 푸른 물결 위에 실린
한 여성 독립운동가의 파란만장한 일대기!

중경의 임시정부 사람들 ——— 205
대륙을 적신 피와 눈물 ——— 223
일본의 항복 ——— 235
조국으로 가는 길 ——— 253
기쁨과 슬픔의 땅 ——— 265
민족은 분열되고 ——— 283
북에서 온 사람 ——— 295
감옥생활 ——— 311
새벽에 꾸리는 이삿짐 ——— 319

어머니에 대하여 _ 김자동 ——— 327
정정화 연보 ——— 343
찾아보기 ——— 347

북으로 가는 야간열차

　한 움큼의 매서운 겨울바람이 느닷없이 뺨을 후려쳤다. 목덜미를 타고 내린 한 자락 바람은 어깨죽지며 겨드랑이를 싸늘하게 파고 들었다.
　1920년 1월 초순의 서울역.
　빼앗긴 땅, 빼앗긴 나라의 얼어붙은 한겨울 밤은 의주행 열차 앞에 서 있는 젊은 아낙네의 달아오른 열기로 데워지고 있었다. 그러나 방망이질하는 여인의 가슴은 아랑곳하지 않고 열차는 어쩌면 저토록 한마디의 말도 없이 엎드려 침묵을 지키는 것일까?
　참혹과 고난이 기다리는 땅으로 간다는 묵시의 경고일까? 아니면 빨리 갈 것을 서두르는 재촉의 몸짓일까? 어쩌면 내 결심을 시험해 보는 마지막 순간의 엄숙한 고요일지도 모른다.
　상해.
　목적지를 다시 한번 확인해 봤다.
　시아버님과 성엄.
　만날 사람, 찾아갈 사람들의 얼굴을 다시 한번 떠올려 봤다.
　무사히 갈 수 있을까? 뒤에 두고 떠나는 곳, 남기고 가는 사람들을 생각하지 않고 이 모험의 정착지와 재회할 사람들을 새삼스레 확인해 본 것은 이미 내 결심의 확고함을 증명하는 것이었다. 그것은 탈출일 수도 있었다. 나 자신으로부터의 탈출.

동행인 정필화(鄭弼和)의 재촉으로 북으로 기어오를 철마에 몸을 실었다. 친정 팔촌 오라버니뻘 되는 그가 상해까지 나를 안내해 주기로 되어 있기는 하지만 안심할 수는 없는 상태였다.

마침내 열차는 움츠리고 있던 몸을 요란스레 풀었다. 순간 열차는 한번 앞뒤로 세차게 요동쳤고 내 손이 무의식중에 허리게로 간 것은 거의 동시에 일어난 일이었다. 전대가 잘 간수되어 있다는 것을 확인하고 창틀에 팔을 괴어 올리자, 열차는 그 신호를 기다리기라도 했다는 듯이 천천히 움직이기 시작했다.

허름한 서울역 역사를 느릿느릿 빠져나가는 열차의 속도와 함께 또 다른 하나의 세계가 내게 서서히 다가드는 순간이었다.

열차는 차디찬 선로를 쇠바퀴로 문지르고 비비면서 북쪽으로 달렸다. 수색, 화전, 능곡을 거쳐 서울을 빠져나갈 때까지 바깥쪽에 가득찬 칠흑의 장막이 차 안에 있는 내 모습을 또렷하게 받아 내는 차창만을 응시하고 있었고, 고양(高陽)의 일산역을 지날 때쯤에서야 새삼스레 경의선 열차에 몸을 싣고 있는 나 자신을 문득 발견할 수 있었다.

이 길은 멀고먼 길이다. 고난의 길일 수도 있다. 그러나 어차피 내가 택한 길이다.

열차는 미친 듯이 북으로 내달았다. 한시라도 빨리 서울에서 멀어지려는 앙탈인 듯싶었다. 그러면서도 선로 위를 달리는 열차의 굉음이 질서정연하게 귓전을 때릴 때마다 묻어두었던 지난간 일들이 내 작은 몸 구석구석에서 되살아나 서로 다투며 머리 속을 뭉개고 있었다.

열 한 살짜리 맏며느리

10년 전 서울 사직골의 시댁으로 시집왔을 때의 그 철없던 시절, 1910년 가을, 계집아이 티가 완연했던 내 나이 열 한 살 때의 일이다. 연로했던 친정 할아버지가 눈 감기 전에 손녀를 시집 보내겠다고 고집을 부린 덕에 그때의 풍습으로도 어린 나이였던 열 한 살에 시가의 문을 들어섰던 것이다.

그러니 안동 김씨 가문인 시댁의 가풍과 법도가 아무리 엄중하다 하더라도 열 한 살짜리 맏며느리의 풋나기 신접 생활은 우습기 짝이 없는 노릇이었다. 더구나 외자(外子 : 남에게 자기 남편을 낮추어 부르는 말) 성엄(김의한의 호)이 나와 동갑이었기 때문에 혼인 초 몇 해 동안 성엄과 나는 부부라기보다는 소꿉 친구 사이였다는 게 옳을 것이다. 시댁 친척들 중에는 성엄과 비슷한 또래의 조카들이 있어 자주 시댁에 놀러 왔고, 그때마다 나는 그들과 어울려 철없는 시간을 보내기도 했으니 말이다.

물론 그런 생활이 오래도록 지속될 수는 없었다. 점차 나이가 들면서 성엄의 내실 출입은 제한을 받게 되었고, 서울 시동(詩洞)의 친정에 자주 오가던 나도 출가외인의 법도에서 벗어날 수 없게 되었다.

그리고 이 땅의 여인이라면 누구나 한번쯤은 치르게 마련인 혹독한 시집살이가 시작되었다.

열 한 살짜리 며느리를 맞아들인 시어머니 이씨는 그때 나이 서른 셋이었다. 시아버님(동농 김가진〔東農 金嘉鎭〕*)이 예순 여섯의 나이였으니 연령 차이가 큰 셈이었고, 그 외의 시집 식구로는 시동생이 둘, 시누이가 둘 있긴 했지만 모두 손아래였다.

첫째 시동생 용한(勇漢)은 나보다 3년 아래였고, 시누이 정원(靜媛)은 내가 시집오던 경술년 이듬해에 태어났고, 그 아래로 둘째 시동생 각한(珏漢)과 시누이 영원(令媛)이 태어났으니 시집살이치고는 묘한 시집살이였다. 시댁 식구라고 해야 시동생과 시누이의 나이가 모두 어려 나로서는 형수님이니 올케니 하는 대접이

---

*1846~1923. 1884년 문과에 급제, 규장각 제학, 형조좌랑 겸 내무주사, 공조판서, 농상공부 대신, 대한협회 회장 등을 역임. 대동단 총재로 암약하다가 상해로 망명하여 임시정부 고문으로 활약했음.

백운장에서의 동농 김가진

필자가 시집오기 전
백운장에서의 동농 일가.
오른쪽 끝이 시어머니

썩 어울리지 않았고, 시댁 어른인 시아버님과 시어머님도 항상 어려운 분들이었다.

시어머님 이씨는 남달리 음식 솜씨가 좋았다. 시아버님을 찾아오는 빈객들을 접대하는 일이 빼놓을 수 없는 일과 중의 하나였고, 그때마다 시어머님의 음식 솜씨는 유감없이 발휘되었다. 음식 솜씨 못지않게 며느리를 거느린 시어머니 특유의 매서운 눈초리며 위엄 또한 유감없이 발휘되었음은 물론이다. 오직 한가지 위안이 있었다면 시아버님의 자상한 인품과 며느리를 위하는 인자함이었다고나 할까.

남편 성엄은 한학만을 주로 하다가 뒤늦은 1914년에 매동(梅洞)소학교에 입학하여 신학문을 배우기 시작했고, 1917년에 중동(中東)중학교에 입학했다.

다람쥐 쳇바퀴 돌듯 집 안에서만 왔다갔다 하는 나로서는 바깥 세상의 일들을 학교에 다니는 성엄을 통해서 들을 수밖에 없었다. 그는 내게 제1차 세계대전이 끝났다는 것과 많은 나라들이 전후에 독립을 얻었으며, 우리에게도 독립의 기회가 돌아올지 모른다는 등의 이야기를 해주었다. 바깥 일과는 담을 쌓고 사는 내가 그나마 세상 돌아가는 일을 성엄을 통해 얻을 수 있었던 것은 퍽이나 다행스런 일이었다.

열 다섯 살이 되던 해 친정 할아버지 상(喪)을 당하고, 열 일곱이 되던 해까지 삼년상의 소복을 입고 지내는 동안 성엄은 내게 다정한 벗이었다. 엄한 시어머니 밑에서 시집살이가 고되기는 했지만 내 자신이 시집살이란 으레 그런 것이려니 여기고 참고 견뎌야 하는 것이라고만 생각했기에 누구를 탓하거나 푸념하지는 않았다. 탓하고 원망한다고 한들 그런 하소연이나 푸념이 통하는 세상이 아니라는 것쯤은 익히 알고 있었기 때문인지도 몰랐다.

친정 할아버지의 삼년상이 끝나는 것을 계기로 친정 식구들은 모두 충남 예산(禮山)으로 내려가 버렸다. 이른바 낙향이었다. 여든 여덟의 고령이던 친정 할아버지가 세상을 뜨자 친정집이 서울의 근거지를 떨쳐 버리고 낙향하게 된 것은 망국(亡國)이 빚어낸 비극적 결과였다.

무관으로 관직에 올랐던 할아버지가 오위영(五衛營)에서 벼슬할 때인 1896년에 아관파천이 있었다. 그때 할아버지가 고종과 세자를 호위하게 되었는데, 정작 러시아 공관에 들어갔을 때는 호위 군사들이 이미 직분을 버리고 흩어진 후여서 할아버지만이 홀로 남아 고종과 세자를 호위하게 되었다.

당시의 일로 왕실의 신임을 얻게 되어 벼슬길이 순조로왔던 할아버지는 공조판서까지 지냈다 하는데, 내가 아직 태어나기도 전에 있었던 일이라 집안에 전해오는 이야기로 들었을 뿐 나로서는 아관파천 당시의 사실을 확인할 길이 없다.

예산의 대술면(大述面) 시산리(詩山里)에서는 내 친정을 '양대 판서 집'이라고 불렀다. 할아버지와 아버지 양대에 걸쳐 판서했던 것을 가리켜 동리에서 붙여 준 택호였다. 아버지(정주영〔鄭周永〕)의 마지막 벼슬 자리는 외관직인 수원유수(水原留守)였는데, 충청도 관찰사와 수원유수는 일품(一品)의 직품도 한다는 옛말이 있듯이 중요한 직책이었고, 조정의 신임을 얻은 고관이 부임하는 자리였다 한다.

그러나 아버지는 그 수원유수를 마지막으로 내가 네 살이 되던 1905년에 벼슬 자리에서 떠났다. 이미 나라의 법통이 일제에 의해 훼절당하고 있던 때였다.

아버지가 수원유수를 하던 때의 일로 친정 오라버니가 내게 들려준 이야기가 하나 있다. 당시 우리나라에 전화가 처음으로 가설되자 주요 외직인 수원에도 전화가 설치되었다 하는데, 서울에서 수원으로 전화가 걸려 올 때마다 서울에서는 첫마디가 "여기는 대청이다"라는 말이었다 한다.

아무튼 이 나라의 정사를 논하는 자리에서 벼슬을 살던 친정집

은 나라의 운명과 함께 쇠락하여 시골인 예산에 묻히게 되었던 것
이나, 예산의 적지 않은 토지를 근거로 해서 궁색한 가계를 모면할
수가 있었다. 그리고 아버지가 이미 관직에서 물러나온 몸이긴 했
지만 나보다 17년 연상인 정두화(鄭斗和) 큰오라버니가 서울에 있
는 유명 인사들과 자주 접촉을 하고 있었다.

　두화 오라버니는 비록 신식 교육을 받은 일은 없지만 많은 개화
파 인사들과 교류를 갖고 있었으며, 견문도 넓히고 해외 지사들과
도 만날 요량으로 망국 후에는 중국을 다녀오기도 했다. 말하자면
큰오라버니는 정씨 집안의 실질적인 기둥이었다. 물론 아버님이
계시긴 했지만 이미 관직에서 물러나 있는 상태였고, 할아버지와
아버지의 영향을 받았기 때문에 서울을 근거로 여러 인사들과 접
촉하고 있었다.

　더구나 큰오라버니는 시댁에도 자주 들르곤 했는데, 그때마다
시아버님과 은밀히 긴 이야기를 나누곤 했다. 그리고 나중에 알게
된 일로 큰오라버니는 예관 신규식(睨觀 申圭植)*, 청사 조성환
(晴蓑 曺成煥)**, 남파 박찬익(南坡 朴贊翊)*** 같은 임시정부의
주요 인물들과 오랜 친분을 유지하고 있기도 했다.

---

*1879~1922. 구한국군의 육군 무관 학교 졸업. 대한자강회, 대한협회 등 독립 단체에
가입하고, 1909년에는 대종교에 입교함. 1911년 중국에 건너가 손문의 무창 의거에 가
담하는 등 중국 국민당 간부들과 친교를 맺어 한중 공동투쟁의 발판을 마련함으로써
독립운동의 터전을 닦음.

**1875~1948. 서울 출생. 무관학교에 다닐 적인 26세 때 부패한 군부에 반기를 들고
쿠데타를 기도했다가 발각되어 사형선고받음. 무기형으로 감형되어 복역중 3년만에
칙령으로 특사를 받아 참위로 임명되나 사퇴하고 신민회를 조직. 3·1운동 후 만주에
서 북로군정서를 조직, 군사부장이 됨. 청산리 전투 후에는 대한 독립군의 외교부장
이 되어 중국·러시아 양국과 군사문제를 절충하였음. 한때 신민부의 외교위원장이 되
었다가 북경으로 가서 한국독립당을 조직, 상해에서 임정의 국무위원으로 활약. 1940
년 임정 특파원으로 서안에 광복군 설립의 기초를 닦았고, 임정의 국무위원 겸 최고
통수부 판공처장으로 활약. 해방 후 서울에서 병사함.

***1884~1949. 경기 파주 출신. 1907년 신민회 가입. 1910년 대종교에 입교함. 1911년
무장단체 중광단 조직. 1920년 임정 길림통신부에서 활동하고, 임시의정원 경기도 대
표, 외사국장, 국무위원 겸 법무부장 역임.

또한 친정 식구로는 열 살 위인 봉희(鳳喜) 언니와 여섯 살 위인 난희(蘭喜) 언니가 있었으나 이미 시집간 뒤였고, 두살 위인 봉화(鳳和) 작은오라버니가 바로 내 위였다. 친정어머니 김씨에 대해서 말할 수 있는 것은 끔찍이도 고운 성품이었다는 것뿐 손톱만큼의 허물도 나는 끄집어낼 수가 없다. 어질고 선한 어머니였다.

경술년 국치는 시댁에도 회오리 바람을 몰고 왔다. 조선 왕조의 고관을 두루 지낸 시아버님이 나라가 망하는 마당에 예전대로 지낼 수만은 없었기 때문이다.

그 해 갓 시집온 내가 두문불출인 채로 거의 칩거하다시피 하는 시아버님을 곁에서 모셨고, 시아버님은 이미 없어신 나라의 전직 대신으로서 감내해야만 하는 비통의 나날을 보내는 중에도 어린 며느리인 내게 참 다정하고 따스하게 대해 주셨다.

문밖 출입없이 꼼짝 안하시던 시아버님이 서서히 생기를 되찾고, 칠십이 넘은 고령답지 않게 오히려 활기에 넘치는 생활을 되찾은 것은 내가 시집온 지 10년째 된 기미년 초부터였다. 시아버님이 항일 비밀결사인 대동단의 총재직을 맡게 된 것이다.

내가 경의선 열차에 몸을 싣게 된 것도 이러한 시아버님의 행적과 전혀 관련이 없지 않기에 시아버님이 걸어오신 파란만장한 행로를 되새겨 보지 않을 수 없다.

시아버지, 동농 김가진

시아버님은 현종 12년인 1846년, 명문인 안동 김씨 집안에서 태어났으나 처음부터 순탄한 출발을 한 것은 아니었다.

당시 안동부사였던 할아버님(金應均)의 차남으로 태어났는데, 생모가 정실이 아니었으므로 벼슬을 한다든지 출세를 한다는 것이 처음부터 가당치 않은 처지에 있었다. 그러나 어린 시절만큼은 화목한 가정의 환경 덕택에 자신의 이러한 처지를 모르고 자랐다. 그리고 어려서부터 문필이 출중하였으므로 이를 아끼는 가족이 공부에 열중할 수 있도록 부추겨서, 당시 양반들이 다 그러했듯이 과거에 나갈 준비를 갖추었다 한다.

그러나 18세쯤이 되어서야 자신의 처지를 알고 한때 모멸과 좌절에 빠지기도 하였다. 당시 서출(庶出)의 신분으로는 간혹 출신에 따라 남행참외(南行參外)라 불리는 말직의 벼슬자리를 얻을 수 있을 정도였다.

어쨌든 시아버님은 공부를 계속하였으며, 특히 실학의 영향을 받아 새로운 사조에 관심을 가졌다. 나이 삼십이 넘어서도 과거에 응할 기회를 갖지 못하다가, 적서(嫡庶)를 타파하고 인재를 등용해야 한다는 상소가 주목을 끌어 결국 34세에 처음으로 규장각의 말직을 맡게 되었다. 그 상소가 뜻한 개혁이 실시되지는 못했으나 결국 시아버님의 환로는 트이게 되었으며, 조선 왕조 오백년 사상 처음으로 서출로서 종일품의 직위까지 오르게 되었다.

시아버님에 관하여 세상에 알려지지 않은 일 한가지는 1884년의 갑신혁명 당시 그 주역들과의 관계다. 아버님은 당시 개화파의 일원이었으며, 특히 그 주도 인물인 일가되는 고균(古筠 金玉均)과는 친근한 사이였고, 박영효(朴泳孝)와는 1919년 해외 망명 길에 오르기까지 흉허물없는 우정을 나누었다.

시아버님은 갑신혁명 약 1년 전인 1883년부터 제물포의 개항 사무를 맡아 통상사무아문 설항서(設港署)의 감리주사로 인천에 나가 있었으므로 거사에는 관여할 수 없었던 것이다. 현대적 교통수단이 없던 당시에는 인천도 그리 가까운 거리는 아니었던 모양이다. 해방 후 남편 성엄이 미군정의 고문으로 있던 서재필(徐載弼) 박사를 만난 일이 있는데, 서박사도 그때의 일을 회고하며 성엄에게 당시의 상황을 말해 준 일이 있다.

갑신년의 거사는 실패하였으나 점진적인 개혁의 바람으로 인재 등용의 문호가 약간이나마 개방되어 1886년에 시아버님은 문과에 급제하였다.

그후부터는 비교적 순탄한 관직 생활을 하였는데, 특히 신학문도 공부하였으므로 주진(駐津 : 청국 천진 주재) 종사관 및 주일공사 등의 해외 근무도 하여 식견을 넓혔고, 항상 개혁의 필요성을 조정에서 주장하였다.

1894년에는 박정양(朴定陽), 김윤식(金允植), 김종한(金宗漢), 유길준(兪吉濬) 등과 함께 군국기무처(軍國機務處)의 의원으로서 갑오경장의 주역 중의 한 분이 되셨는데, 군국기무처는 그해 7월 하순에 설치되어 불과 석달 후인 12월에 폐지되었으나, 이 기간중 수많은 개혁안을 의결시켰다.

그 중 여러 안건은 시아버님이 직접 기초하였던 것으로 알고 있다. 일본은 한국의 개화와 개혁을 주장했으며, 갑오경장은 일본이 아산만에서 청군을 격파하고 한국의 국정에 압력을 주는 상태에서 출발하였으므로 흔히 갑오년의 개혁을 완전히 외세에 의하여 이루어진 것으로 이해하는 듯하다.

그러나 내가 아는 한 그것은 당시 필요했던 개혁이며, 개화세력에 의하여 주체적으로 추진되었던 일이었다.

2년 후 독립협회가 결성되었을 때, 시아버님은 역시 주동적 역할을 하였다. 그리고 독립협회의 발기로 독립문이 건립되었을 때 그 양면의 한자 및 한글로 된 글씨는 다 시아버님의 휘호였다.

시아버님이 문필에 능하였음은 세상에 널리 알려진 사실이다. 특히 서예가 출중하여 비원 내 대부분의 현판과 더불어 전국 각처에 많은 필적을 남겨 놓았다. 그 중에도 가장 정성을 들인 유필은 바로 독립문 필적이다. 그밖에도 비원을 비롯하여 안동의 봉정사(鳳亭寺) 등 국내 여러 명찰에서 그분의 필적을 대할 수 있다.

나와 성엄이 태어난 1900년에 시아버님은 정이품 정헌대부(正憲大夫)에 올랐으며, 갑오경장 후의 새 직제로는 중추원 의장 자리인 칙임관(勅任官) 일등에 임명되었다. 개인으로서는 조선 왕조의 서출로서 일찍이 없던 영달을 한 것이다.

그러나 이때 이미 국운은 기울어지고 있었다. 1897년 조선 왕조는 국호를 대한제국으로 바꾸었으며, 고종은 황제의 직위에 올랐다. 이것은 당시 팽배하던 자주 독립의 의지의 표현이라고도 할 수 있다. 1894년의 청일전쟁이 있기 전 이 나라의 정국은 청나라를 섬기는 수구파에 의하여 주도되어 왔고, 갑신혁명이 실패로 돌아간 후 일본, 혹은 러시아의 힘을 빌어 청나라의 종속으로부터 벗어나고자 하는 시도가 끈질기게 계속되었다.

시아버님도 청일전쟁 발발 이태 후에 이른바 친로항청(親露抗淸) 밀모에 가담했다 해서 잠시 유배당한 일도 있었다.

1894년의 동학 농민혁명은 민권과 민생을 위한 투쟁이었으며, 척양척왜(斥洋斥倭)의 자주 독립투쟁이었다고 할 수 있다. 외세의 개입이 없었던들 이 나라는 아시아에서는 처음으로 민주·자주 국가로 탄생되었을지도 모른다. 그러나 왕조의 지배자들은 자신들의 힘만으로 혁명 진압이 힘들어지자 청에게 원병을 요청했었고, 청군이 인천에 상륙한 지 불과 일주일 후 청일조약에 따라서 일본군도 인천에 상륙하였다.

외군의 진주가 나라에 끼치게 될 영향을 걱정한 동학군은 관군과 협상하여 자진 해산했었지만, 진주한 청·일군은 철수하지 않았다. 일본은 철군은 커녕 오히려 내정 간섭을 시도하였고, 결국은 청일전쟁을 일으키고 말았다. 이때 이 땅에 들어온 일본군이 제2차 세계대전에 패배함으로써 1945년에 물러갔으니, 한번 불러들인 외군이 50년이 가깝도록 나가지 않은 꼴이 된 것이다.

대한제국의 출범은 청의 지배로부터의 해방을 상징하는 것이었으나 결국 나라는 일본과 러시아의 각축장으로 변하고 말았다. 자력만으로 독립의 유지가 힘들었더라도, 조정에서 자체의 힘을 기르면서 열강들을 잘 이용하여 상호 견제하게 하고 일관적인 자주 노선을 걸어 나갈 수만 있었다면 나라의 운명이 달라질 수도 있었을 것이다. 그러나 조정의 중신들은 혹은 일본, 혹은 러시아에 빌

붙는 자가 많았다. 일본이 득세할 때 러시아를 이용하여 견제하고, 또 일본을 이용하여 러시아를 견제하기는 커녕, 그때마다 득세하려는 국가의 앞잡이들이 함께 득세하는 꼴이 되고 말았다.

내가 태어난 당시에는 이미 일본의 세력이 날로 커지고 있었으니, 특히 러시아의 남진을 막고자 하는 영국과, 필리핀의 기득권을 승인받고자 하는 미국의 지원을 받고 있었다. 나라 안의 고관들 중에서도 일본에 아부하여 출세하려는 기회주의자들이 날로 늘었다.

결국 1905년 을사보호조약 체결에 따라서 이 나라는 일본의 피보호국으로 전락되고 말았다. 시아버님은 그때 모든 관직을 사퇴하였으며, 민충정공(忠正公 閔泳煥)*과 함께 자결을 상의하였으나 눈치챈 가족의 감시로 좌절되었다.

그후 아버님은 중추원 참의직과 규장각 제학을 마지막으로 두해 후에는 모든 관직을 떠났으며, 대한자강회**가 해산당한 후 그 후신인 대한협회의 회장 등을 맡아 국민운동에 전념하였다.

대한협회는 한일합방을 강력히 반대하였으나 대중적 기반을 갖고 있지 못한 일부 지식인들의 집합체에 지나지 않았다. 1909년 12월 일진회에서 합방을 주장하는 청원서를 제출하자 대한협회 주도 하에 국민대회를 소집하여 이를 규탄하기도 했다.

대한협회에 관련된 분들로서 도산(島山 安昌浩)과 우천 조완구(藕泉 趙琬九)***는 내가 중국에 망명한 후 직접 알게 되었으며, 우천하고는 오래도록 가까이 지내게 되었다.

---

*1861~1905. 고종 때의 문신. 영국 · 독일 · 러시아 등 각국의 특별공사 역임. 1905년 을사보호조약 폐기 상소를 올렸다가 받아들여지지 않자 국민과 각국 공사에서 고하는 유서를 남기고 자결함.

**1906년 이준 등이 운영하던 헌정연구회를 키워 만든 단체로, 교육을 통한 국민 계몽에 역점을 두고 교육기관 시설 확충을 주요 목표로 삼았음. 초대 회장에 윤치호가 추대되었으며, 1907년 이완용 내각이 들어서면서 해산되어 대한협회로 변신하였음.

***1880~?. 1915년 북간도에서 대종교 포교 활동. 1919년 임정 수립, 국무위원 역임. 1921년 협성회 가담. 이봉창 · 윤봉길 의사 거사에 기여. 6 · 25때 납북됨.

드디어 경술년인 1910년 8월에 나라는 일본에 병합되어 명목뿐이던 독립마저 잃게 되었다. 대한협회도 이때 해산당하고 말았다.
　합방과 더불어 일본에서는 왕실을 제외한 귀족 75명에게 작위를 주었다. '조선귀족령'에 따라서 후작 6명, 백작 3명, 자작 21명 및 남작 45명에게 작위가 주어졌다. 일본의 합방에 적극 협력한 자들과 박영효*와 같은 왕실의 친족 등에게는 후작, 백작 및 자작이 수여된 반면, 남작을 받은 대부분은 거절할 용기가 없었던 사람들이라고 알려졌다.
　그러나 오천 김석진(梧泉 金奭鎭)**같은 분은 합방에 항거하여 자결하였으므로 자연 작위를 거부한 것이다.
　침략자들이 흔히 그렇듯이, 일본도 이 나라에서 전래되어 온 지배체제를 활용하여 지배층에게는 어느 정도의 특권을 존속시키며 그들을 이용하고, 또 한편으로 그들과 더불어 백성에 대한 수탈을 꾀하려 했던 것이다. 그리하여 이 나라의 많은 지주들은 왜놈의 수족이 되어 그들을 도움으로써 스스로를 더욱 살찌워 나갔다.
　한편 합방조약에서는 이른바 왕실의 존엄을 존속시키기로 약속하였다. 그리고 권세는 빼앗겼으나 왕실의 재산은 그대로 유지되었으며, 영화도 누릴 수가 있었다. 황제는 이왕(李王)으로 격하되었으나 나름대로 대접은 받았으며, 왕족은 물론 종일품 이상의 관직을 가진 사람들에게도 조선귀족령에 따라 작위가 부여되었다.
　한편 왕실이 일본에 굴복하여 양위조서(讓位詔書)를 발표함으로써 당시 지도적 위치에 있는 저명인사들도 대부분 별 저항없이 망국을 운명으로 받아 들였다.
　물론 각지에서 의병들의 봉기가 있었으나 조직적인 저항이 국내

---

*1861~1939. 조선 말의 친일 정치가. 자는 자순(子純). 김옥균과 독립당을 결성하고 1884년 갑신정변을 꾀하였으나 실패하고 일본으로 건너감. 1894년 청일전쟁 때 귀국하여 내무대신이 됨. 한일합방 후 일본의 귀족원 의원, 후작이 됨.
**1843~1910. 1890년 문과에 급제, 호·공·이·형조참판, 형조판서 등을 지냈음. 을사보호조약 체결을 반대하고 5적신의 처형을 상소하였으며, 한일합방 때 음독자살하였음.

에서는 오래 지속되지 못했으며, 항쟁의 근거지는 차츰 해외로 이전되었다.

합방 당시에는 이미 관직을 떠난지 오래였으나 친정 할아버지와 시아버지도 남작 수여의 대상이 되었다.

당시 할아버지는 84세로 이미 시청 능력을 잃고 있는 상태였으므로 4년 후 88세로 세상을 떠날 때까지 작위를 받은 사실은 제쳐두고라도 나라가 망한 것도 모르고 지냈다.

사실 당시 작위를 받은 귀족 중 그 당장 공식적으로 이를 거절한 사람은 없었던 것으로 기억된다. 왕조에 벼슬을 하는 사람들의 가치관이란 것이 나라보다도 군왕에 대한 충성을 보다 더 중시했기 때문에, 왕도 일본의 귀족이 된 마당에 수작하는 사람들에게 어떤 마음 속의 합리화를 주었는지도 모른다.

더구나 서슬이 퍼런 합방 당시에는 아무도 감히 이를 거절할 수 없었을 것이다. 그러나 수작자들 중 윤용구(尹用求)*, 한규설**, 유길준, 민영달(閔泳達)***, 홍순형(洪淳馨), 조경호(趙慶鎬) 등은 합방 2년 후에 그들이 받았던 작위를 일본 정부에 반납하였다. 많은 고민과 자책 끝에 그렇게 행동하였던 것으로 생각된다.

경술년 합방되던 해 시아버님은 이미 65세로 당시로서는 고령이었다. 그리고 관직 재위중 큰 재산을 모은 것도 없었으며, 집안 형편도 큰 살림을 꾸려가기에 어려울 지경이었다.

아마도 모든 것을 체념한 상태로 왜놈이 준 작위도 공개적으로

---

*1853~1936. 근대의 서양화가. 1871년 직장(直長)으로 문과에 급제하여 예·이조 판서를 지냄. 1895년 이후부터 관직을 버리고 야인 생활로 은거. 한일합방 후 일본 정부의 남작 수작을 거부하고 작품에 몰두, 글씨와 그림에 능하여 많은 금석문을 남겼음.

**1856~1930. 구한말의 대신. 자는 순우(舜佑). 의정부 참정을 지내다가 을사조약에 반대하여 파면됨. 후에 중추원 고문을 지냄. 한일합방 후 남작을 받았으나 거절함.

***1859~?. 호는 우당(藕堂). 고종 때 호조판서로 있다가 김홍집 대각이 들어서자 내무대신을 지냄. 1895년 민비 살해 사건이 있은 후 관직을 버리고 야인으로 돌아가, 1921년 동아일보사의 경영 자금을 대주기도 했고, 한일합방 때는 일본이 남작의 작위를 내려 회유했으나 거절함.

거절하지 못한 것같다.

내가 시집온 후 시댁은 생활 형편이 날로 영락해졌으며, 기미년에는 체부동의 보다 작은 집으로 옮겼다.

시아버님은 그러한 형편에 있었으나 작위에 따라서 주어지는 연금은 끝내 받기를 거부하며 지냈다.

3·1 독립선언은 물론 시아버지에게도 큰 충격을 주었으며, 비록 74세의 고령이었으나 나라를 위하여 무엇인가 기여하고 싶은 결의를 갖게 했던 것이 분명하다.

시아버님은 이 무렵에 큰오라버니의 소개로 두암(斗庵 全協)*을 만나게 된 듯하다. 두암과의 회합은 아버님에게 새 출발을 위한 계기가 되었으며, 이로부터 왜놈의 남작이란 수치스러운 과거를 청산하고 새로운 출발을 하게 되었던 것이다.

대동단과 큰오라버니 정두화

한일합방에 항거하여 수많은 애국지사들이 목숨을 바쳤다. 스스로 목숨을 끊어 항거한 사람도 있고, 무장투쟁을 하다가 전사하거나 체포되어 처형당한 사람도 많았다. 더러는 해외로 망명하여 투쟁을 계속하였고, 국내에서는 국내대로 비밀결사를 만들어 항쟁하는 사람들도 있었다. 그러나 역시 보다 많은 사람들은 수모를 참고 살아나갔다. 과거에 죄를 진 사람 중에는 속죄할 생각을 하는 사람도 있었다.

한때 친일집단인 일진회(一進會)의 총무와 평의원을 지낸 바 있는 전협이란 분도 그 중의 한 사람으로 볼 수 있다. 사실 그가 처음 일진회에 가입했던 당시, 일진회가 친일 매국 단체를 표방하고 출

---

*1878~1927. 서울 출생. 조선조 말에 일진회 평의원, 부평군수 등을 지내며 친일 경향을 나타냈었으나 3·1운동 후 상해서 김구·김중호 등과 만나 독립운동을 의논하고 서울에 돌아와 각계 각층 인사를 망라하여 비밀 결사인 대동단을 결성, 김가진을 총재에 추대하고 독립운동에 헌신. 1920년 의친왕 이강을 상해로 탈출시키려다가 안동현에서 발각, 징역 10년의 선고를 받고 복역하다가 병보석으로 출감 후 병사.

발한 것은 아니었다.

　유신회(維新會)라는 명칭 하에 출발한 이 단체는 개혁과 개화를 내세웠던 것으로 알려져 있고, 다만 역적 송병준(宋秉畯)*이 일본의 교사를 받아 처음부터 이 조직을 조종했던 것이다. 따라서 초기에 이 집단에 참가한 사람의 대부분은 오히려 나름대로 무엇인가를 해보고자 하는 사람들이었을지도 모른다. 물론 일진회는 이내 친일적 성격을 나타냈으며, 매국집단으로 변모하였다.

　일진회를 발판으로 해서 30 미만의 나이에 이미 군수직에 오른 전협이 그 일진회를 쉽게 빠져나올 수 없었던 것은 어느 정도 이해할 수도 있는 일이었다. 이쨌든 그는 일진회와의 관계를 끊고 당시 많은 지사들이 그랬듯이 만주로 이주하여 그곳에서 나라를 위하여 헌신할 결심을 하였다.

　그는 만주로 나가기 전에 군수의 직책을 이용하여 자기 관내에 있는 윤치호(尹致昊)**의 땅을 사기로 팔아먹었다. 그리고 군수직을 사퇴하고 이내 가족들을 데리고 만주로 이주해 버렸던 것이다.

　이때의 일과 관련하여 한 가지 여담을 하고자 한다. 옛날부터 개관논정(蓋棺論正)이란 말이 있다. 일생을 훌륭하게 살다가 마지막을 더럽힌 사람은 영영 매장되는 법이다. 반면 잘못을 저질렀더라도 이를 깨닫고 옳게 행동했을 때는 그 전과를 씻을 수 있다. 항일투쟁에도 한때의 잘못을 깨닫고 참여한 분들이 내가 알기에도 많이 있다.

　반면 최린, 최남선, 이광수같이 한때 애국자로 명성을 얻은 후 부일협력하는 자는 오히려 역사에 보다 큰 죄를 짓게 되는 셈이다.

---

*1858~1925. 윤시병과 함께 유신회를 조직하여 보안회에 대항하다가, 이용구 등과 함께 일진회를 창설하여 친일 행각을 벌임. 한일합방을 극력 주창하여 일본으로부터 자작의 작위를 받음.

**1895~1946. 상해와 미국 등지에 유학, 1897년 귀국하여 독립협회 부회장, 「독립신문」 사장, 대한자강회 회장 등을 역임. 독립정신과 자유민권사상 고취에 힘을 기울였으나 차차 친일적인 경향을 나타냄. 해방 후 일본에 협력한 것을 자탄, 뇌일혈로 죽음.

전협

　몇 해 전 두암에게 이른바 포장이 수여되었다. 그가 일진회원이었고 사기의 전과가 있어 훈장받을 자격이 없으므로 포장으로 강등되었다는 것이다. 전협은 불과 20여 세에 저지렀던 한때의 잘못을 스스로 깨닫고 나라를 위하여 목숨을 바친 분이다. 애국적 행동을 위하여 부재지주의 공한지를 사기하였다 하여, 그 후의 행적을 어떤 자격들을 갖고 모독했는지 분한 생각이 들 뿐이다.
　어쨌든 두암은 1912년 가족을 만주에 두고 조국을 위하여 일할 뜻을 품고 귀국하였다. 귀국한지 얼마 안되어 부평의 토지를 사취한 죄로 체포되어 3년형을 언도받았다. 친일 세도가 윤치호의 땅을 사기했으니 무사할 리가 없었다. 출옥 후 그는 조국 광복운동에 투신하고자 다시 만주로 건너갔으나 별로 뚜렷한 일을 하지 못하다가 1918년에 다시 서울로 돌아왔다.

제1차 세계대전이 끝난 후 많은 피식민지 국민들이 그랬듯이 이 나라에도 독립의 꿈이 부풀기 시작하였다.

전협도 그의 동지인 최익환(崔益煥 : 호는 力田), 윤기우(尹基祐), 장석우(張錫祐) 등과 독립운동의 자금을 모으는 등 앞날의 활동을 위한 준비를 하고 있었다. 이 무렵 전협은 나의 큰오라버니를 만났고, 큰오라버니는 당시 호서은행(湖西銀行)의 취체역(이사급에 해당)으로 있으면서 여러 독립지사들과 깊은 관계를 맺고 있었는데, 중국에 망명한 신규식, 조성환, 박찬익 등 임시정부의 주요 인물들에게 긴기 상당한 자금을 제공하고 있었다.

그러던 중 전협은 상해로 망명하여 그곳에 있는 독립운동가들과 접촉을 꾀하였다. 당시 상해에서는 파리강화회의*에서 한국의 독립을 승인해 줄 것을 기대하였던 것같다. 그리하여 망명생활보다는 국내에 와서 건국 준비에 참여해야겠다고 생각하고 1919년 2월 다시 서울로 귀환하였다.

물론 파리강화회의는 열강의 새로운 지배질서를 확인했을 뿐 민족자결은 한낱 구호에 그치고 말았다. 그리고 비폭력을 내세운 기미년의 3·1운동도 일제의 총칼과 군화 밑에 진압되었다.

이때 전협과 그의 동지들은 조직적인 항일투쟁을 전개하기 위한 구상을 하였다. 그리하여 전협을 단장으로 하는 조선민족대동단(朝鮮民族大同團, 약칭 대동단)을 결성하기로 결정을 보게 되었다.

〔선언서〕
아(我) 조선민족은 2천만 성충과 묵계에 따라 반만 년 역사에 기하여 인류 대동의 신요구에 응하려 하며, 세계 평화의 대원칙을 준수하고 정의·인도의 영원한 기초를 확립하기 위

---

*제1차 세계대전 직후인 1919년 1월 파리에서 미국·영국·프랑스 등 전승국이 모여 국제연맹을 성립시킨 국제회의를 말함.

해 과반(過般) 조선 독립을 선포했다.

그 관계는 이미 국제적이며 또 인류적이다. 오족(吾族)은 촌호도 배타의 천려(淺慮)가 없으며, 공도와 정리를 존중하고 광명 정대한 방법으로써의 해결을 열국의 정의·공론의 결정에 기대하는 바이다.

일본이 재래의 착오를 개혁하지 않고 인류 양심의 희망을 유린하고 세계 평화의 위신을 무시하여 비인도적인 참독한 무력으로써 아(我) 문명적 생명력의 발작을 학살하는 것은 세계의 전인류가 용인할 수 없는 공분된 일이다.

항차 아(我) 2천만 민족은 서사(誓死)적인 최후의 결심을 하였다. 아족(我族)은 민족적 정신의 자각을 지중(持重)하고 생존상 기능의 자신을 발휘하여 엄격한 주장을 관철할 것이다.

뿐만 아니라 금일에야 시국 전진의 형세에 비추어 사태 난이의 기미를 관찰하고 통일·종합시키기 위해서 본단을 조성하고, 아족 영세의 귀추인 3대 강령을 거(擧)하여 차(此)를 세계에 선언하는 바이다.

〔3대 강령〕
1. 조선 영원의 독립을 완성할 것.
2. 세계 영원의 평화를 확보할 것.
3. 사회의 자유 발전을 광박(廣博)할 것.

조선 건국 4252년 5월 20일
조선민족대동단

〔결 의〕
1. 일본 정부로부터 조선 통치의 현재 시설을 완전히 인계하고 총독 정치를 철거하여 온건한 사회 발전의 시설을 시행할 것.

1. 파리 만국강화회의에 참석할 아(我) 대표위원을 촉려하고, 열국에게 아 조선 독립을 공인시키기 위하여 연맹에 가입할 것.
1. 완전한 독립정부를 성립할 때까지 가정부(假政府 : 상해의 임시정부에 대하여 흔히 사용한 별칭임)를 원조하고 국민 사무를 처리할 것.
1. 일본이 아족의 독립 시설에 대하여 포학한 무력으로써 억압하던 것을 지급히 철폐시키고, 아울러 일본 군대를 철거시킬 것.
1. 일본이 아 조선독립을 인성하지 않고 포학을 속행할 시는 하는 수 없이 최후의 수단을 쓸 터인즉, 이에 관련된 결과는 일체 오등(吾等)이 그 책임을 지지 않을 것임.
1. 외국인의 생명과 재산은 일률로 보호할 것.

이 선언서의 3대 강령에서는 독립·평화·자유의 3대 원칙을 천명하였으며, 일제의 각성을 촉구했다. 그리고 파리강화회의 등에 진정서를 발송하여 역시 3·1운동과 마찬가지로 독립운동 추진의 방식을 버리지 못하였다.

그러나 대동단은 조직 단계에서부터 행동강령이라 할 수 있는 '방략(方略)'을 작성하였는데, 그 첫머리에서부터 '평화와 선량(善良)을 기초로' 한 '정면(正面)의 방침'과 '피등(彼等 : 일본을 지칭함)'의 '완악 불성(頑惡不誠)에 대응하기 위하여 부득이 비밀로' 하는 '이면(裏面)'의 책략을 결의하여 비밀 무력투쟁을 구상했다는 점에서 3·1운동보다는 진일보했다고 할 수 있다. 선언서의 '결의'에서도 '일본이…… 포학을 속행할 시 하는 수 없이 최후의 수단을 쓸 터'임을 밝혔다.

신복룡(申福龍) 교수가 집필한 『대동단실기』에 따르면, 대동단 선언서 등 이때의 문서 대부분이 역전(力田) 최익환에 의해 집필

되었다고 기술되어 있다. 신교수가 역전의 사위이니 사실을 잘 알고 있을 것으로 믿으며, 당시의 대동단에서 지하 인쇄소를 두고 간행물을 냈는데, 이것이 역전의 주관이었으므로 그분이 대부분의 문서를 직접 집필한 것은 당연한 것으로 안다.

그러나 내가 들은 기억으로는 주요 문서들은 아버님이 직접 검토하고 가필을 하였다 한다.

역전은 해방 후 한독당의 주요 간부직을 맡았으며, 성엄과 두터운 친분을 유지했는데, 그분도 단독 정부의 수립을 반대하였다. 역전은 6·25 전란중 미군의 공작원인 박모의 권유로 함께 평양을 방문한 적이 있는데, 이것이 결국 박헌영 등이 북한에서 실각한 계기가 된 것으로 알려져 있으며, 그분은 단지 전쟁 종료에 기여할 뜻으로 동행한 것으로 보인다.

그분이 세상을 떠나기 전인 1959년인가 해서 나는 성북동에 있는 그분의 초라한 자택을 방문한 바 있다. 초면이었으나 뜨거운 옛정이 솟아나는 듯하였다.

당시에 기록에 따르면, 두암과 그의 동지들은 1919년 3월 말 경에 대동단의 결성에 합의를 보았다. 그리고 두암이 단장으로 선출되었는데, 총재로는 학문과 명성과 덕망을 갖춘 인물을 추대하기로 하여 시아버님을 찾아뵙고 설득했던 것으로 되어 있다. 독립운동사의 주된 참고 자료가 일본의 재판 기록에 의존하지 않을 수 없으므로 모든 역사책과 전기도 다 그렇게 기록되어 있다.

그런데 내가 알기에는 나의 큰오라버니가 두암과 함께 시아버님을 찾아왔었다. 그러니 총재로 추대되기 이전에 이미 큰오라버니를 통하여 사전 접촉이 있었고, 다만 총재직은 두암의 강력한 권유가 있은 후에야 수락한 것으로 알고 있다.

어쨌든 그해 4월에 큰오라버니가 사랑에 들렀다가 잠시 나에게 왔던 일이 지금도 분명히 기억난다. 그때 나는 오라버니에게 시집살이에 대해 푸념을 했고, 그러자 오라버니는 "멀지 않아 무슨 변화가 생길 것이니 자중하고 있거라"하며 나를 타일렀다.
　당시만 해도 집안의 아녀자들이 바깥 일에 대해 관여한다는 것은 환영받을 만한 일이 못되었기 때문에 나는 그저 잠자코 있을 수밖에 없었는데, 그때 벌써 대동단의 비밀스런 일은 많이 진척되어 있었던 것이다.
　큰오라버니는 대동단의 재정부장을 맡았으며, 당시에는 거액이라고 할 수 있는 3만원을 제공했던 것으로 알고 있다. 사실 대동단에서는 지하 신문을 발행하는 등 적지 않은 비용이 필요했는데, 아마 그 대부분이 큰오라버니에게서 나왔을 것이다. 그러나 이 사실을 알고 있는 사람은 대동단의 몇 사람이 되지 않았다.
　후에 대동단 단원들이 일경에 체포되고 사건 전말이 드러났을 때, 조사 및 재판과정에서 두암과 큰오라버니 사이의 금전 거래가 상거래를 위한 것으로 인정되어 큰오라버니는 실형을 받지 않고 출감할 수 있었다.
　두암과 큰오라버니 사이에 단지 상거래만을 위하여 큰돈이 오고 갔다는 것을 일본 경찰이 믿었을 리는 없다. 일본은 당시 독립운동에 귀족은 참여하지 않고 있다는 주장을 대외에 내세웠었다. 물론 실제에서도 독립운동에 참여한 다수가 일반 평민이었던 것이 사실이다. 지금 내 생각에는 일본 당국이 남작 수작자의 손자가 독립운동에 가담했다는 사실을 은폐하고자 하는 뜻에서 속아넘어가 주는 체하지 않았나 한다.
　시아버님은 대동단의 총재직을 수락한 후, 단순히 상징적 위치에만 있었던 것이 아니라 적극적으로 대동단 일에 참여했다. 대동단은 당시 항일운동체로서는 처음으로 전국적인 조직을 가지고 있었으며, 만주에까지 조직을 뻗치고 있었다. 이는 국내의 중앙본부가 적발되더라도 해외에 지도부가 별도로 남아 활동을 계속해야 되겠다는 것을 염두에 둔 착상인 것같다.

누더기 걸친 망국 대신

1919년 10월이었다.

남편 성엄이 시아버님을 모시고 집을 나간 지 며칠이 지나도록 통 연락이 없었다. 시어머님은 그저 바깥 일이 바빠서 그럴 테니 크게 마음쓰지 말라고 나를 안심시키기는 했으나 도무지 갈피를 잡을 수가 없었다. 자주 오가던 큰오라버니의 발길도 끊겼고, 이따금씩 집에 드나들며 시아버님과 가까이 지내던 이들도 약속이나 한 듯이 출입을 하지 않았다.

이상스러울이만큼 평온하게 며칠이 지나던 어느 날, 시어머님께서 무덤덤한 표정으로 내게 신문 한 장을 건네면서 읽어 보라는 것이었다. 예전에 없던 일이었다. 시어머님이 왜 내게 신문을 보라는 것인가 의아해 하면서 신문을 받아들었다. 그리고 신문을 읽으면서 나는 그만 어안이 벙벙해질 수밖에 없었다.

소식이 없던 시아버님과 성엄의 근황이 신문에 실려 있는 것이 아닌가? 1919년 10월 10일에 시아버님과 성엄이 국내를 빠져나가 상해로 망명했다는 내용의 기사였다. 이럴 수가! 까마득히 모르고 있었던 일이다. 눈치도 못채고 있었던 것이었다.

도무지 믿어지지가 않는 급작스런 소식에 잠시나마 어리둥절했던 나는 이내 평온을 되찾았다. 시아버님과 성엄이 집을 나가기 전에 시어머님이 내게 한 말을 떠올리면서 허둥거리던 내 마음을 다 잡았다. 언젠가 낮에 옷을 손질하고 있던 내게 슬쩍 지나가는 투로 시어머님이 일렀던 말이 있었다.

"옷 손보는 김에 허름한 옷 한 벌을 지어 놓거라."

시어머님이 시키는 일이니 궁금증이 일면서도 말꼬리를 달 엄두도 못내고 누더기같은 옷을 얼기설기 꿰맞추어 놓은 일이 있었다. 그 옷이 바로 시아버님이 상해로 가면서 변복할 옷이었음에 틀림없었다. 그러니 시어머님은 어느 정도 일에 대해서 알고 계셨으리라 보는데, 어쩌면 시어머님조차도 일의 내막은 모르는채 그저 옷을 한 벌 지으라는 시아버님의 말을 그대로 따랐을지도 모를 일이다.
 이런 엄청난 일을 당하고도 나는 어째서 무심할이만큼 담담해지는 것일까? 이런 사태를 미리 감지하고 있었는지도 모른다. 아니, 이런 일에 이미 익숙한 환경에서 지낸 탓일 수도 있다.
 아무튼 내 처지를 돌볼 겨를도 없이 우선 시아버님과 성엄이 무사하다는 것만이 다행스럽고 고마왔다. 누구에게 고마움을 표시해야 될지도 모르면서.
 시아버님의 해외 망명이 있고 나서 점차 알려진 사실에 의하면 두 부자(父子)의 국내 탈출은 극적이었다. 극적인 만큼 국내외에 끼친 영향도 지대한 것이었다.
 이렇듯 대동단 총재로 활동하던 시아버님이 언제 어떻게 해외 망명을 결심하게 되었는지 그 자세한 내막은 며느리인 나로서도 상세히 알 길이 없다. 다만 그때까지 독립운동에 참여한 사람 중에는 시아버님같이 화려한 관직을 가졌던 사람이 없었다는 사실과, 일본으로부터 작위까지 받은 고관이 해외로 망명함으로써 국제적으로 주목받는 효과를 가져올 수 있다는 사실이 시아버님의 해외 망명의 주된 이유가 아니었나 생각한다.
 어쨌든 시아버님의 망명 의사가 상해에 있는 임시정부에 전달되었으며, 할아버님과 대한협회 때의 동지였던 내무총장 안창호는 환영한다는 뜻을 전하면서 밀사로 승려 출신 이종욱(李鍾郁)을 국내에 파견했다.
 시아버님은 당시 의친왕 이강(義親王 李堈)과 친근한 사이였으며, 사돈까지 맺기로 약속된 관계였다. 왕의 친동생인 이강이 함께 망명길에 오른다면 그것이 미치는 영향이 막대할 것으로 믿었다. 그리고 그를 움직일 수만 있다면 막대한 자금도 가지고 갈 수 있을 터이므로 그야말로 일석이조의 효과를 얻을 수 있을 것이다. 시아버님은 이강에게 자신의 결의를 전했으며, 동행할 것을 권유했다. 이강은 이에 쾌히 승락했으나 선뜻 출발하는 것은 쉽지 않았던 모양이다.

  이강은 간호원 출신인 애첩과 동행하겠다고 했는데, 그렇게 되면 아무래도 기밀을 유지하는데 문제가 될 것같았다. 그래서 결국 이강의 출발은 뒤로 미루고, 시아버님은 아들 성엄만을 데리고 이종욱의 안내로 망명길에 오른 것이다. 일제 시대 서울에서 발간된 『조선독립소요사론』에서는 당시 시아버님이 애첩 금화(錦花)를 데리고 갔다고 기록하였으며, 그후의 여러 책자에도 그렇게 기록되어 있는데, 이것은 전혀 사실이 아니다.

  시아버님 일행은 남의 이목을 피하기 위하여 서울역이 아닌 일산역에서 기차를 탔다. 경의선으로 신의주까지 가서 중국땅인 안동으로 넘어가기 위해서였다.

    나라는 깨지고 임금은 망하고 사직은 기울어졌어도(國破君亡社稷傾)
    부끄러움 안고 죽음을 참으며 여태껏 살아 있구나.(包羞忍死至今生)
    늙은 몸 아직도 하늘을 꿰뚫는 뜻을 품고 있나니(老身尙有沖霄志)
    단숨에 솟아올라 만리길을 날아간다.(一擧雄飛萬里行)

    민국의 존망이 달려 있으니 어찌 내 몸을 돌보리(民國存亡敢顧身)
    천라지망 가운데서 귀신같이 빠져나왔으니(天羅地網脫如神)
    찢긴 갓에 누더기 입고 삼등 차간에 앉은 이를(誰知三等車中客)
    옛적 대신이라 그 누가 알 것인가.(破笠簏衣舊大臣)

  일흔 넷의 노구를 이끌고 고국을 등진 채 해외 망명길에 오른 노정치가의 희망과 의지가 뚜렷이 담긴 시귀다. 성엄이 세세히 기록해 놓은 가족 일지에 시아버님이 의주행 열차 안에서 남기신 이 한시가 적혀 있었던 것은 참으로 다행스런 일이다.

  시아버님 일행은 무사히 압록강을 건너 안동현에 도착했다. 그곳에는 우리 독립운동가들을 돕는 에이레(Eire) 출신의 쇼오

성엄 김의한의 상해 시절 모습과 필자가 상해로 탈출하기 직전인 스무 살 때의 모습

(George Shaw)라는 사업가가 있었다. 에이레도 영국의 식민 통치에 대항하여 오래도록 싸워 온 나라이므로 자연 우리의 민족운동에 깊은 동정을 가졌고, 쇼오는 여러모로 우리 독립운동가들을 도왔다.

쇼오는 이륭양행(怡隆洋行)이란 회사를 경영했는데, 영국계 태고(太古)선박공사의 안동현 대리점을 맡고 있었다. 시아버님 일행은 이륭양행이 대리하는 계림호(桂林號) 편으로 10월 말 상해에 도착했다.

상해에 도착하자마자 시아버님과 성엄은 함께 프랑스 조계 내의 병원에 입원해야만 했는데, 시아버님은 노인이었으므로 여고에 시달리셨겠지만, 가는 도중 성엄도 위장병에 걸려 부자가 함께 병원

상해 임정으로 탈출하려던
당시의 의친왕 이강

신세를 지게 됐다는 것이다.
 시아버님은 병원에서 각국의 기자들과 회견을 가졌다. 시아버님의 기자회견 기사는 세계 각국에 크게 보도되었고, 나도 집에서 신문을 받아 보고서야 시아버님과 성엄이 무사히 상해에 도착한 것을 알게 되었다. 일본 당국도 기자회견이 있기까지 아버님 부자의 망명을 전혀 몰랐기 때문에 이때야 집에 와서 조사를 하는 등 난리를 쳤으며, 그때부터 항시 형사들이 집 근처를 맴돌면서 감시했다.
 상해의 임시정부를 비롯한 교민사회에서는 시아버님을 크게 환영했으며, 시아버님은 임시정부의 고문으로 추대되었다. 상해의 중국 신문들은 물론 이 사건을 크게 보도했고, 각계에서도 많은 관심을 보였다. 당시 병원을 찾아온 사람 중에는 중국 전직 총리인 당소의(唐紹儀)도 포함되어 있었다.

아버님의 망명 후 대동단에서는 이어 이강의 망명을 추진하였고, 국내를 탈출했던 이강은 그해 11월 안동현에서 일경에게 체포되었다. 이로 인하여 결국 대동단의 조직만 노출되어 전협 단장 이하 많은 간부들이 체포되었다.

대동단은 3·1운동의 실패를 감안하여 전국적인 조직을 갖고 국민운동을 전개할 것을 계획하였던 것인데, 간부들의 대거 체포와 조직의 노출로 모든 것이 수포로 돌아갈 지경에 놓이게 되었다. 그러나 체포당하지 않은 잔여 조직에서는 그야말로 이대로 죽을 수는 없다는 각오로 11월 28일 조선민족대표 33인의 명의로 된 선언서를 뿌리며 대한독립만세를 부르면서 시위를 전개하였다.

시위는 쉽게 진압되었고, 조직의 빈약 때문에 이를 확산시키는 것도 실패로 돌아가고 말았다. 그러나 대동단의 이 만세 시위사건은 당시 3·1운동 다음 가는 큰 사건으로 커다란 충격을 주었던 게 사실이다.

대동단 만세 사건이 실패한 후 대동단의 중앙본부는 거의 일망타진되었으나 국내의 일부 지방조직은 그후에도 얼마 동안 지속되었다. 그리고 간도의 조직도 얼마 동안 더 존속했으나 역시 왜경에 의하여 분쇄되었다.

주요 간부 중에 오직 나창헌(羅昌憲)만이 상해로 망명하였다가 그후 사천성(四川省)으로 가서 그곳에서 객사한 것으로 알려져 있다. 나창헌이 상해에 온 후 대동단의 본부를 해외에 옮겨 재건할 것을 결의하여, 1920년(대한민국 2년) 3월 박용만*, 손영직, 고광원 및 성엄 등이 해외 본부를 조직하였다. 그러나 그해 5월 대동단의 국내 거점인 신의주 지부도 일경에 탄로되어 국내에서의 조직적 활동은 사실상 종결되었다.

만세 사건이 터진 지 1년이 넘은 1920년 12월 대동단 관련자 36

---

*?~1928. 1907년 하와이 호놀룰루에서 「신학국보」를 창간하고 주필이 됨. 1919년 3·1운동 후에 중국으로 건너가 상해·북경 등지를 유랑하다가 객사.

명에 대한 판결이 내려졌다. 단장 전협은 8년형을 받고 만기 출옥 8개월을 앞둔 해 7월에 세상을 떠났으며, 그외에 최익환 등 대동단 단원 30여 명이 옥고를 치렀다.

탈출 계획

1919년 여름, 시아버님과 성엄이 망명길을 떠나기 두달 전 내게 크나큰 슬픔이 닥쳤다. 시집온 지 8년만에 얻은 첫딸을 낳자마자 그만 잃고 만 것이다. 갓난아이의 죽음을 눈앞에 두고 본다는 것은 어머니로서는 이루 말할 수 없는 아픔이었다. 그러나 마냥 슬픔에 잠겨 있을 수만은 없는 상황이었다.

아이를 잃은 충격에서 헤어나기도 전에 성엄이 내 곁을 떠났고, 엎친데 덮친 격으로 대동단 사건이 터지자 큰오라버니가 왜경에 체포되고 말았다. 시댁에는 냉랭한 분위기가 감돌았다. 더구나 시댁 주변에는 늘 왜경이 맴돌면서 감시의 눈초리를 게을리하지 않았다. 시댁은 그야말로 고립무원의 지경과 다름없었다.

이모저모로 뒤숭숭한 채 갈피를 못잡고 잡념만 무성하던 때이긴 했지만, 예산에 계시던 친정 아버님이 큰오라버니의 옥바라지 때문에 서울에 올라와 친척집에 머물고 계셨던 탓에 그나마 마음 한구석으로 한가닥 위안이 되었다.

첫아이를 잃은 갓 스물 아낙네의 말 못할 심정, 남편없는 시댁에서의 고달픈 시집살이, 며느리를 늘 친딸처럼 감싸주시고 귀여워해 주시던 시아버님의 구국(救國)이라는 대의를 위한 망명. 이 모든 조건이나 상황은 앞으로 내가 어떻게 처신해야 할 것인지에 대해 판단을 흐리게 하는 안개였다. 도무지 한 치 앞을 내다볼 수 없는, 사방으로 둘러쳐진 장막이었다.

유달리 호된 시집살이를 맛보여 주시던 시어머님도 집안의 기둥이 쑥 빠져버린 탓인지 며느리 대하는 눈총이 다소 누그러진 것은 사실이었다. 명색이 그래도 며느리인지라 성엄이 시아버님을 모시고 무사히 상해에 도착했다는 기사가 실린 신문을 손수 내게 들고 와 보여 주기도 했으니, 전에 없던 호의였음에 틀림없었다.

초겨울 한낮에 내리쬐는 그 따사로운 햇볕마저도 원망스럽기 짝이 없는 나날들이었고, 짧디짧은 하루해도 이 궁리 저 궁리로 여삼추같이 길게 느껴지곤 했다. 그러면서도 마음 한 구석에서는 이상한 변화가 일어났다. 무엇인가 내 길을 찾아야겠다는, 마음 속 깊은 곳으로부터의 거센 욕구가 일어났던 것이다.

나는 그 미세하나마 거부할 수 없는 충동을 차분하게 읽어 내고 해석할 수 있었다. 그리고 그 욕구에 충실히 머리를 조아리고 따르기로 마음을 다잡아 먹었다.

3·1운동에 꼬리를 이어 대동단 만세 시위 사건이 온 나라를 흥분과 좌절의 도가니로 몰아넣었던 기미년이 가고 1월 초 어느 날이었다. 그날 따라 새벽 일찍 눈을 뜬 나는 서둘러 집안일을 끝마치고 시어머님 앞에 가 앉았다. 예전처럼 시어머님의 호출을 받은 것이 아니고 자진해서 시어머님을 찾은 것이었다.

방문고리를 잡을 때 순간 흔들렸던 결심을 잡아채 굳히기라도 하듯이, 나는 시어머님 앞에 앉자마자 거두절미하고 용건부터 꺼냈다.

"어머님, 친정엘 좀 다녀왔으면 합니다."

며느리의 태도가 평소와 다르게 머뭇거림이 없었던 때문인지 시어머님은 잠시 의아해 하는 표정이더니, 의외로 쉽게 내 청을 받아 주었다. 온다간다 소리도 없이 집을 나간 남편이 상해에 가 있다는 소식을 신문으로 전해 들을 수밖에 없었던 며느리의 처지를 헤아리고 속사정을 동정하는 시어머님의 깊은 뜻도 없지는 않았으리라고 본다.

어쩌면 마지막이 될지도 모르는 큰절을 시어머님께 올리고 나는 서둘러 시댁을 빠져나왔다. 이것저것 자질구레한 소지품 따위를 챙길 마음의 여유가 내게는 없었다. 시댁을 뒤로 하고 서울 친척집에 계신 친정 아버님을 찾기까지 무슨 정신으로 발걸음을 옮겼는지 모르겠다.

친정 아버님은 나를 반갑게 맞아주셨다. 늘 하시는 말씀처럼 '예쁘고 영리한 것'이 찾아와 안부를 여쭈니 무척 기뻐하시는 표정이 역력했다. 상의드릴 말씀이 있다고 서두를 꺼낸 나는 신중하게 내 뜻을 비쳤다.

"아버님, 제가 상해에 가서 시아버님을 모시면 어떨까요?"

아버님은 말씀이 없으셨다.

"제가 시댁에 남아있는 것보다는 시아버님 곁에서 시중을 들어드리는 것이 나을 것같아요."

"말처럼 쉬운 일이 아닐 텐데 네가 해낼 수 있을까?"

"여태껏 겪은 것도 쉬운 일은 아니었습니다. 저도 여러번 생각 끝에 결심하고 나서 말씀드리는 거예요."

"네 시아버님께서 여생을 편히 지내시고자 해서 상해로 가신 건 결코 아니다. 상해 생활은 여기와는 천양지차로 다르다. 독립운동은 둘째치고라도 우선 먹는 것 입는 것에서부터 어려움이 클 것이다. 더구나 위험한 곳이고. 그러나 생활이 힘들고 위험하다는 이유로 너를 막을 생각은 추호도 없다. 다만 섣불리 먹은 마음이 중도에 유야무야될까 봐 그것이 근심스러워 이르는 말이다."

"그 일이라면 염려하시지 않아도 될 듯 싶습니다, 아버님."

아버님은 재차 내게 다짐을 두셨다. 흐리멍텅해서는 안될 일이고 안이하게 여겨서도 안될 일이라는 걸 주지시키고서야 상해로 가겠다는 내 결심을 쾌히 승낙해 주셨다.

나의 상해행 모험은 이미 시작되고 있었다. 상해에 있는 시아버님께 전해드리라면서 아버님은 내게 거금 팔백원을 내주셨다.

"믿을 만한 사람은 못되지만, 필화가 마침 서울에 와 있으니 그를 따라가도록 해라. 봉천서 소실을 데리고 산다는 얘기가 있던데, 내 청이고 하니 너를 상해까지 안전하게 안내해 줄 수는 있을 것이다. 너도 알다시피 필화 그 사람이 왜놈하고 끈이 닿아 있다고 해서 평판이 그리 좋지 않으니, 각별히 조심해서 행동해야 한다."

아버님이 내주신 거금 팔백원까지 손에 쥔 이상 머뭇거릴 필요가 없었다. 상해로 가기 위해 필요한 소소한 일들은 아버님이 서둘러 차비를 차려 주셨고, 나는 아버님께 하직인사를 여쭙고 부랴부랴 동서가 있는 삼청동의 육상궁(毓祥宮)으로 달려갔다.

육상궁은 궁정동 칠궁(七宮)이라고도 불리는데, 조선조 역대 임금중 정궁(正宮) 출신이 아닌 군주의 사친(私親 : 종실로서 임금의 자리에 오른 분의 생가 어버이를 이르는 말)을 모신 일곱 사당이 있다는 데에서 나온 말이다. 그 육상궁에 시동생 용한과 나보다 두살이 아래로 용한의 내자(內子)인 아랫동서가 살고 있었는데, 시댁이 사직골에서 체부동으로 이사올 때 가내 살림살이들이 여러 곳으로 흩어지던 중 일부 집기며 이부자리들이 동서가 있는 육상궁으로 옮겨져 있었다.

동서는 내 뜻을 전해 듣고 놀라는 기색이 완연했다. 그러나 내 결심이 이미 확고하게 굳어진 것을 눈치채고 아무 말 없이 이부자리 한채와 옷가지 몇 점을 서둘러 내주었다. 그로써 한나절만에 상해로 떠날 준비는 모두 끝이 난 셈이었다. 사실상 준비랄 것도 없었고, 몸 하나 달랑 떠나는 마당에 챙길 것도 별반 없었다.

그날 따라 횅해 보이는 서울 거리에 어둠이 스며들고 있었다. 바로 어제도 느낄 수 있었던 초저녁의 차가운 기운, 순식간에 저녁노을을 몰아내고 먹빛 어둠을 끼얹는 한 겨울 저녁의 야박스러움. 모든 것이 어제 그대로였다. 변한 것은 없었다. 내가 서울에 없더라도 모든 건 제자리를 지킬 듯싶었다. 남대문 옆의 허름한 역사에는 정필화가 미리 나와 나를 기다리고 있었다.

상해로 가려는 나를.

압록강을 건너다

　열차는 스무 살의 겁없는 여인을 싣고 북쪽으로 밤을 패며 달리고 또 달렸다.
　그렇다. 이 길은 한 여인의 길이다. 열 한 살에 시집와 세상 문을 닫고 규방에 갇히고, 열 아홉에 첫아이를 낳아 잃고, 남편을 떠나보낸, 가슴 얼어 오는 그 모든 사연을 십대의 나이에 모두 치른 한 여인의 길이다.
　이 길은 모진 풍파로부터의 도피도 아니며, 안주도 아니다. 또다른 비바람을 이번에는 스스로 맞기 위해 떠나는 길이다.
　중국으로 가는 길, 상해로 이어지는 길, 이 길은 또한 이 나라의 땅덩어리 위에 발을 붙이고 사는 여인의 길이기도 하다. 모진 숙명을 뒤집어 쓴 20세기 벽두에 태어나 자라면서 한땀 한땀 바느질을 배우듯이 스러져 가는 한 나라의 숨통을 지켜본 소녀가 이젠 여인의 이름으로 그 나라를 떠나가는 길이다.
　열차는 무사히 의주에 닿았다. 의주에서는 국경인 압록강의 철교를 건너야 했다. 의주역에서 봉천 가는 기차로 갈아 타고 철교를 건너야 중국땅으로 들어설 수가 있었다.
　의주에서는 정필화의 손이 필요했다. 아무런 여행증명서나 여권도 가지고 있지 않은 나로서는 그에게 의지할 수밖에 없었는데, 다

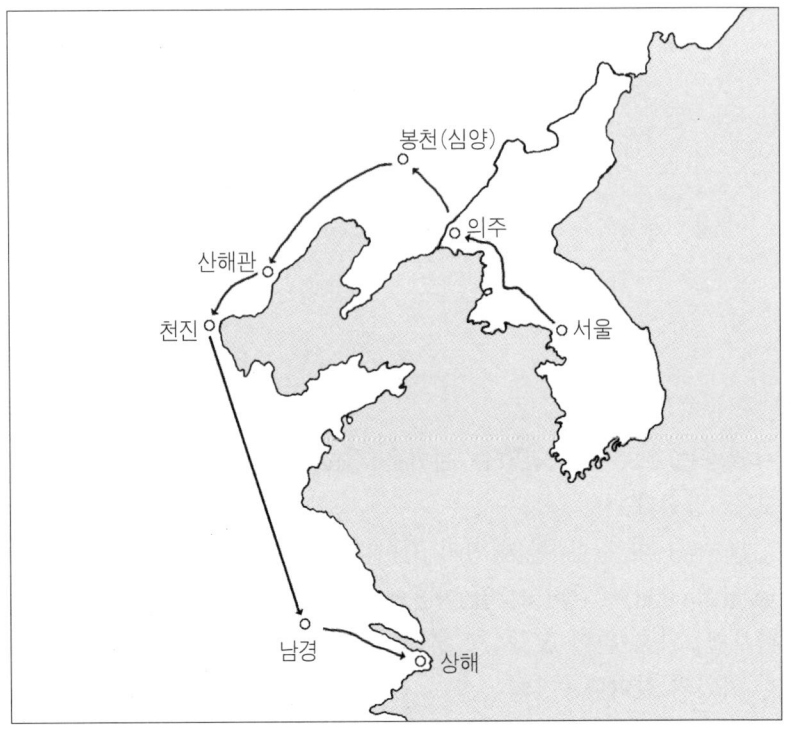

정정화의 탈출 경로

　행히도 그가 의주에 있는 판사를 통해 국경을 넘을 수 있는 증명서를 구해왔다.
　난생 처음으로 밟아보는 중국 땅 봉천(심양)은 서울과 비견이 안될 만큼 규모가 컸다. 대도시였다. 눈 앞에 펼쳐지는 갖가지 이국 풍경은 하나하나가 모두 새로와 보였고, 내가 지금까지 살던 곳을 떠나 다른 나라 다른 땅에 와 있다는 것이 철저하게 실감났다.
　봉천에서는 정필화의 집에 가서 하루를 묵었다. 봉천에서 산해관까지, 산해관에서 천진까지, 천진에서 남경까지 연이어 갈아타면서 꼬박 일주일 이상을 열차 안에서 지냈다.
　차창 밖으로 보이는 이국의 풍치도 풍치려니와 언제 끝날지 모르는 여로를 차 안에서 먹고 자고 하자니 여간 고된 일이 아니었다. 그래도 나는 하나라도 빠뜨릴까 싶어 거대한 중국 땅의 품 안에서 자라나는 모든 것들을 눈에 담고 있었다.

정신을 못차릴 정도로 사방에서 들려오는, 거센 듯하면서도 부드럽게 이어지는 중국말은 처음 하루 이틀 동안은 이방인에게 무척 낯설게 느껴지기도 했고, 심지어는 위협하는 듯한 어조에 바짝 긴장하기도 했으나, 천진을 거쳐 남경을 향해 갈 때쯤 해서는 바로 뒷좌석에서 싸우는 소리를 들으면서도 피곤한 눈을 붙일만큼 익숙해져 있었다.

간혹 아랫도리를 감싸오르는 찬기운에 잠결에도 두 발을 모으며 계속 잠을 청하다가 결국 추위를 쫓아내지 못하고 잠을 깨 창 밖을 내다보면 일망무제로 펼쳐진 너른 들판이 끝간데 없이 저편 지평선으로 발을 뻗고 보란 듯이 누워 있기도 했다.

산협을 돌아나오자마자 불현듯 나타나 정신을 바짝 들게 하는 도도한 강물은 맞은편 언저리가 까마득히 보일 만큼 그 넓디넓은 어깨를 펼치고 유유히 흘러가기도 했다. 중국은 자연 그 하나만으로도 풍족하고 풍요로운 곳이었다.

다시 만난 시아버님

열흘 이상을 내처 달려와 상해에 닿은 것은 1월 중순의 어느 이른 아침녘이었다. 무턱대고 조선 사람들 사는 데를 물어 첫번째로 찾아든 곳이 손정도(孫貞道 : 임시정부 초기에 평정관을 지냈음)라는 사람의 집이었다.

자초지종을 얘기하니 손정도씨가 놀라며 아직 식전일 테니 아침이나 같이 먹자며 아침상을 차려주었다. 먹는 둥 마는 둥 숟가락을 놓고 손정도씨의 안내로 시아버님과 성엄이 있는 집으로 갔다. 시아버님을 뵙자, 내가 상해에 오지 않았더라면 어쨌을까 싶을 정도로 시아버님은 어린아이처럼 기쁨을 감출 줄 모르셨다.

"네가 어떻게 여길 왔느냐? 여기가 어딘 줄이나 알고 온 게야?"
"저라도 아버님 뒷바라지를 해드려야 할 것같아 허락도 없이 찾아뵈었습니다, 아버님."
"그래, 잘 왔다. 고생했다. 참 잘 왔다. 용기있다."
일흔 넷의 시아버님이셨다. 여생의 안주를 마다하고 구국 광복의 길에 흔연히 노구를 던진 어른이셨다. 용기있는 분이셨다.
드디어 상해에서의 새로운 생활이 시작되었다. 상해 생활이라는 것은 곧 프랑스 조계 내의 대한민국 임시정부에서의 생활을 말하는 것이었다.
연로하신 시아버님을 모시고자 하는 소박한 뜻에서 물불을 안가리고 뛰어든 상해는 임시정부 정청(政廳)에 나가 일선에서 직접 일을 하지는 않더라도 나는 이미 그 현장의 일원이 되었다. 단신으로 서울을 떠난 것은 망명이라는 이름으로 불리기에 충분했으며, 윗어른을 모신다는 것은 곧 일종의 독립운동을 의미하기도 했다. 친정 아버님이 전해준 돈은 다름 아닌 독립자금이었던 것이다.
상해에서의 부자 두 분의 생활 형편은 그야말로 애옥살이였다. 당시 중국에는 빠우판(包飯)이라고 해서 하루 세끼를 배달해 주고 한달 계산으로 장기간 식사를 대주는 것이 있었는데, 두 분이 달리 손을 쓸 수도 없었기 때문에 그 빠우판으로 끼니를 때우고 있었다. 내가 하나 둘씩 살림을 챙기게 되면서 조석으로 시아버님과 성엄의 뒷바라지를 할 수 있었으나 임시정부에 몸담고 있던 다른 분들과 마찬가지로 생활은 늘 쪼들리는 형편이었다.
그때 시아버님이 기거하시던 집은 프랑스 조계 내의 구근로(具勤路) 영경방(永慶坊) 10호에 있었는데, 큰 길가에서 좁은 골목을 따라 안으로 쑥 들어간 곳에 있었다.
그 집은 방이 셋에 부엌이 딸려 있고, 집 전체를 월세로 빌어 쓰고 있었는데, 방 하나는 다시 세를 놓았다. 나중에 알고보니 상해에는 그런 집이 많았다. 집을 여러 채 가지고 있는 사람이 보증금

젊은 시절의 이시영

을 받고 집 전체를 월세로 내주면, 그 집에 세든 사람은 다시 방을 하나나 둘쯤 월세를 받고 다른 이에게 내줄 수 있었다.

임시정부측에서는 시아버님을 특별히 대접하여 모두들 정성을 다하긴 했으나 살림이 궁핍하기는 피차 일반이었고, 특히 내무총장으로 있는 도산 안창호와 법무총장 예관 신규식 두 분이 크게 도움을 주었다.

두 분은 시아버님이 영도했던 대한자강회와 대한협회 등에 관계를 가졌던 분으로, 예관은 1911년에 중국으로 망명하여 기미년 이전에 이미 중국 신해혁명의 주역들과 친교를 맺고 있었다. 그리하여 임시정부가 상해에서 수립된 때에도 현지에서의 모든 일을 도맡아 할 정도로 자리가 잡혀 있었다.

신규식

또한 큰오라버니하고 친교도 있는 사이여서, 나는 그때까지는 아직 여러 선생님들과는 서먹서먹한 사이였으나 그 집만은 자주 드나들며 어려운 일이 있을 때마다 예관에게 상의할 수 있었다.

대한민국 임시정부

임시정부 요인들을 주축으로 한 상해의 여러 사정들을 몸에 익히면서 하루하루를 바쁘게 보냈다. 서울 시댁에서 무료하게 살림살이를 꾸려나가던 때와는 전혀 분위기가 달랐다. 생활은 어렵더라도 상해에는 무언가 긴장되고 활기찬 움직임이 있었다.

이시영(李始榮)*, 이동녕(李東寧)** 등 여러 혁명투사들이 시아

---

*1868~1953. 호는 성재(省齋). 서울 출신. 고종 28년인 1891년 23세로 문과에 급제, 동부승지, 평안관찰사 등을 지냄. 1910년 한일합병이 되자 가족을 이끌고 남만주로 이주, 신흥무관학교를 창설하여 독립군 양성에 힘씀. 3·1운동 후 상해 임시정부 법무총장, 재무총장 등을 지냄. 1945년 귀국하여 대한독립촉성국민회 위원장, 초대 부통령을 지냄. 1951년 부통령 퇴임 후 6·25동란 중 부산에서 노환으로 별세.

**1869~1940. 호는 석오(石吾). 충남 천안 출생. 1904년 이후 청년운동에 종사하다가 을사보호조약 체결 후 이상설 등과 함께 북간도 용정촌에 망명하여 서순의숙을 설립. 1907년에는 다시 국내에 들어와 안창호, 김구 등과 비밀결사인 신민회를 조직했고, 1910년 남만주로 건너가 이시영과 함께 신흥무관학교를 세움. 1919년 상해 임시정부 초대 의정원 의장이 되고, 1927년 국무위원에 피선, 주석을 겸무. 1928년 한국독립당을 결성하였고, 1935년에 한국국민당 간부로 있다가 사천성에서 병사.

버님을 뵈러 우리집으로 올 때마다 시아버님은 나를 그분들께 일일이 인사시켜 주셨고, 나는 한 분 한 분 얼굴을 기억하며 예의범절에 소홀함이 없이 그분들을 대했다.

남편인 성엄도 무슨 중요한 일이 있을 때마다 내게 참고삼아 이야기를 들려 주었고, 나로서도 이미 임시정부의 요인들을 가까이서 대하게 된 상황에서는 알아두고 지내야 할 것들이 많았다.

상해로 오기 전 국내에서는 3·1운동의 기운에 힘입어 상해 임시정부에 걸고 있는 기대가 컸었다. 금방이라도 무슨 획기적인 일이 일어날 것만 같은 분위기였는데, 막상 상해에 직접 와서 보고 듣고 알게 된 임시정부는 불행하게도 그렇지 못하였다. 정치적인 움직임에 대해서는 자세하게 아는 바가 없기 때문에 이렇다 저렇다 말할 형편이 못되었지만, 적어도 임시정부 요인들이 각자 꾸려 나가는 살림살이라는 것은 그야말로 말씀이 아니었다.

상해에 발을 붙인지 달포 남짓 지났을 때였다. 좋게 말하면 대담하고, 아무리 잘 봐준다 해도 당돌하기 그지없는 내 기질이 또 한번 살아나기 시작했다. 그러나 아주 터무니없는 발상은 아니었다. 국내에 들어가서 돈을 구해 오면 어떨까 하는 생각이 들었던 것이다.

국내에 간다는 것은 다름아닌 친정 아버님께 가는 것이었다. 궁여지책으로 친정에 갔다온다고 둘러대고 도망치다시피 해서 나온 시댁에는 낯을 들고 들어갈 엄두가 나지 않았을 뿐더러, 시댁 형편으로 보아서 손을 내밀기는 커녕 오히려 쌀 한 말이라도 보태야 할 지경인 것은 누구보다도 내가 잘 알고 있었다. 그러니 결국 하루 끼니가 간들간들하는 시댁보다 소가 비빌 언덕이라고는 친정쪽이 고작이었다.

하루하루 힘들게 연명하다시피하는 상해 생활로 봐서 내가 그런 마음을 먹게 된 것은 결코 무리가 아니었다. 대의를 위해 불철주야 뛰어다니는 여러 지사들도 활동을 위해서는 생계가 유지되어야 한다는 사실을 부인하지는 못했다.

다만 한 사람 한 사람의 사정에 앞서서 전체 민족의 생존권 획득이 우선되어야 했으므로 개개인의 구차한 살림 형편을 크게 내세우지 않았을 뿐이었다.

그러나 부엌에 드나드는 아낙네의 처지는 또 달랐다. 무엇보다도 먼저 불을 지피고 물을 끓이고 명색이나마 밥상에 올릴 식량이 있어야 했다. 그러나 일정한 직업이 없고, 땅뙈기 한 뼘도 가지고 있지 못한 상해에서는 겉으로 떠벌리며 푸념하지 않았을 뿐이지 속으로는 애간장을 녹이는 실정이었다.

이름, 명예, 자존, 긍지보다는 우선 급한 것이 생활이었다. 포도청같은 목구멍이었다. 머리를 내밀고 팔다리라도 내놓을 만한 누더기 한 자락이 더욱 절실히 필요했던 것이다.

나는 예관 신규식 선생을 찾아갔다. 충북 청주 출신인 예관은 어려서부터 기개와 재주가 뛰어난 인물로 당시 마흔 초입의 활동적인 장년이었고, 임정의 법무총장이 되기 전에는 구한국군의 육군무관학교를 졸업하고 대한자강회며 대한협회 등 독립단체에 투신하여 활동했던 신임을 얻은 지사였다.

예관은 시아버님하고도 퍽 가까운 사이여서 우리 집안과는 허물없는 사람이었다.

나는 예관도 익히 알고 있을, 그 동안의 살림 형편에 대해 넌지시 그 속사정을 비추고 나서 말끝에 내 뜻을 밝혔다.

"엉뚱한 소견인지는 모르겠습니다만, 제가 친정에 가서 돈을 좀 얻어와 볼까 하는데요."

예관은 잠시 머뭇거렸다. 너나 할 것 없이 다같이 겪고 있는, 그러나 좀처럼 입 밖에 내지 않고 말없이 덮어두고 있는 상처를 드러내보였다는 것이 결코 반가울 수만은 없었을 것이다. 예관은 내 제의에 된다 안된다 점을 찍지 않고 걱정스러운 듯이 입을 뗐다.

"부인, 지금 국내는 사지(死地)나 다름없습니다. 특히 동농 선생의 일로 해서 시댁은 왜놈들의 눈총을 받고 있지 않습니까? 물론 조심해서 처신하겠지만 무턱대고 들어갔다가 만에 하나 왜놈들에게 발각이라도 되는 날이면 다시는 못나올 것은 고사하고 큰 고초를 겪게 될 것입니다."

나는 예관의 대답을 듣는 순간 가슴이 미어져 왔다. 차라리 안된다고 딱 잘라 말을 했더라면 내 마음이 그토록 쓰리지는 않았을 것이다. 내 제의는 고육지책이었다. 누군가가 해야 할 일이었다. 누군가가 나서서 '당신이 짐을 져주어야겠소'라고 말을 해야 할 처지였다.

완강히 막고 나서지 못하고, 겁없이 덤벼든 내 신변을 걱정하는 예관의 심정은 어떠했을까? 그에 비하면 나는 오히려 홀가분한 편일 것이다.

사실 나는 제법 겁이 없는 편이었다. 작은 체구의 어디서 그런 담대한 말이 나오는지 예관은 걱정스러우면서도 한편으로는 내 뜻을 단호하게 내치지는 못했던 것이다.

당시 임정에서 가장 곧고 용기있는 분으로 우천 조완구 선생을 꼽았다. 국내에서는 대한협회 당시 시아버님의 비서로 일한 적도 있는 지사다. 8·15후에도 백범의 통일 노선을 가장 꿋꿋하게 주장하고 지지했던 분이 바로 우천인데, 나중에 그 우천도 나를 가리켜, "조자룡의 일신(一身)이 도시(都是 : 모두) 담(膽), 정정화의 일신이 도시 담"이라면서 작은 몸 전체가 담덩어리라고 말한 적이 있었다.

임정의 밀령

어떠한 일이 있어도 한 차례 귀국을 하겠다는 나의 결의를 알게 된 예관은 그러면 자신의 지시에 따라 움직여 줄 것을 요청했다. 이렇게 하여 친정에 가서 돈을 좀 얻어 오려던 나의 사사로운 계획은 임시정부 법무총장 신규식의 지시에 따른 공적인 임무로 바뀌게 되었다.

내가 맡게 된 임무는 자금 조달이었으며, 상해 출발에서부터 국내 잠입, 상해 귀환의 모든 경로 및 절차는 임정의 지시에 따르도록 되어 있었다. 친정은 대동단 사건에 큰오라버니가 관련된 것으로 인하여 삼엄한 감시를 받고 있었으므로 처음부터 들르지 않고, 국내에 있는 동안은 예관의 조카인 산부인과 의사 신필호(申弼浩)의 집에 은신하기로 하였으며, 그곳에서 예관과 시아버님이 지정한 몇 군데하고만 연락을 취하도록 지시받았다.

내가 국내에 들어가 접촉해야 할 사람들 앞으로는 시아버님이 쓴 편지가 전달되게 되었는데, 한지에다 백반 물로 글씨를 쓴 일종의 암호 편지였다. 그냥 무심히 보기에는 아무 것도 쓰여 있지 않은 백지같지만, 그 종이를 불에 갖다 대고 쪼이면 글씨가 뚜렷하게 살아나서 쉽게 읽을 수 있게끔 만든 것이었다.

이 암호 편지는 나중에 일본 경찰의 눈에 뜨이게 되어 계속 이용할 수 없었고, 또 다른 새로운 방법의 통신수단이 나왔는데, 일종의 끈 편지라고 할 수 있는 것이다. 종이에다 직접 글을 써서 그 종이를 노끈 꼬듯이 꼬아서 물건을 묶어 놓으면 편지는 꼭 끈처럼 위장되는 것이다.

예관과 시아버님의 철저한 사전 지시를 받은 나는 3월 초순에 상해를 출발했다. 국내 잠입경로는 연통제(聯通制)를 따랐다. 연통제는 임정 초기에 국무원령 제1호로 공포되어 실시된 비밀 통신 연락망으로서 임정 내무총장의 지휘 감독 아래 국내와의 통신업무 및 재정 자금 조달 등을 위해 교통국(交通局)과 함께 이원화되어 운영되고 있었다.

상해에서 안동현까지는 이륭양행의 배편을 이용하였다. 이것은 아버님과 남편이 상해에 갔을 때도 이용했던 선편으로 임시정부와 국내를 잇는 주요 통로의 하나였다.

안동현은 압록강을 건너는 철교로 신의주와 연결되어 있는 곳이다. 안동(安東)이란 지명은 동쪽을 안정시켰다는 뜻으로, 중국이 그 지역을 정복하고 복속시켰다는 뜻이 은근히 배어 있어서 우리에게는 불쾌하게 들리는 명칭이다. 그래서 중화인민공화국 정부가 수립된 후에는 이곳의 명칭을 단동(丹東)으로 고쳤다 한다.

이와 유사하게 대국의 오만을 나타낸 지명이라 할 수 있는, 베트남과의 국경에 있는 진남관(鎭南關)도 현재는 우의관(友誼關)으로 개칭되었다 한다.

당시 안동에는 우강 최석순(友江 崔錫淳)이 임정의 연락업무를 띠고 상주하고 있었다. 그는 신분 위장을 위하여 한편 왜경의 형사로 있으면서 많은 독립운동가들의 내왕을 도왔다.

배로 안동에 닿자마자 나는 임정의 지시대로 우강을 찾았다. 우강은 나와는 첫 대면이었고, 상해에서 젊은 여자가 나왔다는 사실에 다소 놀라는 기색이었으나, 내 신분을 확인하고 신의주로 안전하게 넘어갈 방도를 생각해 보자고 했다.

우강의 집에서 하룻밤을 묵고, 다음날 우강과 상의한 끝에 그의 누이동생으로 가장하기로 했다. 결국 왜경 형사의 누이동생이 된 나는 별다른 의심을 사지 않고 무사히 압록강 철교를 건너 신의주에 도착할 수 있었다.

우강과의 이런 첫 해후가 있고 나서 그후에도 내가 같은 방법으로 안동과 신의주를 내왕하는 동안 우리는 아주 가까운 사이가 되어 우강을 오라버니로 섬기게 되었다.

신의주에 넘어와서는 역시 비밀 연락소인 시내의 세창양복점을 찾아갔다. 양복점 주인이자 재단사인 이세창(李世昌)씨는 내 신분을 확인하자 안전하게 서울까지 갈 수 있는 모든 편의를 돌봐주었다.

세창양복점에서 하룻밤을 지내는 동안 이세창씨와 여러 이야기를 나눌 수 있었는데, 비밀리에 활동하는 지하운동 요원답지 않게 그분은 무척 소박하고 착한 성품을 지니고 있었다. 그러나 유심히 살펴보면 볼수록 겉모습에서는 쉽게 찾아볼 수 없는, 정의감에 불타는 뜨거운 가슴을 가지고 있었으며, 애국의 열정이 대단했다.

별로 배운 것도 없고, 나라가 망하기 전에 세도가나 집권자들의 압제를 받으며 억눌려 지내오기만 했던 사람이 자신에게 해를 기쳤다면 모를까, 이렇다 할 혜택이나 은덕을 베풀어 주지 못했던 조국이 이미 숨통을 끊긴 마당에도 그 조국을 찾고자 위험을 무릅쓰고 일제에 항거하는 모습을 볼 때 진정한 애국자가 따로 없다는 것을 뼈저리게 느낄 수 있었다.

그런 분이 나중에 왜경에 체포되어 투옥되고, 결국은 소식도 들을 수 없는 또다른 외진 곳으로 스며들어 다시는 이름 석자가 세상에 밝혀지지 않았다는 것은 안타깝기 그지없은 일이다.

이세창씨는 내게 차표까지 손수 끊어다 주고 역에까지 안전하게 안내해 주었다. 열차에 오르기 직전 친오라버니같은 그분이 미소를 띠며 거센 평안도 사투리로 내게 한 말을 되씹어 볼수록 독립운동은 과연 누구를 위한 것인가, 이 나라의 주인이 과연 누구인가를 되뇌어 보지 않을 수 없었다.

"몸조심하라요. 자기만 생각할 거이 아니라 남도 생각을 해야 되는 일이야요. 기래야 또 들어올 수 있으니까니. 명심하라요. 내레 솔직하게 한마디 하갔는데, 젊은 아주머니레, 더구나 귀골로 곱게 산 사람이 이런 일을 하리라고는 꿈에도 생각 못했시다. 독립운동하는 유명한 사람들이레 하나같이 다 이런 험악한 일을 하는 건 아니디요? 기렇디요? 나같은 놈이나 하는 일인 줄 알았거든."

서울에 도착한 즉시 나는 서울역 건너편의 세브란스 병원 관사에 있는 신필호 박사를 찾아갔다. 당시 서울에서 가장 유능한 젊은 산부인과 의사였던 신박사는 예관 삼형제 중 형님의 장남이었으며, 그의 처는 인기 높은 피아니스트였다.

나는 신박사에게 내가 서울에 온 목적과 해야 할 일들에 대해서 비교적 자상하고 솔직하게 이야기하고 도움을 청했다. 신박사는 쾌히 승낙했고, 안전한 자기 집에 머물면서 일할 수 있도록 모든 편의를 제공했다. 당시 세브란스 병원은 외국인이 경영하고 있었으므로 일본 경찰의 출입이 뜸했고, 감시도 소홀해서 국내의 인사들과 연락을 취하기는 아주 마춤한 곳이었다.

그곳에서 얼마 떨어져 있지 않은 시댁에는 발걸음도 하지 못한 채로 벙어리 냉가슴 앓듯 시아버님과 예관이 지시한 사람들하고만 하나씩 접촉하기 시작했다. 내가 직접 찾아나서는 것은 위험천만일 듯싶어 근친인 유동(逌東)이 대부분의 연락을 맡아서 했고, 연락이 되고 나면 내가 만나서 자금조달의 협조를 청하곤 했다.

시아버님은 특히 갑오경장 후 김홍집(金弘集) 내각 때부터 동료였으며 근 삼십년간을 막역한 사이로 지낸 우당(藕堂) 민영달에게 크게 기대를 걸고 내게 꼭 찾아보라고 말씀하셨기에, 나는 아버님의 지시대로 일가인 병흥(炳興)과 함께 서강에 있는 우당의 집을 찾아갔다.

내가 안채에 있는 동안 병흥 대부는 우당과 은밀하게 장시간 이야기를 나누었다. 그러나 병흥 대부는 결국 맨손으로 나오고 말았다. 대중교통 수단이 없는 당시 시내에서 서강까지 내왕하는 데는 꼬박 하루가 소비되었다. 우당은 거부였으며, 자금을 상당히 내놓을 능력이 있는 사람이었다. 그리고 민족의식이 없는 분도 아니었다. 그러나 금액의 많고 적음보다는 거기에 따르는 위험을 걱정한 것으로 추측된다. 그는 그후 「동아일보」의 창간에 거금을 출자하는 등, 말하자면 합법적인 일에는 인색하지 않았으나 거부로서 조심하지 않을 수 없었던 것 같다.

결국 우당과의 접촉은 헛수고로 끝났고, 시아버님이 지시한 제한된 몇 사람과의 만남에서도 기대했던 만큼의 큰 성과는 거두지 못했다. 그때 누구에게서 얼마만큼의 자금을 받았는지 자세한 기억은 없으나, 어쨌든 국내에 들어오기 전에 생각했던 대로는 일이 잘 진행되지 않았다.

나는 상해에서 지시받은 대로 친정과는 연락을 취하지 않았다. 그때까지도 큰오라버니가 옥중에 있었으며, 친정은 왜경의 감시가 심했기 때문이었다. 그리고 내가 서울에 머물러 있을 때는 친정 아버님이 이미 예산에 내려가 있었기 때문에 친정 아버님에게도 자금을 받을 수 없었다.

생각했던 만큼의 성과가 없자 나는 낮에 잠깐 시간을 내서 조심스럽게 시댁을 찾아갔다. 시어머님께 인사를 드리자 한바탕 호통을 치시리라 생각했던 것과는 달리 매우 반가와 하셨고, 상해에 있는 시아버님과 성엄의 소식을 일일이 물어 보셨다. 다행스럽게도 시댁의 생활은 그런대로 견딜만 한 듯 싶었고, 시아버님이 망명한 후 비교적 여유있는 일가들이 약간의 보조를 해주는 덕에 근근이 살림을 꾸려가고 있었다.

이렇게 첫번째 귀국에서는 20일 가량 서울에 머물렀고, 왔던 길을 거슬러 4월 초에 상해로 출발했다. 내 나라의 주권이 없는 마당에 국내는 적지와 한가지여서 적지에 잠입해 들어왔다가 탈출해 나가는 기분이었다.

밤에 띄운 압록강의 거룻배

1차로 모금한 독립운동 자금을 전대에 깊숙이 간직하고 열차편으로 서울을 빠져나가 신의주에 도착하자마자 나는 다시 세창양복점으로 이세창씨를 찾아갔다. 이세창씨는 별성과를 올리지 못해 실의에 빠진 나를 그 특유의 심한 평안도 사투리로 격려해 주었다.

"별걸 다 개지구 걱정하누만. 미운 놈 자빠뜨리니까니 떡판에 코 박고 엎어지더란 말도 있지 않아? 다 제 뜻대로만 되든 당초에 나라 망가뜨리지 않았갔어? 맘 놓라우요. 그만한 것도 대단한 거야요."

세창양복점에서 나는 다시 하루를 묵었는데, 역시 국내에 들어올 때와 마찬가지로 극진한 대접을 받았다. 그분은 나를 친누이같이 돌보아주었다. 그는 내가 무슨 대단한 위험에서 살아 나온 것같이 생각하였는데, 사실 나는 서울에 있는 동안 특별히 위험이나 불안을 느끼지는 않았다.
 어쩌면 내가 그렇게 겁이 없는 편에 속했고, 그저 젊은 혈기에 앞뒤를 꼼꼼하게 재거나 망설이는 기질이 아닌 탓도 있었다. 오히려 위험한 일을 하는 사람은 적지 안에서 활동하는 이세창같은 분이었다.
 안동에서 신의주로 들어올 때와는 달리 신의주에서 안동으로 빠져나가는 일은 그리 쉽지 않았고, 많은 위험이 뒤따랐다. 압록강 철교를 건너는 것이 아니라 배로 강을 건너야 했기 때문에 낮에는 움직일 수가 없었고, 밤이 되기를 기다려 이세창씨의 안내로 양복점을 빠져나갔다.
 압록강 하류의 강변에 도착한 우리는 신발을 벗어들고 진흙과 자갈이 섞여 넓게 펼쳐진 강변을 따라 맨발로 삼십리 길을 거슬러 올라가야 했다. 사방이 깜깜하고 바닥이 고르지 않은 밤길이어서 이세창씨의 바로 한 걸음 뒤에서 바싹 뒤꽁무니를 따라가자니 여간 벅차고 힘든 길이 아니었다.
 거의 세 시간쯤을 걸어 북하동에 이르렀을 때 어둠 저편에서 쪽배 하나가 기다리고 있었다. 미리 연락이 닿아 있었던 모양이었다. 이세창씨는 굳이 함께 강을 건너 나를 우강의 집까지 데려다 주려고 했다.
 "이제 그만 돌아가세요. 여기서부터는 저 혼자서도 갈 수 있어요."
 "잠자코 있으라. 자, 가자우요."
 우리는 압록강을 가로질러 쪽배를 띄웠다. 칠흑같은 어둠 속 어디에선가 왜경들이 우리의 일거수 일투족을 노려보고 있을 것만 같았다.
 밤의 강 소리는 사람을 위협한다. 차라리 짐승의 포효라면 방향이라도 알고 겁에 질려 달아나기라도 하련만 한밤중의 강바람 소리는 달랐다. 전혀 으르렁거리지 않으면서도 사방에서 사람을 옥

쥐고 들었다. 깊은 곳으로부터의 울림이 배의 밑창에 와 닿는 듯싶어 자꾸만 발바닥을 움츠리게 했고, 방향을 알 수 없는 이 곳 저 곳에서 불쑥불쑥 일어나는 물소리는 좌우편에서 속삭이듯 달려들어 양어깨를 짓누르다가도 어느새 뒷덜미를 파고들곤 했다.

목청높은 협박이 아니라 사람을 은근히 겁에 질리게 하는 고요한 위협이었다.

쪽배가 압록강의 중국쪽 언저리에 닿았을 때 나는 제풀에 지쳐 기진맥진해 있었다. 우강의 집에 무사히 들어갈 수 있었던 것은 순전히 이세창씨 덕분이었다. 우강 내외는 사전 예고도 없이 한밤중에 들이닥친 나를 마치 주었다 살아온 사람마냥 반겼다.

이륭양행의 상해행 선편을 기다리는 동안 나는 우강 내외의 집에서 이틀을 머물러야 했는데, 그 이틀 동안 두 내외는 한시도 나를 그냥 내버려두지 않고 번갈아가며 옆에서 극진히 대접해 주었다.

안동에서는 배만 타면 바로 상해로 갈 수 있었기 때문에 서울이나 신의주에 있을 때보다는 저으기 안심이 되었고, 긴장도 많이 풀려 있었다. 안동에서 상해까지의 뱃길은 꼬박 사흘 밤과 낮을 배 위에서 보내고 나흘째 되는 날 아침에 상해 부두에 닿는 먼 길이었다. 상해에 내리자 이른 아침부터 부두에 진을 치고 있는 인력거꾼들의 "왕바차, 왕바차"하는 호객소리가 여기저기서 드높았고, 중국 사람들 특유의 묵직하면서도 거센 말소리들이 시끌시끌했다.

비록 만들어 온 자금은 예상보다 훨씬 적었으나 상해에서는 예관을 위시해 모두들 나를 추켜세우느라 입에 침이 마를 정도였다. 아무런 탈 없이 큰일을 치른 것도 치른 것이지만, 여자의 몸으로 혼자 일을 해냈다는 게 보통이 아니라면서 역시 동농(東農)의 자부(子婦)답다는 것이었다.

시아버님은 자금의 액수보다도 내가 무사히 돌아왔다는 사실에 기뻐하셨고, 남편 성엄도 반가운 기색이 역력했지만 나를 묵묵히 바라보면서 놀라운 일이라는 듯이 머리를 좌우로 조금 흔들어 보였다. 상해에서 떠날 때는 시아버님과 예관, 성엄만이 알고 있는 일로 극비리에 상해를 빠져나갔었으나, 내가 돌아온 후부터 나의 작은 모험은 상해 망명사회에서 제법 화제가 되었고, 나중에는 모르는 사람이 없을 정도였다.

상해의 젊은 나무들

상해에는 당시 여성들만의 모임으로 대한부인회 등이 있었으나 나는 그 단체에 관여하지 않았다. 이 모임의 주동 인물들은 대부분 국내에서 이화여전 등을 나온 이른바 신여성으로서 그중 몇몇은 신식교육을 받고 앞서가는 여성입네 하고 눈 밖에 나는 행동으로 주위 사람들의 눈총을 사기도 했다. 그래서 넓지 않은 상해의 교포사회에서도 호응을 받지 못했다.

나도 그런 단체는 신식 공부한 사람들의 모임으로만 생각하고 가담할 생각조차 하지 않았다. 다만 세월이 흘러감에 따라서 그중 몇몇 사람하고는 깊은 우정을 나누게 되었다. 상해에 돌아와서 나는 주로 집안 살림만을 돌보았다. 특히 연로하신 시아버님의 건강이 차츰 악화되어 그 뒷바라지를 하는데 전념하였다.

그리고 나는 보다 많은 것을 배워야 되겠다고 생각하였다. 완고한 아버님은 딸들에게 언문 이상의 공부를 시키려 하지 않으셨지만, 나는 원래 둔한 편은 아니어서 여섯살 때 이미 두 살 위의 작은 오라버니를 따라 몰래 서당에 다니면서 천자문을 떼었는데, 그만 서당을 출입했다는 사실이 아버님께 발각되어 호되게 경을 친 다음에는 서당 근처에는 얼씬도 못하게 되었다.

그러나 시집가기 약 1년 전부터는 오라버니를 가르치던 선생님으로부터 다시 글을 배울 기회를 얻어 『소학』까지는 떼었던 것이다. 그래서 우선 신문 정도를 읽는 데는 불편을 느끼지 않았다.

당시 상해에는 내 향학열에 도움을 줄 수 있는 선배가 여러분 있

엄항섭

었다. 특히 성재 이시영 선생과 세관(世觀) 유인욱(柳寅旭) 두 분이 내 공부를 성의있게 도와주었다. 성재는 한학과 역사 서적 등을 내게 가져다 주었고, 세관은 나에게 영어 공부를 시켰다.

나는 중국의 고전에서 신학문에 이르기까지 구할 수 있는 책이면 닥치는 대로 읽었다. 유세관은 자주 우리 집에 들러 나에게 영어도 가르치고 미국이란 나라에 관한 얘기도 들려 주었다.

그분은 임시정부의 번거로운 일을 도맡아 하다시피 했는데, 우리가 상해를 떠난 후 많은 고생을 하다가 상해에서도 별로 할일이 없어 귀국하였다 한다. 8·15후 임시정부의 요인들이 그해 11월에 귀국하였는데, 도착한 지 며칠도 안되어 그분의 부고를 받았다. 왜놈이 패망하는 꼴을 보고 별세를 하였으니 그나마 다행이라고 생각한다.

상해에는 젊은 유학생들이 많이 있었다. 남편 성엄은 그들 유학생 중 몇몇과 친근한 사이였으며, 서로 집을 오가며 우정을 돈독히 하였다. 그중에 우승규(禹昇圭), 심대섭(沈大燮), 윤보선(尹潽善) 등이 기억난다.

우승규는 특히 성엄과 절친하였으며, 시아버님을 극진히 섬기었다. 그는 당시부터「동아일보」의 통신원으로 일했는데, 귀국후 언론계에 계속 종사하였으며, '나절로'라는 필명으로 널리 알려지게 되었다. 나절로는 해방 후 오랫동안 언론계에 종사하면서 많은 글을 썼는데, 아버님에 관하여도 글을 쓴 일이 있으며, 나의 작은 모험담들도 그분의 필치로 인하여 돋보이게 묘사된 적도 있다.

그는 청렴한 언론인으로서 옥인동의 자그마한 집에서 살았는데,

4년 전 아들 자동과 함께 방문한 일이 있었고, 그것이 그분을 본 마지막이었다. 그후 부부가 다 연이어 세상을 떠났다.

윤보선은 귀국 후 대통령까지 된 거물이었으므로 그에 대하여는 더 설명할 필요가 없을 것같다. 국내에서는 그저 여러 사람이 있는 자리에서 한번 만났을 뿐 나하고는 전혀 내왕이 없었다. 다만 몇 해 전 아들 자동이 그에게 인사를 할 기회가 있었다 한다. 그때 집안 소개를 받고는 상해 시대의 일을 기억하며 나를 가리켜 '대단한 분'이라고 하더라는 말을 들었다.

나절로 다음으로는 심대섭이 자주 우리집에 들렀다. 그는 특히 후일 임정의 선전부장을 지냈으며, 평생을 통하여 성엄의 가장 친밀한 친구였던 일파 엄항섭(一波 嚴恒燮)*과 상해의 명문 지강(之江)대학교 동창으로서 그때도 일파와 함께 자주 찾아왔었다.

심대섭은 귀국 후 심훈(沈薰)이란 필명으로 명성을 떨치게 되었다. 나는 귀국 후 그의 미망인과도 알게 되었으며, 그의 저서는 거의 다 읽었다.

특히 그의 「그날이 오면」이란 시는 나에게 깊은 감명을 주었다. 나는 상해 당시의 그를 예의 바르면서도 열기있는 훌륭한 청년으로 기억하고 있다.

1차로 본국에 들어왔다 나가면서 모금한 독립자금은 시아버님한테 전달이 되었고, 그후 어디에 어떻게 그 자금이 쓰였는지는 전혀 모른다. 내가 간섭할 성질의 일도 아니려니와 그럴 수도 없었고, 또 시아버님이 아무리 며느리인 내게 자상하게 대해 주신다 해도 나로서는 시아버님이 항상 어려웠던 것이 사실이다.

더구나 시아버님이 집안에 돌아와서는 온유하고 부드러운 분이었지만, 일단 공적인 일에 임할 때는 엄정했고 과묵한 편이어서 내

---

*강원 영월 출신. 3·1운동 가담 후 1920년 중국 망명. 항주 지강대학 졸업. 상해에서 언론계에 종사. 1932년 임정 임시의정원 의원, 한국독립당 선전부장 역임. 6·25때 납북됨.

가 이것저것 묻고 내 생각은 어떻다느니 하면서 토를 다는 것은 엄두도 못낼 일이었다.

　아무튼 얼마 되지 않은 액수이긴 했지만 한동안 요긴하게 썼던 것같다. 그러나 아무리 '임시'라는 꼭지가 붙은 망명정부라 해도 한나라를 대표할 만한 정부의 살림살이에는 구우일모(九牛一毛) 같은 액수였다. 그러니 내가 모금해 온 자금은 임시변통일 뿐이었고, 지속적인 자금 조달의 구실은 해낼 수 없었으므로 꾸준한 재정지원이 절실히 필요했다.

체 포

2차 입국

1921년 늦은 봄에 나는 두번째로 본국에 밀파되었다. 이 밀입국은 첫번째 때와는 달리 처음부터 그 출발 동기가 공적인 금 모금에 있었다. 성엄은 물론 시아버님이나 예관도 두번째의 내 본국행을 완강하게 막고 나서지는 않았고, 오히려 내 스스로가 먼저 다녀오겠다는 뜻을 비친데 대해 잘된 일이라고 생각할 정도로 상해의 사정은 악화되어 있었다.

두번째로 본국에 들어오는 통로는 첫번째 경로와 똑같이 하기로 하고, 국내 사정에 대한 정보를 사전에 입수하는 등 모든 준비를 갖추었다. 상해를 떠나 안동, 의주를 거치면서 역시 이륭양행의 선편을 이용했고, 우강과 이세창씨의 안내를 받았다.

서울에 잠입하면서 곧장 시댁으로 들어갈 수 있었는데, 그때는 일경이 우리 집을 별로 감시하지 않고 있었기 때문이며, 사실 집을 지켜보았댔자 별 뾰족한 일이 일어나지도 않았다. 그러나 집에 오랫동안 머문다는 것은 역시 불안하고 안전하지 못했으므로 며칠 동안 여러 곳에 연락을 취하면서 자금을 모아 놓고는 친정으로 내려가기로 했다. 상해행 이후 친정은 처음으로 가는 셈이었다.

큰오라버니가 대동단 사건으로 구속되었다가 무죄 판결을 받고 출옥한 후여서 충남 예산의 시산리 친정은 일경의 눈초리에서 벗어나 있을 때였기에 별다른 탈없이 친정에 들를 수가 있었다.

친정 어머님은 버선발로 뛰어나오다시피 허겁지겁 마당으로 내려서서 상해에서 온 딸자식을 맞았다. 그 날, 시산리의 밤은 유난히 포근했고 친정집 안방의 가녀린 불빛은 먼동에서 터오는 새벽빛으로 희미해질 때까지 먼데서 온 사람 이야기로 꺼질 줄 모르고 타올랐다.

이튿날 아버님이 조용히 나를 찾으셨다. 이것저것 상해의 어려운 처지를 귀담아 들으시던 아버님은 대뜸 내게 공부할 생각이 없느냐고 물으셨다. 아버님이 내게 공부하라고 권하신 것은 이번만이 아니었다. 시집가고 얼마 되지 않았을 때 연희전문학교를 설립한 원두우(元杜尤, Horace G. Underwood)씨가 미국으로 가는 길에 나를 딸려보내려고 했던 적도 있었다.

아버님은 늘 나를 영리하다고 칭찬하시면서 기회가 있으면 외국으로 유학을 보내려고 하셨는데, 원두우씨가 고향인 미국으로 가는 길에 그에게 내 이야기를 하셨던 것이다. 원두우씨는 흔쾌히 허락했으나 당사자인 내가 거절했다.

완고하고 보수적인 일이라면 아버님이 남에게 뒤질 분이 아니었으나 막상 소소한 일상생활에서 윗어른을 대한다든가, 형제끼리 어울려 지낸다든가 할 때는 오히려 내가 아버님보다도 더 보수적이었다. 미국으로 갈 수 없다고 단호하게 내 뜻을 밝힌 이유는 간단하고 분명했다. 나는 한 집안의 며느리로서 시댁 어른을 모셔야만 한다고 생각했던 것이다.

그런 일이 한번 있었던 참에 아버님이 내게 다시 공부할 생각이 없느냐고 재차 권유하신 것인데, 이번엔 일본에라도 유학을 가겠다면 보내 주시겠다는 것이었다. 상해 생활이 어떠하다는 것은 손바닥 들여다보듯 뻔한 노릇이었고, 그런 상황에서 목숨을 걸고 국내를 드나드는 딸자식을 조금이라도 안전하게 지내게끔 하려는 부모님의 심정을 모를 내가 아니었다. 더구나 아버님은 딸의 재능이 묻혀 버리는 것을 무엇보다도 안타깝게 생각하셨다.

 아버님의 말씀대로 내가 만약 적국인 일본에 가서 공부를 한다면 상해 살림은 누가 맡아서 할 것인가? 시아버님 조석 시중은 누가 들 것인가?

 일본이 우리나라를 삼킨 장본인이라고 일본에 맞서 투쟁을 하는 마당에 일본에 가서 공부한다는 것은 어불성설이라고, 지극히 거창하되 단순한 논리를 펴기에 앞서, 내게 지워진 책임을 회피한다는 것은 내가 나 스스로에게 용납할 수 없었다. 결국 친정 아버님은 당신이 가르치시고 배워 주신 바대로 충실하게 이행하고자 하는 딸자식의 고집 아닌 고집에 그만 두 손을 들고 만 것이다.

 친정에서는 이틀을 머물면서 아버님에게서 돈을 건네받자마자 서울로 올라왔고, 곧바로 개성에 있는 친척 집으로 갔다. 서울에 계속 있는 것이 아무래도 불안했기 때문에 자금을 댈 만한 사람들에게 연락만 해놓고는 개성에 가서 기다리기로 했던 것이다.

 개성에 가 있는 동안은 어느 정도 긴장을 풀고 지낼 수가 있었다. 모든 일이 상해에서 계획했던 대로만 진행되는 게 아니었고, 일에 차질이 생길 때마다 나 혼자서 판단하고 처리해야 했기 때문에 늘 신경이 곤두서 있고, 한시라도 풀어진 상태로 느슨하게 일을 할 수가 없었으니 잠시의 휴식은 내게 아주 큰 힘이 되었다.

 개성에서 나흘을 지낸 뒤 다시 서울에 왔다. 그때 걷힌 자금의 액수도 얼마만큼이었는지 기억이 분명치 않다. 그렇게 두번째 본국에 왔다가 상해로 나갈 때는 우사 김규식(尤史 金奎植)* 박사의 이질인 서재현(徐在賢)군과 동행했다. 서재현의 부친인 서병호(徐

---

*1881~1950. 한일합방이 되던 해에 해외로 망명. 1919년 상해 임정의 전권대사로 파리 평화회의에 참석, 일본의 한국 침략을 규탄함. 1921년 옛 독립군 근거지인 만주 연길현으로 돌아와 고려 혁명군을 조직하여 활약하다가 1940년 임정 주석이 되어 중경에 들어간 후 김구 주석과 함께 광복군 양성에 힘씀. 해방 후 귀국하여 이승만·김구 등과 우익 진영의 지도자가 되었으나 6·25동란 때에 납북되어 사망.

丙浩)씨는 해방 후 귀국하여 경신학교 교장을 지낸 분으로, 중국에 있을 때부터 내외분이 우리와 자주 내왕하던 사이였다.

또한 서군의 이모였던 김순애(金淳愛) 여사는 중경에서 애국부인회를 재건하여 회장으로 활동했던 사람으로 내가 그때 애국부인회의 훈련부장을 맡으면서 김여사와는 특히 친밀하게 지냈다. 어쨌든 그때 같이 상해로 간 서군은 귀국 후 한번도 만나지 못했는데, 그도 이제는 팔십객이 다 되었을 것이다.

들통나버린 국내 거점

두 차례의 본국 내왕은 모두 안동현과 신의주의 비밀 거점을 통해 이루어졌고, 거점에서 활동하던 이들 없이는 안전한 국내 내왕이 사실상 불가능했다.

그러나 두 차례에 걸친 국내 내왕이 무사히 성공적으로 끝난 후 안동현과 신의주의 거점들이 일경에 발각되고 말았다. 에이레인 친구 쇼오는 안동현에서 추방되었으며, 이세창씨는 왜경에 체포되었다. 비록 짧은 기간이었지만 나와 오누이처럼 지냈던 이세창씨가 그때 투옥되었다는 사실만 전해 들었을 뿐 그후의 일에 대해서는 전혀 들은 바 없고, 또한 알려진 것이 없다. 참으로 안타까운 일이다. 아무도 모르게 곳곳에 숨어서 활약한 이세창씨같은 분이 없었더라면 역사에 이름 석자를 남긴 독립투사들의 공적도 물거품같이 허망한 것이 되었을 것이다.

안동현에서 왜경으로 가장하고 독립운동가들을 지원하던 우강은 왜경에게 정체가 탄로나자 가족을 데리고 안동현을 탈출하여 상해로 왔다.

당시 임정의 경무국장이었던 백범은 일본인의 앞잡이 노릇을 하는 사람을 찾아내어 처단하는 일을 하고 있었다. 우강은 그때 만주쪽의 독립운동가들과는 많이 선이 닿아 있었지만, 상해 쪽에는 잘 알려지지 않았던 인물이라 왜경으로 오해를 받았던 것이다. 우강은 결국 백범 앞에서 내 이름을 댔다.
 내가 우강이 잡혔다는 소리를 듣고 뛰어가자 우강은 나를 보더니 그만 어린아이같이 울어 버렸다. 우강은 혐의가 풀렸고, 그후 상해에서 독립운동에 몸을 바쳤다. 줄곧 우리와 중국에서 함께 지냈던 그는 해방 후 귀국할 때도 같은 피난민 귀환선을 타고 왔는데, 바로 내 옆에 자리를 잡았었다. 하지만 본국에 온 후 그는 가족과 함께 고향인 평안북도로 갔으니, 이제는 소식을 물을 길 없다.
 우강에게는 동선(東仙)이란 맏딸이 있었다. 동선은 어머니를 닮아 말쑥하고 예뻤으며 아주 총명했다. 우강의 가족이 중경에 있을 때, 민족혁명당(朝鮮民族革命黨)의 서기장이며 임시정부의 군무부장인 약산 김원봉(若山 金元鳳)*이 상처를 하였는데, 그후 동선이가 그와 결혼하겠다고 하여 큰 소동이 일어났었다.
 우강은 딸보다 이십년이나 연상인 약산과의 결혼을 극구 반대했으나 동선이의 결심도 만만치가 않아 결국 동선은 약산에게로 시집가게 되었다. 그후 귀국할 때에 동선이가 약산과의 사이에서 난 갓난아기를 데리고 우리와 함께 선창에서 며칠인가 같이 지냈던 일이 생각난다.
 아무튼 우강은 비록 오해였긴 하지만 백범 앞에까지 끌려갔다가 풀려나온 셈인데, 이와 비슷한 경우로 내가 처음에 상해에 갈 때 안내를 해주었던 정필화가 있다. 그는 당시 봉천(奉天)에서 일본인들의 심부름을 하고 지냈던 모양인데, 시아버님의 상해 망명 사실이 알려지자 일본인의 사주를 받아 시아버님을 도로 국내로 모시려는 목적으로 상해에 와서 공작을 펴고 다녔다.
 그가 비록 내 팔촌 오라버니로 일가가 되긴 했지만, 공적인 일에는 인척이라는 사실이 핑계거리가 될 수 없었고, 결국 임정 내무부 경무국에 의해 체포되어 처단되었다.

―――――――
*1898~?. 경남 밀양 출신. 의열단을 조직, 단장에 오름. 1925년 경 황포군관학교에서 수학하고 혁명간부학교를 운영하여 간부 양성. 1938년 조선의용대 총대장에 취임.

앞서 우강의 이야기에서 나온 약산 김원봉에 대해서도 약간 언급하기로 한다. 이십세가 채 안된 어린 나이에 이미 당당히 의열단(義烈團)의 지도자가 되었던 약산은 대단한 민족주의 투사였다. 그는 중국의 혁명지도자이며 죽은 후 국부(國父)로까지 추앙되었던 손문(孫文)과도 직접 만났는데, 손문의 권유로 황포(黃埔)군관학교를 졸업하였다. 그의 사상은 사회주의적인 경향이 있었으나 민족주의자로 일관한 사람으로 나는 알고 있다.

그는 귀국 후 민족혁명당을 인민공화당으로 개편하여 활동하였는데, 인민공화당은 좌익 단체의 연합 기구인 민주주의 민족전선(民主主義 民族戰線, 약칭 民戰)에 가담하였으므로 군정의 탄압을 받게 되었다. 중국에 있을 때에도 그는 우리가 속했던 한국독립당과 대체로 대립되는 사이였으며, 귀국 후에도 서로 다른 길을 걷게 되었다.

언젠가 약산이 중부경찰서에 잡혀 들어가 왜정 때부터 악명이 높았던 노덕술(盧德述)로부터 모욕적인 처우를 받았다는 말을 듣고 몹시 분개하였던 일이 기억난다. 평생을 조국 광복에 헌신했으며 의열단의 의백(義伯 : 수반)이었고, 민혁당의 서기장을 거쳐 임시정부의 국무위원 겸 군무부장을 지낸 사람이 악질 왜경 출신자로부터 조사를 받고 모욕을 당했다는 소리를 듣자 세상이 아무래도 잘못되고 있다는 것을 느끼지 않을 수가 없었다.

약산은 얼마 후 월북하였으며, 그곳에서 민족보위상(民族保衛相)이 되었다는 말을 들었다. 이제 나이가 거의 구십이니 살아 있을 것같지 않다. 사실 사상이야 어떻든지간에 왜놈의 앞잡이가 임정의 요인을 모욕적으로 다루었다는 말을 들었을 때, 민족운동에 참여했던 사람들 모두가 분개하였던 것은 어찌할 수 없는 일이다.

상해를 떠나는 사람들

기미년 3·1운동 때부터 청원과 호소에 의하여 독립을 이루어 보려는 생각이 많은 독립운동가 사이에 퍼져 있었다. 그 한 예로 파리 강화회의에 큰 기대를 걸었는데, 결국 파리 강화회의는 약소민족의 해방과는 전혀 상관이 없었다.

승리를 거둔 미국, 영국, 프랑스, 이탈리아 및 일본이 패전한 독일의 구식민지를 나눠 먹기에 바쁜 모임이 되고 말았고, 조선의 독립은 전혀 문제가 되지도 않았다. 처음부터 외교를 통하여 독립을 얻으려고 생각했던 사람들에게는 큰 실의를 안겨준 셈이다. 임시정부도 시작부터 무장투쟁보다 호소와 청원에 주력하였으니 실망하지 않을 수 없었다.

그렇다고 해서 임시정부 요인들이 전부 그런 것은 아니었고, 그렇지 않은 사람들도 많이 있었다. 민국 1년인 1919년 8월에 새로 개편된 임시정부의 이동휘(李東輝)* 총리 등은 아예 처음부터 무장항쟁을 주장해온 대표적 인물이다. 대한제국의 무관 출신인 그는 을사조약 후부터 의병항쟁을 폈였으며, 1911년에는 일본 총독 데라우치 암살미수 사건**으로 1년간 옥고를 치르기도 했는데, 출옥 후 곧 만주와 러시아로 망명하여 무장투쟁을 꾀했다.

시아버님도 무장투쟁을 지지하여 1921년에는 북간도 독립군의 무력투쟁 조직인 군정서(軍政署)의 고문으로 추대되었으며, 만주로 건너가서 국내 조직을 재건할 계획을 세웠으나 악화된 건강 때

---

*1873~1928. 구한국 무관학교 출신으로, 안창호 등과 함께 신민회, 서북학우회 등을 통해 학교 설립과 독립 운동을 전개. 1919년 상해에서 활약, 임시정부의 군무총장, 국무총리을 지냄. 후에 공산당으로 전향하여 임정으로부터 사직당하고 시베리아에서 병사함.

**1910년 12월 27일 안중근의 혈족인 안명근이 압록강 철교 준공식에 참석하기 위해 신의주로 가던 조선총독 데라우치를 선천역 부근에서 암살하려다가 사전에 계획이 탄로되어 미수로 그친 사건을 말함. 일제는 이 사건을 빌미로 신민회 간부 등 105명의 애국자를 기소하여 투옥시켰음. 안명근은 이 사건으로 종신 징역을 언도받고 10년 복역하고 출옥 후 만주로 가 독립운동에 투신하다가 길림성에서 병으로 죽음.

한국무관학교의 교관들. 뒷줄 왼쪽부터 이갑, 김필순, 노백린, 유동열, 이동휘.
가운데 줄 왼쪽 첫번째가 김마리아

문에 만주행의 뜻은 이루지 못했다.

무장투쟁을 지지하는 세력은 임시정부의 지도부에서도 소수파에 지나지 않았고, 국제정세가 호소를 통한 독립의 가능성이 전무하다는 것이 분명해지면서 임시정부에 대한 지지는 약화되었고, 질적으로 임정의 세력도 쇠퇴해 갔다.

3·1운동 후에 일제가 취한 이른바 문화정책은 일제의 의도대로 조선 국내에서 상당한 성공을 거두었다고 볼 수 있다. 조선인 자본가들도 일제의 문화정책에 보조를 맞추어 교육사업이나 문화사업에 자금을 대는 것은 명예에도 도움이 되는 일이었으며, 반면 독립운동에 자금을 대는 일은 위험하고 그야말로 실속이 없은 일이었다. 그러니 임시정부의 재정은 날로 어려워졌고, 관계자의 대부분은 임정의 대열에서 이탈했다.

임정에 참가했던 상당수의 사람들은 날로 어려워지는 임정의 상황을 보고서 국내로 돌아가기 시작했다. 국내에 돌아가서도 계속

투쟁하는 사람도 있었으나 독립운동의 대열에서 아주 이탈한 사람이 더욱 많았으니, 이광수(李光洙) 등과 같이 귀국 후 세인의 눈총을 받으며 전락한 자들도 있었다.

그러나 보다 많은 사람들은 임시정부와 상해를 떠났을 뿐 독립운동 진영에서 완전히 이탈한 것은 아니었다. 무장항쟁을 목표로 만주로 건너간 사람도 많이 있었고, 상당수의 청년들은 손문의 영도하에 있는 국민혁명의 본거지인 광동성(廣東省)으로 갔다. 그곳에서 중산대학(中山大學)에 입학하여 학업에 전념하는 사람도 있었으며, 무장투쟁의 실력을 배양하려고 황포군관학교 등에 입교하는 사람도 있었다.

어쨌든 한때 2천 명에 가까웠던 상해의 한인사회가 한 두 해 사이에 5백 명도 안되게 줄어들었다. 임시정부뿐만 아니라 상해에 있는 기타 단체들도 침체상태에 빠졌으며, 대동단의 국내 및 만주의 모든 조직도 전부 궤멸되었다. 상해에 머물러 있는 것이 무의미하다는 생각이 들 지경이었다.

시아버님과 성엄도 상해를 떠나 만주로 갈 것을 희망하고 있었다. 당시 만주에는 일가 되는 백야 김좌진(白冶 金佐鎭)*장군이 북로군정서(北路軍政署)의 총사령으로 있었는데, 성엄에게 아버님을 모시고 오라는 편지를 보냈다. 그러나 그때 연로하신 시아버님의 건강이 아주 좋지 않았으며, 세 식구가 만주로 옮겨갈 여비를 마련하기도 어려웠던 처지였다.

그리하여 1922년 6월에 나는 다시 한번 본국에 다녀올 것을 결심하였다. 그러나 임시정부의 어른들은 모두 나를 만류하였다. 이제는 자금이 잘 모이지도 않을 뿐더러 그런 목적으로 본국에 들어갔다가 무사히 돌아오는 경우마저 드물어졌기 때문이다. 사실 임

---

*1889~1930. 1917년 만주에 망명, 1919년 북로군정서를 조직하고 총사령관에 취임. 1920년 청산리 전투를 승리로 이끈 장본인. 1929년 정신(鄭信) 등과 함께 신민부를 중심으로 한족 총연합회를 조직, 활약하다가 공산당원에게 암살됨.

1922년 7월 4일 프랑스 조계에서 거행된 김가진의 장례식 행렬.
장례식이 성대하게 치러졌음을 엿볼 수 있는데,
이는 동농의 임정 내 위치도 위치려니와
대한민국 임시정부의 존재를
세계에 알리려는 의도도 있었던 것으로 보인다.
쌍두마차 말의 눈에 눈 가리개가 되어 있는 것이 눈에 띈다

장례 행렬 중 만장의 모습

시정부의 국내 연락을 맡았던 교통국과 연통제의 조직이 다 와해되어 있어 내왕을 도울 길이 없던 상황이었다.

체포, 서울 압송

임정 비밀 연락망의 도움을 받지 못할 것을 알고 있었지만, 나는 혼자서 귀국하는 방도를 강구해 보았다. 그러던 중 이욱(李昱)이란 사람을 만나게 되었는데, 그는 신의주와 안동현을 여러번 내왕하여 검문소 사람들과 안면이 있다는 것이었고, 내가 자기의 누이라고 말하면 아무 탈없이 그냥 통과될 수 있다고 했다. 우강의 안내로 도강할 때와 비슷한 방법이라고도 생각되어 나는 그를 따라가기로 마음먹었다.

이욱을 따라가는 것이 예전같지 않아 상당한 위험이 뒤따르리라는 것을 각오하면서까지 그 길을 택했던 데에는 본국 잠입의 여비 마련이 난감했던 까닭도 있었고, 그를 따라가면 여비는 그가 대겠다고 했기 때문이다. 당시 이욱은 여비를 넉넉히 가지고 있었다.

상해에 망명한 사람으로서 성엄과도 잘 아는 사이인 김충식이라는 청년이 있었다. 그는 부유한 집안 출신으로 혼자 상해에 와서 심한 고생을 하고 있었다. 그래서 국내 그의 집에서 이욱을 상해에 보내 그를 데려가고자 했던 것이다. 그러나 김충식은 이에 응하지 않았고, 결국 이욱은 김충식 대신에 나를 안내하게 된 셈이다.

그해 6월 중순, 상해에서 배편으로 산동반도의 청도(青島)를 거쳐 안동현에 도착했다. 압록강 철교를 눈 앞에 두고 무사히 건널 수 있을지 미심쩍기도 했지만 이욱이 워낙 자신있다고 설쳐대는 바람에 원래의 계획대로 인력거를 타고 건너기로 했다. 그를 따르기로 작정하고 나선 마당에 그의 방법이 옳으니 그르니 토를 달고 나설 처지도 못되었다.

다리를 들어설 때는 일경의 검문이 없었고, 이제는 저쪽 건너편의 검문만 통과하면 신의주 땅을 무사히 밟을 수가 있었다. 속으로야 어찌되었든지 겉으로는 짐짓 태연한 체하며 인력거 위에 올라 앉아 긴너던 그 압록강 다리가 어찌나 길게 느껴지던지, 가도가도 끝이 없는 다리처럼 여겨졌다.

그러나 그 가슴 조이던 순간도 잠깐이었다. 다리를 거의 빠져나 갔을 쯤 해서 일본 경찰 두 명이 슬그머니 인력거 앞을 가로막고 섰다. 꼭 검색해야 할 만큼 의심을 두고 있지는 않은 듯했지만, 그렇다고 그냥 보내기에는 뭔가 뒤가 개운치 않은 듯, 늘 하던 버릇대로 일단 인력거를 세워 멈추게 하고는 형식적으로 검문을 하는 태도였다.

지금 생각해 봐도 그때 이욱과 나의 행동은 결정적인 실수였다. 끝까지 능청을 부리면서 예사롭게 넘겼어야 할 것을, 예기치 않았던 검문에 그만 어물어물하고 당황했던 것이다.

아마도 무사히 다 건넜다는 안도감에 젖어 있다가 느닷없이 당했기 때문이라고 생각된다.

일경들은 의외로 당황하고 안절부절하는 우리의 반응을 보고 즉시 태도를 바꿔 바싹 의심하게 되었고, 결국 그 자리에서 우리는 체포되고 말았다. 일본 경찰은 그때까지만 해도 내가 상해에서 나온 여자이며 독립운동하는 사람이라고는 생각하지 못한 듯했는데, 주재소며 경찰서로 끌려다니면서 이틀 동안 심문받는 사이에 내 신분이 탄로나고 말았다.

친정 어머니가 사돈 댁을 찾았을 때
시댁 식구들과 함께.
뒷줄 왼쪽부터
큰시누이 정원, 작은 시누이 영원,
시동생 각한, 각한의 처, 석동.
앞줄 왼쪽부터
정원의 딸, 친정 어머니,
 시어머니, 각한의 맏아들인 세동

시아버지 동농의 장례식을 치른 직후
상해 법국(프랑스)공원에서.
가운데에 서 있는 이가
국내에서 같이 온 시동생 용한,
왼쪽의 성엄은
팔에 검은색 띠를 두르고 있다
(1922년)

긴장한 경찰서에서는 이욱과 나를 따로 떼어서 심문했고, 처음에는 나를 대단치 않게 취급하더니 시간이 갈수록 나 자신에 관한 일이며, 가족관계 등을 밀도있게 조사했다. 고문실로 끌고가 모욕적인 언사를 서슴지 않으면서 갖은 협박으로 겁을 주기도 하고 회유하기도 했으나, 그렇게 심하게 다루지는 않았다. 어쩌면 내 신분이 쉽게 노출되었기 때문이었는지도 모른다.

내가 상해에서 출발하여 본국으로 들어오려 했다는 사실은 밝혀졌으나 그 전에 두번에 걸쳐 이미 본국을 내왕했던 사실은 드러나지 않은 상태에서, 나는 그냥 상해에서 살기가 힘들어 친정으로 돌아가려 했던 길이었다고만 둘러댔다.

이욱과는 경찰서에서 헤어진 후로 한번도 만나보지 못했기에 그에 관한 사정은 알 수가 없었다. 아마 징역까지는 살지 않았을 것으로 생각된다. 그는 독립운동에 가담했던 사실이 없을 뿐더러 오히려 항일투사 한 사람을 설득시켜 귀국시키려고 했었기 때문이다.

유치장 안에서 이틀이 지나면서도 내게 대한 조치의 기별이 없기에 나는 무작정 앉아 있을 수만은 없다고 판단했다. 친정에다 기별을 하면 무슨 연락이 있을 것이니, 친정으로 말을 전해 달라고 했다. 그러자 출감을 시킬 터이니 보증인을 대라고 했다. 나는 큰오라버니를 댔고, 때마침 친정 큰오라버니한테서 연락이 왔다.

사흘째 되는 날 나는 신의주를 출발해서 서울로 압송되었다. 서울역에 와닿으니 벌써 종로서에서 사람이 나와 기다리고 있었다. 당시 종로경찰서에는 김태식이라는 친일파 형사부장이 있었는데, 악명높기로 이름난 인물이었다. 그는 서울역에서 기다리고 있다가 나를 종로서로 연행해 갔다.

그러나 종로서에서는 별다른 조치가 없었고, 그저 형식적으로 간단하게 조사만 하는 정도였다. 종로서에서 석방되는 길로 시댁에 들어갔다. 그런데 시댁에는 뜻밖에도 상해에서 온 전보 한 장이 나를 기다리고 있었다. 시아버님의 병환이 위독하다는 내용이었다.

시아버님의 마지막 길

이번 길에는 주로 친정 아버님에게 손을 내밀 생각이었으므로 빨리 돈을 챙겨서 상해로 갈 작정으로 부랴부랴 예산으로 내려갔다. 서둘러 예산에 들렀다가 서울로 올라와 보니 상해로부터 또 한 장의 전보가 와 있었다. 시아버님의 부음이었다. 내가 상해를 떠날 때 이미 몸이 쇠약하셨지만, 이처럼 빨리 돌아가시리라곤 생각하지 못했는데 천만 뜻밖의 일이었다. 상해에 있던 나절로가 「동아일보」사의 통신원으로 일하고 있었기 때문에 시아버님의 임종을 지켜본 후 곧 서울로 타전해서 소식이 아주 빨리 전해진 셈이었다.

1922년 7월 4일, 일흔 넷의 고령으로 조국 광복에 투신하고자 이국 땅으로 망명한 시아버님은 불과 3년만에 불귀의 몸이 된 것이다.

상해에서는 어려운 형편이긴 했지만, 시아버님의 장례식을 성대하게 치렀으며, 유해는 홍교로(虹橋路)에 있는 서가회 만국공묘에 안장시켰다.

국내에서는 따로 호상소를 차려 문상객을 받아야 했는데, 당시 시댁의 형편이 궁색하기 짝이 없어 내가 친정서 얻어 온 돈으로 따로 전세집을 하나 얻어 상청을 마련해야 했다. 그때 시어머님은 어린 세 자녀를 데리고, 시아버님과 함께 조정대신을 지냈던 근친 김종한의 집에서 곁방살이를 하고 있던 터였다.

조금씩 집안 살림을 보태주고 도와주던 일가들의 지원도 일체 끊겨 있었다. 그러니 남의 집에다 호상소를 차릴 수는 없었기에 결국 전세를 얻어 상청을 차리고 문상객을 받았던 것이다.

신문의 부음 기사를 보고 많은 이들이 문상을 왔다. 그중에는 종로서장이 보낸 형사부장 김태식도 있었다. 죽은 양을 애도하는 이리라고나 할까. 조의금도 제법 들어왔다. 나로서는 그런 돈도 모두 운동자금으로만 여겨졌고, 또 그럴 수밖에 없었다.

시아버님 호상을 끝내고 조의금으로 모인 돈 중에서 일부를 떼어 시집 식구들을 자리잡게 한 후 나는 곧 상해로 출발했다. 종로

경찰서장이 직접 여권까지 만들어 주고, 서울역까지 차를 태워주면서 시아버님 장례식에 가라고 호의를 베푸는 체하기도 했다.

시동생 용한과 동행하기로 한 이번 상해행은 일본을 거쳐 가기로 일정을 잡았다. 기차로 부산까지 가서 그곳에서 연락선으로 일본 나가사키를 거쳐 상해로 가는 노정이었다.

그러나 시동생 용한의 상해행은 그의 짧디짧은 인생의 마지막을 앞당긴 회한의 길이었다. 시동생은 상해에서 약 한 달간 체류한 후 다시 귀국했는데, 그 이듬해 그만 의열단 사건에 말려들어 심한 고문을 받고 정신이상을 일으켜 4년 여를 고생하다가 스스로 목숨을 끊고 말았던 것이다.

시동생은 상해에서 귀국할 때 마침 의열단원이었던 김상옥(金相玉)*과 한 배에 타고 국내에 들어왔었다. 우연의 일치였다. 그후 김상옥의 폭탄 투척 사건이 나자 일경이 시동생을 연루자로 체포해 고문을 가했던 것이다.

시동생과 같이 상해에 돌아와 보니 시아버님 장례식 비용은 하다못해 수의까지 전부 외상이었다. 내가 가지고 온 자금으로 여기저기 외상도 갚고 뒷마무리를 했던 기억이 있다. 그만큼 상해 생활은 어찌 보면 비참했다고까지 말할 수 있는 지경이었다.

성엄은 영경방의 집을 백범의 식구들에게 내놓고 근처에 작은 방 하나를 얻어 혼자 살고 있었다. 시아버님의 별세 후 성엄과 나는 진로를 새로 검토하지 않을 수 없게 됐다. 지난 3년간 우리는 아버님을 모시는 일을 주로 생각했기 때문에 자신들의 거취는 별로 설계할 수가 없었다.

이승만(李承晚)과 아버님은 특별한 관계가 있는 사이였다. 그가

---

*서울 출신의 독립운동가로, 일본 요인 암살단을 조직했다가 발각되어 상해로 망명했었음. 1922년 일본 요인들을 암살할 목적으로 국내에 들어와 종로경찰서에 폭탄을 던지고 달아났으나, 나중에 경찰에게 포위되자 격전 끝에 일인 경찰 여럿을 죽이고 자결했음.

1904년 미국으로 건너갈 때 시아버님이 그의 출국을 주선했을 뿐만 아니라 사적으로 여비도 보태준 일이 있다. 이승만이 1919년에 임시정부의 주미대표로 떠날 때도 성엄에게 함께 도미하여 공부하자고 권한 일도 있고 해서, 나는 친정에 가서 학자금과 여비를 마련해 보겠으니 유학을 가자고 성엄에게 말했다. 그러나 성엄은 선뜻 결심이 서지 않은 듯했다.

어쨌든 그해 가을 10월에 나는 다시 한번 네번째로 귀국길에 올랐다. 출국할 때 받은 여권이 있었으므로 비밀리에 입국할 필요는 없었다. 상해 집에는 돌보아드릴 노인도 이미 안 계셨으므로 우선 귀국하는 얼마 동안 체류할 계획이었다. 예산에 있는 친정에도 좀 가 있었으나 주로 서울의 외가에 머물렀다. 내 밑으로 막내동생 숙화(淑和)가 외가에서 숙식을 하며 진명여고를 다니고 있었다.

아버님은 완고하여 딸을 공부시키는 것을 반대하였으나, 내가 우겨서 서울로 데리고 와 학교에 넣었던 것이다. 나는 동생과 함께 묵으며 근화학원을 다니면서 영어를 배웠다. 이 학원이 그후 덕성여고로 발전된 것으로 알고 있다.

한편 나는 아버님께 미국 유학을 가겠다는 뜻을 얘기하였다. 아버님은 쾌히 승낙하였으며, 봄이 되면 쌀을 팔아서 3천원을 해주겠다고 약속하였다. 그러나 나의 유학 계획은 고스란히 깨지고 말았으니, 아버님이 이듬해인 1923년 이른 봄 음력 2월 4일에 그만 세상을 뜨신 것이다.

내 계획이 물거품처럼 스러진 것은 둘째치고서라도 내게 정신적으로나 물질적으로 큰 지주였던 아버님이 타계하셨다는 것은 바로 1년 전 시아버님이 돌아가셨을 때와 마찬가지로 내게는 큰 충격이었다. 이제는 성엄과 내가 아버지라는 크나큰 그늘을 잃었던 것이고, 우리 내외가 중심이 되어 집안 안팎의 공적인 일과 사생활을 꾸려나가야만 했다. 스스로 자립해야 했던 것이다.

1920년대의 상해

이시영 선생이 사 주신 구두 한 켤레

　1923년 7월 나는 다시 상해로 돌아갔다. 시아버님 상을 당할 당시에도 그랬지만 상해에서의 생활이라는 것은 그저 하루 먹고 하루 먹고 하면서 간신히 꾸려나가는 게 고작이었다. 식생활이라고 해야 가까스로 주먹덩이 밥을 면할 정도였고, 반찬은 그저 밥 넘어가게끔 최소한의 종류 한 두 가지뿐이었다.
　상해에는 국내보다 푸성귀가 풍부했다. 미역이나 김 따위는 드물었으나 배추 종류는 다양해서 여러가지 반찬을 해먹을 수 있었다. 사실 배추로 만드는 반찬이 제일 값이 쌌기 때문에 늘 소금에 고춧가루하고 범벅을 해서 절여 놨다가 꺼내 먹곤 했다.
　한가지 특이한 것은 상해에는 잡곡밥이 없고 대부분 쌀밥이었다. 그래서 가난한 사람도 살 수 있고, 부자도 살 수 있는 곳이 바로 상해라는 말이 있기도 했다. 동전 한 닢만 가지면 시장에 나가서 국수 튀기고 남은 찌꺼기라도 한 대접씩 받아먹을 수 있었으니 가난한 사람도 살게 마련이었고, 사실은 우리가 그런 축이었다.
　상해에 있는 동안은 한복을 입지 않고 줄곧 짱산(長衫)이라는 중국 옷을 입고 지냈는데, 임정의 어른들이건 아녀자들이건 모두 그 짱산을 입었다. 그것도 아주 헐값에 천을 사서 만들어 입었는데, 내가 본국을 드나들 때도 신의주까지는 그 중국 옷을 입고, 국내에 들어서서는 싸가지고 갔던 한복으로 바꿔 입곤 했다.

식생활이나 의생활의 사정이 그러했으니 신발이라고 해서 구두나 운동화 따위의 가죽·고무제품은 엄두도 내지 못할 실정이었고, 고작해야 헌 헝겊 조각을 몇 겹씩 겹쳐서 발 모양을 내고 송곳으로 구멍을 내서 마라는 단단한 실로 촘촘하고 단단하게 바닥을 누벼서 신고 다녔다. 그나마도 살림을 꾸리는 사람이 꽤 바지런하다는 소리를 듣는 집 식구들이나 얻어 신고 다닐 정도고, 그 외에는 짚세기를 끌고 다니는 사람이 대다수였다.

그러니 구두는 고사하고 운동화만 신고 다녀도 일종의 사치에 속했다. 너나 할 것 없이 임정의 그늘 아래 몸 드리우고 사는 사람은 헝겊신마저도 감지덕지할 지경이었다.

백범같은 분은 여기저기 다니기를 잘 하니까 그 헝겊신의 바닥이 남아날 날이 없었다. 바닥은 다 닳아 너덜거리니 명색만 신발바닥이고 신발 목 부분만 성한 채로 매달려 있는 꼴이었다. 신발도 신발이지만 백범은 그만큼 억척스러운 분이기도 했다.

이 신발에 대해서 지금도 한편으론 아쉬우면서 기억에 생생한 것은 남경(南京)에서 이시영 선생이 내게 구두를 한 켤레 사주신 일이다. 내 공부를 참으로 많이 도와주시고 아껴주시던 분인데, 내가 늘 그 헝겊신만 신고 다니는 게 안쓰러웠는지,

"나갈 때만 신고 다녀."

하시면서 구두 한 켤레를 주시던 생각이 지금껏 잊혀지지 않는다. 구두가 하도 귀한 선물이어서도 그랬지만, 선생의 마음이 그대로 고스란히 내게로 온 것만 같아 그 구두를 제대로 신고 다니지도 못하고 해방 후 귀국할 때까지 소중하게 건사했건만, 그만 여기까지 와서 6·25 와중에 잃어버리고 말았다.

상해에서 그토록 형편없는 생활을 근근이 꾸려나가면서도 성엄은 젊은 동지들과 더불어 항일운동의 하나로 주로 일본인 주요 인

물들에 대한 테러 공작을 계획했으나 뜻대로 실천에 옮기지는 못했다. 자금과 조직의 빈곤 때문이었다. 그들 대부분은 일경의 수배 대상에 올라 있는 요시찰 인물들이었으므로, 상해에서도 임정이 있는 프랑스 조계 밖을 나다니는 것도 삼가야 할 상황에서는 더욱 그러했다. 참으로 답답하고 안타까운 시절이었다.

이제 상해에는 성엄과 나 둘만이 남아 임정의 여러 어른들과 젊은 동지들 사이에서 활동하고, 또 한편으로는 집안 살림을 꾸려나가야 했다.

1924년 12월에 나는 다섯번째로 본국에 들어오게 됐는데, 이 다섯번째의 본국행에서는 임정의 공적인 임무는 띠지 않았다. 상해의 긴장되고 어려운 상황에서 벗어나 휴식을 한 셈이라고나 할까. 이듬해 6월까지 약 6개월간 주로 예산 친정에서 평범한 아낙네의 생활을 할 수 있었다. 이 기간 중에도 나는 독서를 게을리하지 않았다. 특히 문학과 역사에 관심을 기울여 책을 늘 손에 잡고 있었는데, 학교 교육의 부족을 메우느라 내 나름대로 무진 애를 썼다. 이 어려운 기간에는 아버님의 뒤를 이어 집안을 꾸려나가는 큰오라버니가 경제적으로 많은 도움을 주었다.

큰오라버니의 됨됨이를 잘 알려 주는 일화의 하나로, 절친한 사이였던 육당 최남선(六堂 崔南善)과 하루 아침에 의절을 해 버린 일이 있다. 육당과 오랜 지기(知己) 사이였던 큰오라버니는 육당이 변절하여 왜놈에게 협력하게 되자 당장 그와의 연락을 끊고 발길을 안했으며, 심지어 노상에서 육당을 만나더라도 외면한 채 지나치곤 했다. 또한 큰오라버니는 아버님이 작고하자 남작의 작위를 승계할 차례가 되었는데, 끝까지 작위 승계를 하지 않았다.

고려공산당과 중국공산당

평범한 아낙네로서의 친정 생활도 여섯 달로 끝내고 나는 다시 상해로 돌아왔다. 상해에서 성엄이 늘 같이 어울리는 사람 중 특히 가까운 이로는 일가의 숙항(叔行 : 아저씨뻘이 되는 항렬)이지만 나보다 한 해 아래이며 성엄의 중동중학교 후배이기도 한 시야 김종진(是也 金宗鎭)이 있었다. 그는 1925년에 운남(雲南)군관학교를 16기로 졸업했는데, 운남군교 동기생인 김노원(金魯源)과 함께 졸업하던 해에 상해에 와서 반 년을 같이 지냈다.

시야와 김노원은 거의 우리집에서 살다시피 했다. 두 사람은 나중에 만주로 가서 백야의 휘하에서 독립운동을 계속했는데, 시야는 그후 젊은 나이로 아깝게 세상을 떴다. 김노원은 해방이 된 뒤 대전에서 살았는데, 6·25 이전 서울에 올 때마다 꼭 우리 내외를 찾아오곤 했다.

1926년에 성엄은 영국인이 경영하는 전차회사에 취직했다. 백범이나 석오 이동녕 선생은 상해에 있는 청년들에게 항상 말하기를, 청년들에게 실망을 안겨 줄 수는 없으니 해외든 어디든 가서 배울 수 있는 사람은 배우고, 직장을 가지고 돈을 벌 사람은 벌고 해서 공부하면서 일하라고 했다. 청년들이 생계 유지를 위해 일정한 수입을 가지면서 자기 앞길을 설계하는 것도 장기적인 독립운동 계획의 하나라고 늘 주장했던 것이다.

성엄이 취직한 후부터 상해 생활은 비교적 안정되었다. 그때 만주에서는 독립군들의 활동이 활발했으나 상해에서는 활동이 날로 침체되어 가고 있었고, 그럴수록 독립운동가들 사이에 내분만 늘어나는 형편이었다. 의열단은 본부가 상해로 옮겨온 후에도 테러 활동으로 항일 투쟁을 하였다.

백범은 당시 임정 내무부 경무국장으로 있으면서 역시 테러 투쟁을 개시하고 있었다. 그러나 1920년대 중반부터 상해에서의 활동은 주로 참고 기다리는 시기였다. 따라서 많은 사람들은 한편으로 취직하여 생활을 유지하지 않을 수 없었다. 수입이 보다 나은 사람들은 그 일부를 임정에 내놓기도 하고, 더러는 영도자되는 분의 뒷바라지도 했다. 엄항섭같은 이는 중국 대학교를 졸업했으므로 비교적 수입이 좋았다. 그래서 내무총장 이동녕을 집에서 모시고 지내면서 내무부 및 경무국의 경비도 많이 부담했다.

성엄의 수입은 적었으므로 남에게 이렇다할 도움을 줄 수는 없었다. 그러면서도 한때는 중국 본부 한인청년동맹 상해지부의 재정간사를 맡기도 했으며, 본부의 상임위원으로도 활동하였다. 그 때 상해지부의 위원장은 조한용(趙漢用)이었으며, 조시원(趙時元), 무정(武亭) 등이 조직의 주요 간부로 활동했던 것으로 기억한다. 무정은 그후 상해를 떠나 중국공산당에 가담했고, 아주 유명한 인물이 된 것으로 세상에 알려져 있다.

임시정부가 수립되었을 때 처음의 기대와는 달리 미국 등은 우리의 독립운동에 극히 냉담하게 대하였다. 유독 소련만이 적극적으로 지원했으며, 레닌은 임시정부에 거금을 보내주기까지 했다. 이에 힘입어 1920년에 이미 상해에서 고려공산당이 창설되었다.

그러나 고려공산당은 그때만 해도 소련혁명을 동경한 일부 사람들의 집단이었을 뿐 제대로 공산주의를 이해한 사람은 많지 않았다. 하지만 시간이 지남에 따라 중국에 공산주의 사조가 퍼져가게 되었고, 한인 사회에도 이에 동조하는 사람들이 늘어났으며, 중국공산당에 가입한 사람들도 점차 늘어났다.

첫아들 후동이

나는 비교적 겁이 없고 강단이 있는 편이었으나 체력이 튼튼하지는 못했다. 열 아홉 살 때 첫아이를 낳은 후 나는 계속 자궁 질환을 앓고 있었다. 1925년 가을부터 앞서 말한 유세관의 알선으로 외국인이 경영하는 혜중학교(惠中學校)를 한 학기 다닌 적이 있다.

그런데 한 학기도 마치기 전부터 아랫배가 심히 아파서 견디기가 어려웠다. 내가 아픔을 잘 참기도 하고 병원에 다닐 만한 형편도 못되어서 얼마 동안은 그런대로 버티어 봤으나 날이 갈수록 통증이 무척 심해졌다. 결국 자궁 수술을 받지 않을 수 없었고, 덕택에 다행히 아들 후동(厚東)이를 낳았다.

후동이를 낳을 때의 형편으로는 병원에 간다는 게 쉽지 않았다. 그래서 집에서 몸을 풀기로 결정하고 주위의 부인들한테 미리 부탁해 두었다. 대원군의 외손녀인 조계진(趙季珍) 여사와 김혜숙(金惠淑) 여사가 산파역을 맡아 주었는데, 모두들 정성을 다해 주었다.

조여사는 고집이 세기로 유명한 우당(友堂) 이회영(李會榮)*의 아들인 이규학(李圭鶴)의 처로 두 내외가 함께 상해에서 근근이 살림을 꾸리고 있던 처지였다. 아마 친정의 덕을 보고 있는 듯했다.

산파역이 훌륭했던 탓인지 나는 수술받은 몸이었는 데도 몸을 풀고 나서 별다른 탈이 없었고, 후동이도 건강했다. 얼마되지 않은 인원의 상해 교포사회에서는 동농 선생의 손자가 태어났다 하여 모두들 집으로 찾아오기도 하고, 축하의 말을 전하기도 하면서 같이 기쁨을 나누었다. 손자 볼 연세가 된 임정의 여러 어른들은 친손자들이 모두 국내에 있던 때라 상해에서 아기가 태어났으니 모두들 친손자처럼 귀여워 했다.

우리와 줄곧 친하게 같이 지냈던 엄항섭씨네가 2년 후에 아들을 낳고 이름을 기동이라고 했는데, 그렇게 되고 보니 후동과 기동 두 아이가 상해 임시정부의 대표격 장손이 된 셈이었다. 그 후 아들의 이름을 후동에서 자동(滋東)으로 고쳤고, 기동은 6·25 때 행방불명이 되고 말았다.

일파 일가와 우리집은 어느 친척보다도 더 가까운 사이였다. 앞서도 말했지만 일파는 중국서 일류 대학교를 나왔고, 몇 개 국어를 구사할 수 있을 정도로 능력이 출중했으므로 상해에서 제법 수입이 좋은 일자리를 가지고 있었다. 일찍 세상을 떠난 일파의 첫부인 임(任)씨도 나와 절친한 사이였고, 소생도 없이 혼자된 일파가 얼마 후 재혼한 연미당(延薇堂)과도 친한 사이로 지냈다. 특히 미당

---

*1908년 안창호의 지도하에 최남선, 김좌진, 박중화 등과 함께 청년학우회를 조직. 실무역행주의로 민족 계몽 운동에 투신한 이래 계속 조국 광복을 위해 힘씀.

상해 시절의 백범 내외. 가운데가 맏아들 인

상해 임정의 여인들.
앞줄 오른쪽에서 세번째가 필자. 네번째 아이을 안고 있는 이가 엄항섭의 부인 연미당.
뒷줄 왼쪽에서 첫번째가 민필호의 어머니 이헌경

석오 이동녕

의 어머니가 나하고 각별한 사이여서 내가 형님으로 대했으므로 자연히 미당은 나를 아주머니라고 부르게 되었다.

첫아들 후동을 낳고 우리 세 식구는 셋방살이로 여기저기를 전전했으나 일파는 조촐하나마 자기 집을 지니고 있었다. 그래서 자기네 건넌방이 비었으니 와서 함께 지내자고 우리 내외에게 여러 번 권유했었다.

사양하다 못견딘 우리는 일파의 집에 가서 잠깐이나마 같이 살게 되었다. 일파는 집에 돌아올 때 가끔씩 아이들 장난감이나 과자 등을 사오곤 했는데, 같이 한집에 살 때나 따로 떨어져 살 때나 자기 애 것만 사오는 법이 없이 언제나 두개를 사서 우리 아이에게도 주었다. 이것은 일파의 훌륭한 인격을 그대로 보여주는 일이었을 뿐만 아니라 친구인 성엄과 진정한 동지애를 나누어 가지고 있다는 좋은 증거이기도 했다.

상해에서
아들 후동과 함께

　또한 일파는 석오장(석오 이동녕 선생을 우린 그렇게 불렀다)을 집으로 모셔다가 뒷바라지를 했고, 자연히 나도 석오장과 가까와지게 되었다. 석오장은 만주에서 경학사(耕學社)*를 만들던 때의 일이며, 그때 함께 일하던 이석영(李石榮)과 그분 형제들에 관한 얘기, 또는 시베리아에서 독립운동하던 동지들에 얽힌 이런 저런 이야기를 들려 주었는데, 특히 이상설(李相卨)**과 이동휘같은 분

---

*1911년 이상룡·이동녕 등이 중심이 되어 만주 요녕성 유하현에 설립한 최초의 민간 자치단체로, 만주 지역 독립운동의 효시로 평가됨.
**1871~1917. 1905년 의정부 참찬을 지내다가 을사조약이 맺어지자 조약 폐기를 상소. 우국지사로 이토 히로부미의 정책에 반대하였고, 1907년 헤이그 밀사로 갔다가 실패한 후 블라디보스톡 근처에서 객사함.

들의 애기를 자주 하셨다. 석오장은 나와 미당을 친딸같이 생각하였으며, 우리도 그분을 아버님 대하듯 정성껏 모셨다.

큰어른 백범

우리가 첫아들을 얻었을 때는 성엄이 직장을 가지고 있었으므로 형편이 조금 나아졌을 무렵이었다. 그러나 임시정부의 일을 맡아 하는 분들은 생활이 더욱 어려워졌다. 당시 임정의 살림은 석오장과 백범 몇 분이 거의 다 짊어지다시피 한 상태였는데, 돈이 바닥날 때가 많았고, 그럴 때면 그야말로 끼니가 간데 없어 이 집 저 집을 돌아다니면서 한 술씩 얻어드시기까지 했다.

우리집은 아이를 키우면서 단 세 식구가 살게 되었고, 백범이 우리집에 와 아이를 돌봐주곤 했다. 아이가 낯을 몹시 가려 아무한테나 선뜻 가는 법이 없었는데, 백범이 아이를 잘보는 탓에 유독 백범의 품에서만은 울지도 않고, 보채는 일도 없이 그렇게 잘 놀았다.

백범은 워낙 체격이 좋고 우람하여 식사의 양이 좀 많은 편이었다. 어쩌다 자금이라도 좀 생기면 임정의 살림 비용뿐만 아니라 백범이 책임맡고 있는 애국단의 폭탄이나 무기 장만 등의 비용에 우선적으로 쓰였으므로 개인적으로는 먹고 사는 게 늘 어려웠다. 여기저기 다니다가 배가 출출하면 서너 시쯤 백범이 우리집으로 온다.

"후동 어머니, 나 밥 좀 해줄라우?"

"암요. 해드려야죠. 아직 점심 안 하셨어요? 애 좀 봐주세요. 제가 얼른 점심 지어드릴께요."

왜놈 잡는 일에는 그렇게 무섭고 철저한 분이지만, 동고동락하는 이들에게는 당신 자신이 공적으로나 사적으로 아무리 어려운 처지에 있더라도 겉으로 나타내는 법 없이 항상 다정하고 자상하며 격의없는 분이 백범이었다. 반찬거리를 사다가 밥을 지어서 갖다 드리면 어떻게나 달게 드시는지 빨리 형편이 펴서 좀더 나은 걸 해드렸으면 하는 마음이 간절하곤 했다. 궁하기가 짝이 없어도 언

안중근

제나 꿋꿋하고 굳센 분이라 속상하는 일이라도 있으면 하루 종일 말 한마디 없이 꾹 참고 앉아서 궐련만 피우곤 했었다.

당시 중국에는 통담배라고 해서 동그란 통에 50개비 들이 궐련이 있었다. 백범은 하루에 그 궐련 한 통을 다 피우는 대단한 끽연가이기도 했는데, 나중에 중경에 있을 때 하루 아침에 담배를 끊은 일이 있다.

안중근(安重根)의 동생 되는 안공근(安恭根)이 상해에 있을 때 형 안중근의 일로 말썽을 일으키고 공금을 챙겨 홍콩으로 잠시 피한 일이 있었다. 재주가 많고 말을 잘 하는 이라서 여기저기에 허튼 소리를 하고 다녔던 모양이다. 임정 어른들께 야단을 맞게 생겼으니까 홍콩으로 도망갔던 것인데, 임정이 중경으로 옮겨갔을 때 홍콩이 일본의 손에 넘어가게 되자 용케 홍콩을 빠져나와 중경으로 왔다. 그때 백범이 그를 붙들어 놓고 타일렀다.

"이제 사람이 돼라. 지금 이 자리서 결심을 해라. 그 대신 나도 내가 좋아하는 이 담배를 끊겠다. 너 사람이 될 때까지."

그후로 백범은 담배를 끊었다. 한마디로 안하겠다면 안하는 분이었으니, 그렇게 즐겨 피우던 담배도 하루 아침에 끊어 버린 것이다.

안중근의 조카딸 안미생(安美生)이 백범의 큰며느리였으니까 사실 백범과 안공근은 서로 사돈 집안이었고 해서 서로 무척 가깝게 지내며 친형제처럼 대했었다. 그러나 백범의 성품으로는 공적인 일만큼은 사사로이 처리할 수가 없었던 것이다.

1930년이 되었다. 이십대의 철부지였던 우리 내외도 이제는 서른 살의 성숙한 어른이 되었다. 삼십대의 망명객은 사십대가 됐으며, 오십대의 장년은 육십대의 노인들이 되었다. 그러나 부풀었던 희망은 줄어들었고, 독립의 전망은 보다 요원해지기만 했다.

　하나의 이탈자가 생길 때마다 나머지 사람들은 그만큼 의기가 저하되지 않을 수 없었고, 그 반대로 일본은 국제사회에서 날로 강대해지기만 하는 것같았다.

　중국을 빼놓고는 임시정부에 유일하게 물질적 원조를 준 바 있는 소련도 레닌의 사망과 더불어 국제주의적 정열이 식었는지 임정과의 모든 유대를 거의 끊다시피하고 있었다.

　한국의 독립에 적극적으로 동정하였던 손문도 레닌이 사망한 다음 해에 세상을 떠났다.

　1927년에 장개석(蔣介石)* 주도 하의 반공 쿠데타가 있은 후 중국은 국민당과 공산당의 내전으로 들어갔다. 이때부터 국민당은 반공 일변도의 노선을 걷기 시작했고, 반공을 위하여 일본에게 무조건 양보만 하는 상황이 벌어지기 시작하였다. 세계의 정세도 도처에서 일본에 유리하게 전개되는 듯 보였다. 유럽에서는 파시스트 정권이 이탈리아를 손아귀에 넣었다.

　모든 것이 어둡기만 한 시대였다. 그러나 임시정부의 의기가 저하되었다 하더라도 항일운동이 전반적으로 쇠퇴했다고는 물론 말할 수 없다. 만주를 근거로 한 무장 독립군들은 자주 국경선을 넘어 일본 경찰들에게 타격을 주었다. 또한 교육 수준의 향상과 더불어 국민의 의식이 날로 심화되었고, 국내에서의 저항운동도 꾸준히 전개되었다.

---

*1887~1975. 손문에 의해 모스크바에 파견되었고, 황포군관학교를 창설, 혁명군을 양성했음. 국공 연합에 의한 북벌 군사작전에 성공한 뒤 반공정책을 취함. 1936년 장학량에 의해 서안에 일시 감금됨. 미국·영국의 원조 아래 중경에까지 천도하면서 대일 항전을 펼쳤음.

1926년의 6·10만세 사건에 이어 3년 후에는 광주 학생의거의 거센 물결이 전국적으로 확산되기도 하였다. 어쨌든 상해에 있는 우리는 해방의 날이 반드시 올 것이라는 확신을 버리지 않았으며, 희망을 가지고 망명생활을 계속하였다.

마지막 귀국

아들을 낳고 보니 할머니와 외할머니에게 보여야 되겠다는 생각이 들었고, 아닌게 아니라 시댁과 친정으로부터 아이를 데리고 나오라는 재촉 편지를 여러 번 받게 되었다. 얼마나 가고 싶은 고향인가? 나는 아들이 돌을 지났을 무렵부터 귀국할 생각을 하게 되었다.

서른 살이 되던 해 여름, 나는 10년 전 망명길에 오른 후 여섯번째로 다시 고국 땅을 밟았다. 아기를 데리고 할머니를 뵈려고 귀국하는 길이었으므로 여행에는 별로 문제가 생기지 않았다.

국내에서는 여섯달 동안 있었는데, 친정도 전부 서울에 와 있어서 재동에 우리집, 당주동에 사는 작은오라버니네 집, 충신동에 사는 큰오라버니네 집을 내왕하며 지냈다.

이때 이미 친정의 가세는 기울대로 기울었고, 서울의 인심은 냉랭하기 짝이 없었다. 마지못해 나를 대하는 몇몇 주위 사람들의 눈초리는 차마 견디기 힘들 정도여서 일본 경찰의 눈에라도 띄어 붙들려 가는 편이 오히려 속이 편하겠다는 생각이 들었다.

한번은 시댁에서 가까운 인사동을 지나다가 내가 첫번째 본국에 들어왔을 때 나를 집에 숨겨 주고 적극적으로 도와주었던 이의 집 골목을 지나게 되어 반가운 마음으로 찾아 들어간 적이 있다. 젊은 안주인이 있길래 내가 아무개입니다 하고 아는 체하며 안부를 묻자 그 여인은 대뜸,

"누구시더라?"

하는 게 아닌가.

나는 뒤도 안 돌아보고 얼른 되돌아섰다. 그런 무안이 없었다. 어쩌면 난생 처음 당하는 곤혹스러움이었다. 그녀의 시숙부 두 분은 항일투쟁에 가담하여 한 분은 상해에서 별세하고, 또 한 분은 그곳에서 민족의 해방을 위해 몸을 바치고 있었다.

대문을 나서려는데 안채에서 그녀의 시부모님 내외가 눈치를 채고 황급히 나를 쫓아나왔다. 노인들의 청이라 매몰차게 뿌리친다는 것도 예의가 아닐 듯싶고, '누구시더라' 한마디에 토라졌다는 소리도 듣고 싶지 않아 노인들의 손길에 못 이겨 잠시 방에 들어가 앉았다가 그 집을 나온 적이 있다.

이 일은 나로 하여금 많은 것을 반성하게 했다. 비록 하잘것없고 하찮은 일이겠지만, 과연 나는 누구를 위해 독립운동을 하는가? 도대체 독립이란 무엇이며, 또 투쟁이란 무엇인가? 독립의 주인은 누구이며, 투쟁의 대상은 누가 되어야 하는가? 이세창씨를 처음 만났을 때 느꼈던 것과는 또 다른 문제였다.

나는 국내에 머물면서 내내 상해에 있는 임정의 사람들을 생각했다. 그들이 무슨 일을 하고 있는지에 대해서 더욱 깊게 생각했다. 그리고 국내에 있는 나와도 견주어 보았다. 그리고 한 가지 명백한 결론을 얻었다.

만약 내가 국내에 있다가 독립운동을 한다는 상해의 독립지사들을 찾아갔다고 치자. 내가 아무개입니다 하고 내 소개를 했다고 하자. 그들도 나를 보고 '누구시더라' 하고 나설 것인가? 아니다. 나는 스스로 내가 내린 결론을 믿고 싶었다. 아니, 믿었다.

성엄은 당시 상해에서 동지들과 테러 행위에 대한 모의를 하고 있었는데, 나에게 서울에 가면 돈을 좀 마련해 보라고 하였다. 그러나 1931년 초에 다시 상해로 돌아가면서 나는 독립이 되기 전에는 다시 귀국하지 않을 것이라고 마음먹었다.

1931년 9월 18일 일본은 만주를 침략했다. 장개석의 명령에 따라서 장학량(張學良)* 휘하의 주력 부대 수십만은 저항도 하지 않고 산해관(山海關) 남쪽으로 후퇴하였다. 소수의 중앙군 직계가 아닌 부대들이 산발적으로 저항하였을 뿐이었다. 장개석은 공산당을 진압하기까지는 일본에 무조건 양보만 하려는 것같아 보였다. 그러한 상태에서 주로 일본사관학교 출신인 하응흠(何應欽) 등의 우파 군부에서는 친일정책을 추구하고 있었다. 우리도 그러했거니와 중국인들도 대단히 침통해 했다.

9·18의 일본 만주 침략이 있기 약 두 달 전, 만주에 이주한 한인 농민과 중국인들 사이에 충돌이 생겨 만보산 사건이 발생하였다. 일본 당국은 이 사고를 한국과 중국 두 민족을 이간하는 데 이용하여 한국 각지에 있는 중국인들이 심한 박해를 받고 희생자까지 발생하였다. 임정이 있는 프랑스 조계의 중국인 이웃들은 대부분 우리의 입장을 이해하려 했으나, 화교들이 국내에서 박해를 받는데 그곳에 있는 우리가 받는 대접이 좋을 수는 물론 없었다.

결국 이 사건은 일본의 만주 침략의 전주곡이 되었으며, 중국의 지식인들은 모든 것이 일본인의 조작에 의해 일어났다는 사실을 깨닫고 있었으나, 상해의 일반 중국 시민들의 한인에 대한 감정은 쉽게 호전되지 않았다.

임시정부의 외교적 고립이 날로 심해지고 있는 마당에 만주사변은 우리 독립진영에 막대한 타격을 주었다.

망국 이후 만주는 계속 항일운동의 본거지가 되어 왔었다. 비록 일본의 압력에 굴복하여 중국은 여러 차례에 걸쳐서 항일독립군을 토벌하기 위한 일본군의 만주지역 진입을 허용하였으나, 만주는 중국의 영토였으며, 만주에 있는 많은 중국인들은 우리의 독립을 쟁취하고자 하는 염원에 동정적인 입장을 취하고 있었고, 독립군은 그들의 비호를 받는 경우가 흔히 있었다.

이러한 상황에 익숙해 있던 독립군의 지도부는 또 한편으로는

---

*1898~   . 중국의 정치가. 국공 내전을 반대하고 항일을 주장하여 장개석과 대립. 1936년 장개석을 감금한 서안사건을 일으켰음. 대만에 연금되었다가 1977년에 풀려남.

그로 인한 약점도 지니고 있었다. 일본군의 만주 점령과 더불어 그 때까지의 독립운동 근거지들이 전부 파괴되었던 것이다.

많은 독립운동가들이 체포당했으며, 지도부의 대부분은 약 1년 동안 끈질긴 저항을 폈으나 결국 만리장성 남쪽으로 쫓겨났다.

만오 홍진(晩晤 洪震)*, 춘교 유동열(春郊 柳東說)**, 백산 이청천(白山 李靑天), 몽호 황학수(夢乎 黃學秀), 의산 최동오(義山 崔東旿), 묵관 현익철(默觀 玄益哲)*** 등 많은 사람들이 만주를 떠났다.

당시 홍범도(洪範圖)****, 김좌진같은 독립군 맹장들은 이미 세상을 떠난 후였으며, 그 뒤를 이은 지도부의 탈출은 만주에서의 독립군 투쟁을 사실상 종결시키는 듯하였다. 독립투쟁 대열로서는 어마어마한 타격이었다.

더구나 만주 침략은 국제적으로 제재를 받지 않았으며, 일본 제국주의는 강화되었고, 동시에 우리 민족의 독립은 더욱 멀어지기만 하는 듯 싶었다.

---

*?~1946. 본명은 면희(冕憙). 영동 출생. 충청 검찰청 검사 등을 지냈으며, 3·1운동 후 중국 상해로 망명, 임정의 법무총장, 내무총장, 의정원 의장, 국무령을 지냄. 해방 후 귀국하여 병사함.

**1906년 안창호가 신민회를 주도할 때 윤치호, 이상재, 김구, 노백린 등과 함께 배일 구국 운동을 전개함. 3·1운동 후 중국에 건너가 상해 임정 참모총장직에 있으면서 광복군 양성에 주력. 1935년에는 중국 남경에서 민족혁명당을 조직하여 독립투쟁전선을 통합하고 구국 운동에 앞장섰음.

***1890~1938. 평북 박천 출생. 3·1운동 후 남만주에 건너가 한족회에 가담하여 독립운동에 투신. 1921년 일경에 체포되어 3년간 복역하고 만주로 망명. 1931년 봉천에서 다시 체포되어 신의주 형무소에서 만주로 탈출, 상해로 가서 임정에 가담. 1938년 김구, 지청천, 유동열 등과 회의장에 참석했다가 이운환에게 피살됨.

****3·1운동 때 동지를 규합, 동남만(東南滿)과 노령을 근거로 대한독립군 총사령관이 되어 두만강과 압록강을 건너와 일본 군대를 수차 격파. 1920년 북로군정서의 만주 전역에 걸친 출동과 때맞춰 북로군정서의 김좌진 부대가 집결해 있는 밀산으로 이동, 지청천 부대와 여러 단체까지 통합, 대한독립단을 조직하고 부총재에 취임함. 그뒤 군단과 더불어 노령 자유시로 이동했으나 흑하사변을 당하여 군대를 해산, 만주와 노령 지방을 방랑하다가 시베리아에서 병사함.

이봉창

그러나 침략에는 필경 저항이 있게 마련이다. 일본군이 쉽게 만주를 점령하였다고는 하나 민중의 저항이 그치지는 않았다. 중국군 패잔병과, 지도부를 상실한 한인 독립군이 다시 규합되어 한중연합 유격대가 결성되었으며, 특히 새로운 세대에 의하여 주도되는 항일 유격대는 계속 일제에 타격을 가하여 혁혁한 전적과 신화를 남겨 놓았다.

도산 안창호

임시정부의 외교적 고립과 국내와의 단절은 새로운 투쟁양식을 요청하였다. 임시정부는 표면에 나서지 않고 백범 혼자서 책임지고 테러 활동을 주도하기로 결정지었다.

그때까지만 해도 조직적인 테러 행위는 주로 의열단에서만 주도해 왔었다. 그러나 의열단의 주동 인물들이 대부분 좌경화함에 따라서 테러보다는 중국 공산당과의 연대투쟁 쪽으로 투쟁 방식을 전환하고 있던 때였다. 백범이 주도하는 일종의 테러 단체인 애국단에서 택한 첫번째 활동 목표는 일본 천황이었다. 일제의 총수이며 상징인 그를 처단의 첫 대상으로 택한 것은 당연한 일이었다.

1932년 1월 8일 이봉창(李奉昌)* 의사가 도쿄에서 일본 천황이 탄 마차에 수류탄 두개를 던졌다. 그러나 수류탄의 성능이 좋지 않아 왜황은 죽음을 모면했다.

중국 신문들은 이 사건을 크게 보도하였다. 만주사변이 있은 직후 중국인의 대일 감정이 극히 나빴던 시기였으므로, 기사의 내용은 이번 일이 실패로 돌아간 것을 아쉬워하는 눈치였다.

어느 신문은 심지어 '韓人 李奉昌 狙擊 日皇 不幸不中(한인 이봉창이 일황을 저격했는데 불행히도 맞지 않았다)'이라는 제목까지 붙였고, 이 기사가 보도된 직후 상해의 일본 교민들이 그 신문사에 몰려가 사옥을 파괴하는 사건이 뒤따라 일어났다.

우리 한인이 한국과 중국 양민족 공통의 적인 일본의 괴수를 저격하려 했다는 것이 알려지자 우리 교민들에 대한 중국인의 감정은 즉시 호전되었으며, 우리도 중국인 이웃을 대할 때 보다 떳떳한 느낌을 갖게 되었다.

피압박자가 식민 제국주의나 전제체제에 맞서서 테러 행위를 하는 것은 자기 희생의 용기가 없이는 전혀 불가능한 것이다. 그러나 우리의 애국적 테러는 그 숭고한 동기에 비하여 적에게 줄 수 있는 타격은 제한되어 있었다. 말하자면 우리의 저항 의지를 적과 세계에 알려 주는 데 의의가 있는 것이다.

이봉창 의사가 불행히도 일황을 죽이지는 못했으나 우리의 의지를 보이는 데는 성공하였으며, 한국과 중국 양민족의 단결을 강화하는 데도 커다란 도움이 되었다. 어쨌든 이봉창의 의거가 있은 후

---

*1900~32. 1932년 1월 8일 도쿄 사쿠라다 문 밖에서 관병식을 마치고 돌아가는 일본 천황 히로히토(裕仁)에게 수류탄을 던졌으나 실패, 곧 피검되어 사형됨.

안창호

상해에는 긴장이 감돌기 시작했다.

그해 봄 나는 아들을 데리고 도산 안창호 선생께 인사를 갔었다. 시아버님이 생존해 계셨을 때는 자주 찾아뵐 수 있었으나 그후로는 성엄이 공적인 일로만 도산을 만났을 뿐으로, 나는 거의 10년만에 처음으로 도산을 만나는 셈이었다.

도산은 나를 보더니 귀한 손님이 왔다고 반겼다. 동농 선생의 손자에게 대접을 소홀히 했다가는 지하에 계신 동농 선생에게 경친다고 농담을 하면서 후동에게 초컬릿을 사 주기도 했다. 도산과 우리 내외는 시간 가는 줄 모르고 집안 일이며 세계정세에 대해 이야기를 나누었다. 도산이 어떤 분이라는 것은 새삼스레 들출 필요가 없겠다. 인격과 성품을 칭송하는 모든 말들은 어쩌면 도산을 위해 있는 것일지도 모르겠다.

도산을 뵙고 난 후 불과 두 달 후 도산은 일경에 체포되어 국내로 압송되었다. 그리고 6년이 지난 어느 봄날에 중국 장사에서 그분의 작고 소식을 들었다. 장사에서 도산의 추도식을 거행하며 슬픔을 참지 못하고 오열을 토했던 것은 물론이다.*

백범의 비밀계획

만주 침략에서 국제적 제재를 면한 일본은 날로 방자해져 갔다.

---

*3·1운동 후 상해로 가 임정 내무총장 등을 지낸 도산 안창호는 1932년 3월 윤봉길 의사의 의거와 관련되었다는 혐의로 상해에서 일경에 체포, 본국으로 송환, 형무소에서 3년간 복역했음. 가출옥한 후 도산은 평남 대보산에 있다가 1937년 6월 동우회 사건으로 다시 체포되어 이듬해 병보석으로 출감했으나 경성제국대학병원에서 치료를 받다가 그해 3월 10일 세상을 떠났음.

그 전해에 있었던 중국 국민 정부군의 3차에 걸친 공산당 소탕 작전은 모두 실패로 돌아갔으며, 만주사변이 치욕적으로 끝난 후 11월에 강서성 서금(瑞金)에서 중화 소비에트 임시정부가 수립되어 모택동(毛澤東)이 주석으로 등장하였다. 중국 공산당의 모택동 시대가 시작된 것이다.

또한 1932년 1월 28일 일본 해병대가 상해에 대한 공격을 개시하였다. 이것이 바로 '1·28사변'이라고도 불리는 '제1차 상해사변'이다.

일본이 만주를 강점한 지 불과 넉 달만에 상해를 침략한 것이니 중국인의 분노는 하늘에 뻗쳤다. 그러나 장개석 영도 하의 국민 정부는 중앙군에게 저항하지 말고 상해 교외로 철수할 것을 다시 명령하였다.

당시 상해에는 장개석 직계가 아닌 제19로군(路軍)과 직계인 중앙군 제5군이 주둔하고 있었다. 제19로군 사령관 채정개(蔡廷階) 장군과 제5군장 장치중(張治中)은 중앙정부의 명령을 거역하고 일본군에 대항하여 싸웠다.

상해 시민은 모금을 하여 제19로군과 제5군을 도왔다. 그러나 중과부적이었다. 중앙정부의 지원을 받지 못한 채 무장이 훨씬 뒤떨어지는 중국군이 강대한 일본 침략군을 저지시킬 수는 없었던 것이다. 다만 상해사변에서는 중국인도 비겁하지만은 않다는 민족적 자존심과 애국심을 훌륭하게 보여줬다. 이 전투는 3월 초에 휴전으로 끝을 맺었다.

상해에서 승리를 거둔 일본군은 그해 4월 29일 일황의 생일인 이른바 천장절(天長節)을 맞이하게 되었다. 그들은 상해의 홍구(虹口)공원에서 대대적인 경축행사와 열병식을 갖기로 했다.

여기에 대하여 중국인들은 물론 극히 분노하였다. 상해에 있는 열강의 영사들도 일본 점령군에게 그러한 행사는 중국인들의 감정을 지나치게 자극하여 불상사가 발생할지도 모른다고 경고하였다.

그러나 오만한 일본인들은 이러한 경고를 무시하고 그들의 행사 계획을 추진시켰으며, 행사 당일에는 식전 주위에 삼엄한 경비를 폈다.

백범은 이 천장절 기념 행사를 이용하여 거사할 계획을 세웠다. 상해사변중 임정은 나름대로 일본군과 맞서기 위해 여러 가지 계획을 세웠으나 모두가 실패로 돌아갔고, 그 사이에 전투는 끝나고 말았던 것이다.

한인애국단에서는 청년의용군을 모집하기로 했으나 불과 수십 명의 인원으로는 불가능했고, 중국인 잠수부를 이용하여 정박중인 일본 선박을 폭파한다는 시도도 계획으로만 그쳤다.

그러한 상황에서 천장절 기념행사가 있다는 정보를 듣고 백범은 윤봉길(尹奉吉)*과 함께 은밀히 계획을 추진시켰던 것이다.

---

*1908~32. 1930년 상해로 건너가 1931년 한인애국단에 가입. 1932년 4월 29일 홍구공원에의 폭탄 투척 사건으로 일경에 체포되어 오오사카에서 처형됨.

상해 탈출

백범의 축배

　홍구공원의 천장절 기념식장에서 윤봉길 의사가 폭탄 세례를 퍼부은 것은 4월 29일 정오쯤이었다. 사건이 있기 전까지는 백범을 비롯한 임정 요인들 몇 명만이 알고 있었을 뿐으로 나만 해도 사건이 일어난 후 신문을 보고 알았을 정도였다. 그만큼 비밀리에 계획이 추진되었던 것이다.
　점심 때가 되어 백범이 나를 찾았다. 몇 분의 점심 준비를 하라는 것이었는데, 그때까지도 나는 아무런 영문도 모르고 있었기에 그저 시키는 대로만 했다. 내가 다른 사람들에 비해 바지런하고 일솜씨가 깔끔하다고 알려져 있던 터라 무슨 큰일이나 중요한 자리가 있으면 임정의 어른들은 나를 먼저 찾곤 했었다.
　간단하게 점심상을 거의 다 차렸을 쯤해서 이동녕 선생과 조완구 선생이 왔고 좀 늦게 백범이 도착했다. 여느 때와 다름없는 분위기였다. 식사가 끝난 후 백범이 난데없이 나에게 술 한병과 신문을 사오라고 일렀다. 평소 술을 입에 대는 일이 없는 분이 더우기 낮에 술을 찾는게 의아했다.
　집 밖으로 나오자 거리 분위기가 술렁술렁하며 평소와는 달랐고, 아니나 다를까 호외가 돌고 있었다. 중국 청년이 일본 침략군

윤봉길

의 원흉 시로가와(白川)를 즉사시키고, 여러 명을 부상시켰다는 것이었다. 그때서야 백범이 왜 신문을 사오라고 했는지 짐작하고 얼른 신문을 사들고 집으로 돌아왔다. 호외를 받아든 백범은 일이 제대로 됐다고 하면서 석오장과 우천에게 술을 권했고, 세 분이서 같이 축배를 들었다.

몇 시간이 지난 후 다시 나온 호외에서는 폭탄을 던진 사람이 중국인이 아닌 한인 청년 윤봉길이라고 고쳐 보도되었다.

만보산 사건 후 우리를 냉대하던 중국인 이웃들은 금방 우리 모두가 의거에 관련되거나 한 것같이 인사를 하고 고마와했다. 어쨌든 참으로 통쾌한 일이었다.

그러나 그날 저녁 우리는 상해를 탈출해야 된다는 것을 알게 되었다. 프랑스 조계 당국에서는 여러 해 동안 상해에 있는 우리 독립운동가들을 정치적인 피난민으로 취급하여 보호해 주었다. 그러나 이 사건 때문에 사정이 달라졌다. 당시 상해는 일본군의 점령하에 있었으므로 프랑스 당국은 일본의 압력을 받지 않을 수 없었고, 프랑스 당국은 우리에게 즉시 상해를 탈출하라고 통고하였다.

이유필

한편 일본측에서도 이 의거가 백범과 애국단의 소행이라는 것을 알았는지 프랑스 조계 안으로 들어와 임시정부와 관련된 사람 전체를 체포하고자 설쳤다. 프랑스 당국의 경고를 받은 후 백범은 즉시 모든 사람들에게 연락하여 피신하도록 하였다.

임시정부 내무부와 애국단원들의 신속한 연락으로 왜경에 잡힌 사람은 몇 명에 지나지 않았는데, 임시정부의 주요 인물로서 도산만이 왜경의 손에 걸려들었다.

도산도 그때 즉시 피신하도록 연락을 받았으나 교민회장 춘산 이유필(春山 李裕弼)*의 아들과 만나기로 한 약속을 지키려다가 변을 당한 것이다. 도산은 백범의 테러 투쟁에 대하여 사실은 그 효과를 의문시하여 별로 찬성하지 않았던 분으로, 윤의사의 거사에 대하여 전혀 아는 바가 없었다. 백범은 그후 도산을 구출하려고 무척 노력하였으나 결국 성과를 얻지 못했다. 이때 도산만 체포되었고 춘산은 무사하였으므로 한때 춘산이 의심을 받기도 했으나, 그후 그 분 역시 체포되어 옥고를 치루었다.

백범은 도산의 체포에 큰 충격을 받고 이봉창 의사와 윤봉길 의

---

*1885~1945. 의주 출생. 105인 사건에 관련되어 진도에 유배되었으며, 상해에 망명 후 임정 내무총장을 지내다가 1933년 일제에 피검되어 3년간 투옥됨. 해방 후 신의주에서 남하하다 38선 부근에서 타계함.

사의 거사는 모두 자신과 애국단의 소행이라는 성명서를 작성하여 각 언론기관에 통보하였다.

이 성명이 발표되자 백범은 한국인들 뿐만 아니라 많은 중국인들에게까지도 영웅으로 숭앙받게 됐다. 그때까지는 수많은 독립투사 중의 한 사람이었던 그 분이 이 사건 후 독립운동의 가장 중요한 영도자로 등장하게 된 것이다.

이 사건을 계기로 우리는 중국 각계의 지원을 많이 받게 되었다. 국민 정부도 임시정부에 대하여 상당한 지원을 하기 시작하였다. 공산당 토벌을 첫번째 과제로 생각하고 일본에게 양보만 해온 정부이지만 국민당도 일본을 원수로 생각하기는 다름없었기 때문이다.

상해 탈출

4월 30일, 윤의사의 의거가 있은 다음날 우리는 남파 박찬익의 주선으로 절강성 가흥현(浙江省 嘉興縣)으로 피신하기로 결정하고 짐을 꾸렸다. 바로 그날로 석오장과 성재 두 분은 상해를 빠져나가 가흥으로 갔다.

성엄도 다른 곳으로 피신했고, 나는 꼭 필요한 물건만을 챙겨 놓고 남은 짐은 가까이 지내던 친구 집으로 옮겨 놓았다. 한시라도 빨리 상해를 빠져나가야 할 상황이었기에 서두르지 않을 수가 없었다. 또한 일파 엄항섭의 가족은 이 날 우리집에 옮겨오게 되었는데, 일파도 또한 일경에 주목을 받고 있던 터라 일파의 집이 곧 일경의 수색을 받을 것으로 알았기 때문이다

일파는 당시 프랑스 조계 당국의 공무국에 취직하여 상당히 많은 봉급을 받고 있었는데, 임정 및 애국단에 많은 지원을 해왔고, 특히 석오장을 여러 해 모셨을 뿐만 아니라 백범의 뒤를 적극적으로 돌보고 있었다. 그러니 상해를 탈출하지 않을 수 없었던 것이다.

다음 날인 5월 1일 피난 준비가 끝나는 대로 우리는 기차편으로

상해를 탈출해 피신처 가흥에 모인 임정 식구들.
뒷줄 왼쪽 세번째부터 김의한, 이동녕, 박찬익, 김구, 엄항섭, 저보성의 맏아들인 저한추.
앞줄 왼쪽 두번째부터 후동이를 안고 있는 필자, 민필호의 어머니,
아들 기동이와 딸 기선이를 안고 있는 연미당, 저한추의 처.
나머지 사람들은 저씨 집안의 중국인들

가흥을 향했다. 성엄은 상해에 남아 있었으며, 석린 민필호(石麟 閔弼鎬)*가 우리집 두 식구와 일파의 부인 미당과 그 집 남매를 가흥까지 안내해 주었다. 석린은 예관의 사위로서 상해에 있는 동안 일파와 더불어 성엄의 가장 가까운 친구 중의 한 사람이었다. 석린은 하루 전에 자신의 가족들을 이미 항주(杭州)로 피신시킨 후 백범의 지시로 우리 두 가족을 안내해 준 것이다.

우리가 가흥에서 여장을 풀고 그후 2년 동안 임시정부의 중심으로 있던 곳은 매만가(梅灣街)에 있는 제법 넓기는 하지만 허술한 2

---

*1898~1963. 서울 출생. 휘문의숙 재학 중 상해로 망명. 임정 주석 판공실장 및 외무차장을 지냄. 해방 후 초대 주중 총영사 역임.

민필호

층 목조건물이었다. 집주인은 손문과 함께 1905년 일본 동경에서 흥중회(興中會)를 창립한 후 계속 그의 가까운 동지였던 혁명가 저보성(褚補成)과 그의 아들(鳳章)의 소유였다.

그곳에 상해에서 먼저 떠났던 석오장과 성재가 바로 전날에 미리 와 있었다. 이렇게 우리는 10년 이상 있었던 상해를 떠나 첫 피난처인 가흥에 도착했고, 그 후 임시정부의 간판을 들고 중국 대륙을 떠돌아 다니게 되었던 것이다.

우리가 가흥에 도착한지 약 두 주일쯤 지나서 성엄과 일파가 백범을 모시고 가흥에 왔다. 일경의 현상금까지 걸려 있어 신변의 위험을 심하게 받고 있던 백범은 공장에 머물지 않고 따로 그 공장의 공장장이며 저보성의 수양아들인 진동손(陳桐蓀)집에 숨어 있기로 했다. 그리고 그곳도 불안하다고 느껴질 때는 남호(南湖)라는 호수의 배 안에 은신하기도 했다.

남호는 가흥의 명승지로서 호수에는 놀이배들이 떠 있었다. 그 놀이배는 여자가 노를 젓고 다니는데, 낮에는 손님을 태워 유람하면서 관광용으로 쓰이고, 밤에는 배 위에서 마작놀이를 하고 음식을 먹고 밤을 새기도 한다. 그리고 늦도록 놀다가 잠을 잘 수도 있다. 이들 노젓는 여인들을 선낭(船娘)이라고 부르는데, 그들은 대개 배 위에서 기거한다. 백범은 그 선낭이 부리는 배 한 척을 은신용으로 정하여 그곳에서 기거했다.

가흥에 있는 동안 주로 우리 식구와 일파네 식구가 석오장을 모셨다. 성재는 얼마 후 가흥에서 항주로 떠났으며, 임정의 다른 분들도 때때로 가흥에 와 머물곤 했다. 가흥을 피신처로 주선한 남파 박찬익 내외분도 가흥에 같이 있었는데, 아들 영준(英俊)은 그곳에서 수주(秀州)중학에 입학하였다.

가흥에 와서도 상해에서와 마찬가지로 일파 가족과 우리는 서로 의지하면서 마치 한 집안 식구처럼 지냈다. 느닷없이 상해를 탈출해서 부랴부랴 찾아든 가흥에서 처음 얼마 동안은 긴장 속에서 살지 않으면 안되었다.

상해에서는 임정이 프랑스 조계에 있었던 탓으로 일본인이 함부로 조계 내에 들어올 수가 없었으나 가흥에서는 사정이 달랐다. 중국 정부가 비록 우리를 동정하고 은밀히 지원해 주고 있다 할지라도 적극적으로 나서서 일경을 막아 줄 수는 없었다. 그러니 상해의 프랑스 조계에서 나온 이후부터 임정의 안전은 스스로가 책임져야 할 상황이었다.

가흥에서 나는 임정의 여러 어른들을 모셔야 했기 때문에 무척 바쁜 나날을 보냈다. 반면 성엄은 자기의 일이 없이 어른들만 모시고 살림을 꾸려나가는 일을 탐탁치 않게 여겼다.

상해에 있을 때 성엄은 신통치 않으나마 벌이를 하고 있었고, 동지들과 어울려 탁상(卓上)의 계획이라도 꾸미느라고 바쁘게 움직였는데, 이제 가흥에 와서부터는 살림만 맡고 있는 형편이니 속이 상하지 않을 수 없었다. 그러니 나도 마음이 편하지를 않았다. 그리고 무엇인가 뚜렷하게 할 일을 가지고 있지 않은 바에야 임시정부의 재정을 축내며 살기보다는 중국인 회사에 취직이라도 하는 것이 옳다는 생각이 들기도 했다.

백범 부인 최여사의 외로운 죽음

가흥에 간 지 여섯 달쯤 지나자 백범의 어머님 곽낙원(郭樂園) 여사가 국내로부터 손자 신(信)을 데리고 왔다. 오래 전 상해에서 백범의 어머니를 뵙고는 그 동안 어머님이 국내에 가 계셨기 때문에 실로 10여 년만에 다시 뵙게 된 것이다. 반가와서 눈물이 다 나올 지경이었고, 국내로 들어갈 때 세살이었던 신이 큰 것을 보니 그 동안의 세월이 짧지 않았다는 게 새삼스레 느껴졌다.

백범과 그의 가족을 상해에서 처음 만났을 때 백범 내외분은 어머님을 모시고 있었다. 둘째 아들 신은 아직 태어나지 않았고, 장남 인(仁)*과 함께 상해에서 멀지 않은 곳에 살고 있었다.

둘째 아들 신은 그후 백범이 영경방 집에서 살 때 태어났다. 백범의 식구도 우리집이 그랬듯이 영경방 집의 3층 작은 방 하나에 다섯 식구가 살면서 나머지 방 두개는 세를 주고 있었으니 궁색하기 짝이 없었다.

더구나 백범의 부인 최준례(崔遵禮) 여사의 건강이 좋지 못한 탓으로 단간방 집안의 분위기는 보는 이로 하여금 더욱 가슴 아프게 하였다. 그러나 백범은 밖에 나와 일을 할 때만큼은 전혀 집안의 그런 분위기를 겉으로 나타내지 않았으며, 늘 꿋꿋했다.

최여사는 워낙 몸이 약한데다가 폐결핵까지 겹쳐 꽤 고생하고 있었는데, 둘째 아들을 낳고는 채 백일도 못되어 그만 자리에 누워 거동을 못하게 되었다. 실족을 하여 크게 다친 탓이었다.

나는 거의 매일 백범 집에 들러 갓난아이인 신과 환자인 최여사를 극진히 돌보았다. 그때는 아직 후동이가 태어나기 전이라 성엄과 단둘이만 있을 때여서 거의 백범의 단간방에서 살다시피 했다. 살림이 어려웠으니 환자를 입원시키지도 못했고, 갓난아이의 옷도 따로 장만할 여유가 없었다. 내가 헌 옷을 이용하여 아기옷을 만들어 입히는 것이 고작이었다. 그러던 중 최여사의 병은 날로 악화되었고, 결국 프랑스 조계 밖 홍구 지역에 있는 외국인 선교회 계통의 병원인 홍구 폐병원에 입원하여 무료로 치료받게 되었다.

---

*백범 김구의 장남. 안중근 의사의 동생 안정근의 딸 안미생과 결혼하여 외동딸 효자를 두었으나, 1945년 초 폐결핵으로 중경에서 사망하였다.

1925년 정월 초하룻날(그때부터 우리는 양력을 사용했다) 성엄과 나는 몇몇 어른들께 세배를 다니고 나서 최여사가 있는 병원으로 문병을 갔다. 나는 어떨지 몰라도 성엄으로서는 조계를 벗어나 홍구 지역으로 간다는 것이 무모할이만큼 엄청난 모험이었다.

병원에 도착하니 병원측에서는 우리를 병실에 들여보내려 하지 않았다. 환자가 운명 직전이라는 것이었다. 성엄이 벌컥 화를 내며 나섰다.

"아니, 환자가 운명 직전이라면 빨리 연락해서 가족이나 누구를 부르는 게 순서일 텐데, 찾아온 사람을 오히려 못 들어가게 하는 게 말이 됩니까?"

우리는 병실로 뛰어들어갔다. 최여사는 이미 낯빛이 하얗고, 얼굴에 핏기라곤 하나 없이 탈진한 상태로 누워 있었다. 말도 하지를 못했다. 기력이 이미 다한 것이다. 그러나 정신만은 똑똑해서 우리를 알아보았다. 나는 최여사의 손을 꼬옥 잡았다.

"선생님께 오시라고 할까요?"

최여사는 힘없이 고개를 저었다.

"그러면 어머님을 모셔올께요."

역시 고개를 좌우로 저었다. 우리는 눈물을 감추고 얼른 돌아서 나왔다. 그리고 백범에게 달려갔다. 가면서 성엄은 백범은 못 오실 것이라고 귀띔해 주었다. 결국 백범은 홍구 지역으로 나오지 못했고, 백범의 어머님만이 유세관을 앞세워 병원으로 왔다. 그러나 이미 최여사는 숨진 후였다. 시신도 영안실로 옮겨진 후였다.

백범은 최여사를 잃기 전에 황해도 안악에서 일곱 살난 딸 화경(化敬)이를 잃은 적이 있다. 백범이 민족의 지도자로 굳센 기품을 잃지 않았던 이면에는 가족의 죽음이라는 불행이 늘 따라다녔다. 그러나 백범은 그 이루 말할 수 없었을 슬픔을 결코 겉으로 나타내지 않았다.

후에 백범이 쓴 『백범일지』에 보면 시어머니와 며느리인 최여사

사이가 어떠했는지를 잘 알 수 있다.

　　어머님과 내 아내와는 전에는 충돌도 없지 아니하였으나 내가 옥에 간 후로 서울로 시골로 고생하고 다니시는 동안에 고부가 일심동체가 되어서 한번도 뜻 아니맞은 일이 없었다고 아내가 말하였다.
　　……우리 내외간에 다툼이 생기면 어머니는 반드시 아내의 편이 되셔서 나를 책망하셨다. 경험에 의하면 고부간에 무슨 귀엣말이 있으면 반드시 내게 불리하였다. 내가 아내의 말을 반대하거나 조금이라도 아내에게 불쾌한 빛을 보이면 으레 어머님의 호령이 내린다.
　　……나는 집안 일에 하나도 내 마음대로 해본 일이 없었고, 내외 싸움에 한번도 이겨 본 일이 없다.

어쨌든 최여사는 병상에서 남편과 시어머니의 따뜻한 체온 한번 느껴 보지 못한 채 숨을 거두었고, 시신은 조계 내로 다시 옮겨져 숭산로의 공동묘지에 안장되었다. 이때의 눈물겨운 정경을 백범은 담담하게 묘사하고 있다.

　　내 본의는 독립운동 기간 중에는 혼상(婚喪)을 물론하고 성대한 의식을 쓰는 것을 불가하게 알아서 아내의 장례를 극히 검소하게 할 생각이었으나, 여러 동지들이 내 아내가 나를 위하여 평생에 무쌍한 고생을 한 것이 곧 나라 일이라 하여 돈을 거두어 성대하게 장례를 지내고 묘비까지 세워 주었다. 그 중에도 유세관 인욱(寅旭)군은 병원 교섭과 묘지 주선에 성력을 다하여 주었다.
　　……아내가 입원할 무렵에는 인이도 병이 중하였으나 아내 장례 후에는 완쾌하였고, 신이는 겨우 걸음발을 할 때요, 아

직 젖을 떼지 아니하였으므로 먹기는 우유를 먹었으나 잘 때에는 어머님의 빈젖을 물었다. 그러므로 신이가 말을 배우게 된 때에도 할머니란 말을 알고 어머니란 말을 몰랐다.

최여사가 인과 신 두 아들을 남기고 세상을 뜨자 백범은 어머님과 자식들을 국내로 보내기로 결심하였다. 그때 마침 석오장의 차남 의백(義栢)이 일파의 첫 부인인 임씨와 함께 상해에 와 있던 터라 백범은 의백이 귀국하는 길에 어머니를 모시고 갈 것을 부탁했다.

백범으로서는 어머님이 두 손자를 데리고 고생하는 것도 지켜보기가 힘들었겠지만, 임정이 가장 어려웠던 그 시기에 가족 때문에 큰일에 누를 끼쳐서는 안되겠다는 심정이었으리라. 백범은 능히 그럴 만한 분이었고, 또 어머님되시는 곽여사도 같은 심정이었음에 틀림없다. 그렇게 해서 일곱 해 동안 백범의 가족은 떨어져 있었다. 백범 홀로 중국에 남았다는 말이 더 어울리겠다.

백범의 어머니

임정이 가흥으로 옮겨졌을 때 백범은 이미 임정의 대표격 인물로 일경의 주목을 받게 되었다. 그러니 영도자의 가족을 적의 수중인 국내에 둘 수 없다고 하여 주변에서 백범의 어머님을 가흥으로 모셔와야 한다고 나섰고, 비밀리에 국내로 사람을 보냈다.

백범이 일하는 데 거추장스럽게 방해가 된다 하여 굳이 가흥으로 오지 않겠다는 곽여사를, 어머님이 움직이는 것은 이제 한 개인의 문제가 아니라 어쩌면 임시정부 전체의 문제가 될 수 있다고 가까스로 설득하여 중국으로 모셔오게 되었다.

백범의 어머님이 일정한 거처도 없이 그야말로 임시로 눌러 있는 가흥의 임정에 왔다는 것은 특히 우리 젊은층에게 큰 위안이 되었다.

그분이 젊은 사람처럼 독립운동을 한다 하여 여기저기 뛰어다닐 것도 아니요, 임정의 일을 나서서 지휘하고 감독할 것도 아니었지만 오히려 그 한 분이 우리 가운데에 말없이 앉아 계신 것만 해도 우리에게는 큰 힘이 되었고, 정신적으로도 우리의 큰 기둥이 되기에 충분했다. 이미 어느 한 사람의 어머니가 아니었던 것이다.

위인의 어머니는 더욱 위인다웠다. 평상시에 한마디씩 건네주는 말 속에, 때로는 눈물이 찔끔거리도록 매섭게 꾸짖는 말 속에 그분의 소박하되 의기서린 인품이 고스란히 배어나오곤 했다. 곽여사는 쉬운 한글 몇 자와 아라비아 숫자를 읽을 정도로 배운 것이 없는 분이었다. 그러나 많은 교육을 받은 어느 지식인 못지 않게 침착하고 대범하고 경우가 밝은 분이었다.

그분이 갖춘 이런 덕목들은 특히 임정의 살림을 맡고 있는 우리 아녀자들에게 그대로 귀감될 만한 것들이었고, 사실 딱딱하기 그지없는 임정의 하루하루 생활에서는 더더욱 필요한 자세였다.

한번은 그분의 생신 때 내가 미당과 함께 비단 솜옷을 사다드린 적이 있다.

"난 평생 비단을 몸에 걸쳐 본 일이 없네. 어울리지를 않아. 그리고 지금 우리가 이나마 밥술이라도 넘기고 앉았는 건 온전히 윤의사의 피값이야. 피 팔아서 옷 해입게 생겼나? 당장 물려 와."

대꾸 한마디 못하고 비단 솜옷을 거두어 들고 돌아나왔다. 옷을 돈으로 바꿀 양으로 가게에 갔으나 돈으로 물려 받을 수가 없어서 순양모로 된 옷으로 바꾸어 갖다드렸다.

홍구공원의 의거가 있은 후 중국의 명사들이 백범을 찾아오는 일이 많아져서, 우리는 그럴 경우 좀 나은 옷이 필요하다고 생각되어 비단옷을 샀던 것이고, 어머님께 경을 치고 나서는 그래도 비교적 고급스런 옷으로 바꿔 온 것이다. 아마 그것만큼은 보통 옷감으로 생각하셨는지 아무 말 없이 받아 입으셨다.

백범의 어릴 적 얘기며, 자신이 겪은 끔찍스런 고초에 대해 내가 그분에게서 들은 것들만 다 모아도 따로 책 한 권이 묶여질 만한데, 내 기억이 그런 얘기를 미처 다 잡아낼 수 없으니 아쉽기만 하다.

　백범의 어머님은 키가 유난히 작았다. 게다가 얼굴이 빡빡 얽어서 언뜻 보기에는 세상에 못나기로 그렇게 못난 여자가 없을 듯싶은데, 정작 아드님은 기골이 장대하고 위품이 당당한 한 시대의 거물로 낳으셨다. 백범의 어렸을 적 이름은 창수였다. 백범의 창수 시절 이야기를 듣다 보면 우리 젊은 아낙네들은 모두 배꼽을 잡고 깔깔거리지 않을 수 없었다.

　"저게 사람인 줄 알어? 저게 어려서부터 얼마나 무서웠는지 몰러."

　"왜요?"

　"어려서 자랄 때야 변변한 옷 한 벌이 있었나, 뭐가 있었나? 밖에 놀러 나가면 바지는 무슨 바지, 이만한 저고리나 하나 입혀 내보내지. 한번은 애들이 실컷 놀다가 어둑어둑해져서 집에 오려고 보니까 창수가 없어졌거든. 창수야, 창수야 찾았지. 나 여기 있다, 나 여기 있다니까. 저쪽 풀밭에 혼자 우두커니 앉았더라는군, 글쎄. 바지를 안 입혔으니까 그냥 맨바닥에 철퍼덕 주저앉다가 똥구멍에 나무가 박혔네. 그러더라니까. 저게 사람인 줄 알어?"

　백범이 네살 때의 일이란다. 화로에 꽂아두고 쓰는 작은 부삽으로 부서리(부손을 말함)라는 게 있었는데, 창수가 그걸 가지고 놀다가 그만 손등에 덜컥 달라붙었다. 그런데도 네 살난 아이는 울지도 않고 가만 앉아서,

　"어, 이 부서리가 내 손등에 가 붙었네."

　그만큼 질기고 억셌던 아이였으니 커서 청년이 되었을 때엔 더 말할 나위도 없었다. 백범이 일경에 체포되어 고문을 당했을 때 일이다. 백범의 투쟁기록에 체포당해 투옥되었던 것이 한 두 번이 아니니 언제의 일인지도 잘 모르겠다.

모진 고문 끝에 살피듬이 터져 나가고 피가 엉겨붙었다. 그러기를 몇 날 며칠, 상처가 아물지 않았던지 백범의 다리에 큰 종기가 생겼다. 일본 군의관이 와서 시퍼런 칼날을 들이대고 그 종기를 무작스럽게 도려내는 데도 백범이 아프다는 소리는 커녕 눈썹 하나 까딱하지 않고 그냥 앉았으니까 군의관이 놀라서 한다는 소리가,
"야, 너 무슨 죄로 들어왔니?"
"나 도적놈이다."
"그래? 너 도적질깨나 했겠다."

백범의 어머님이 들려 주는 백범의 얘기는 내가 줄곧 옆에서 모시면서 보고 듣고 느낀 백범의 모습 그대로였다. 세상 없이 어려운 일이 있어도 입 다물고 꾹 참으면 그만인 분이 바로 백범이었다. 언젠가 백범이 임정의 사람들과 같이 저녁을 사먹은 일이 있었다. 그분 혼자서 여섯 상을 해치웠다. 남 보이기에 쑥쓰러웠던지 마지막 상을 치우고는,
"아구, 장사 흉내내기도 힘들다. 세 상을 먹고 나니까 더는 못 먹겠는 것을 장사인 체하려니까 억지로 먹었네. 에이 이제는 밥 맛이 없어 못 먹겠다."

백범은 역시 거목(巨木)이었다.

임정의 이합집산

성엄이 중국인 회사에라도 취직해서 일정한 벌이를 해야겠다는 생각을 버리지 않고 있어서 나는 그 일에 대해서 남파 부인과 상의했다. 남파는 중국인들과 폭넓게 교제하고 있었기 때문에 그런 일을 상의드리기에는 마춤한 분이었고, 예관 신규식이 작고(1922년 상해에서 세상을 뜸)한 후 중국 정부와의 교섭 등은 주로 그분과 안공근이 맡아 처리했다. 남파는 한때 신강성(新彊省) 성장을 지낸 바 있는 임긍(林兢)이란 사람을 소개해 주었다.

임긍은 당시 중앙정부의 발령을 받아 제1구 전원공서(專員公署)

의 전원으로 취임차 가는 길이었는데, 말하자면 일종의 좌천이나 마찬가지였다. 중국의 1개 성은 대개 우리나라의 남북한을 합한 면적보다 넓은 것이 보통이었으므로, 중앙에서의 통제를 강화하고 성장의 권력이 지나치게 비대하여 지방 군벌로 변하는 것을 막고자 중앙에서 직접 관리를 파견하여 각기 몇 개 현(縣)을 관할토록 했는데, 그 임무를 맡은 기구가 바로 전원공서였다.

임 전원은 성엄을 중국인으로 속여 변성명까지 하여 전원공서에 취직을 시켰다. 그때 성엄은 진해(陳海)라는 가명을 썼으며, 호는 서울의 청계천을 생각하여 청계(淸溪)라고 지었다.

우리가 성엄의 임지인 강서성 풍성현(豊城縣)에 도착한 것은 1934년 봄이었다. 풍성은 강서성 중부에 있는 도시로 서의 수도인 남창(南昌) 남쪽에 있는 읍이다. 풍성은 이름 그대로 풍요한 고장으로 물가가 무척 쌌다. 성엄은 그때 월급 20원을 받았는데. 그야말로 호강을 할 수 있는 거금이었다. 풍성에서 1년쯤 있다가 전원공서를 따라서 무령현(武寧縣)으로 다시 이주하였다.

강서성 서북부의 호남성(湖南省)과 호북성(湖北省) 두 개 성의 인접 지역에 있는 무령현에서는 거의 3년 가까이 생활하였다.

우리가 강서성을 떠나 호남성 장사시(長沙市)로 가서 임시정부 일행에 다시 합류한 것은 1938년 2월이었으니, 만 4년 동안 우리는 강서성에서 비교적 편안한 은거생활을 한 셈이었다.

이 4년 동안의 세계정세는 그야말로 격동의 연속이었다. 일본은 더욱 군국주의화하여 결국은 자신을 파멸시키게 될 중국 침략을 향하여 광분하고 있었다.

한편 국내에서는 문화주의의 탈을 서서히 벗고 민족운동과 언론·문화활동에 대한 탄압을 날로 가속화시켰다. 그러나 일본 제국주의의 탄압이 심화될수록 만주에서의 항일투쟁은 오히려 성장하고 격화되었다.

1931년의 만주사변 후 장학량 휘하의 중국 정규군은 일본군에 저항도 하지 않고 후퇴하였으나, 한인 독립운동가들과 중국의 비정규 부대들이 합세하여 연합 토일군(聯合討日軍) 혹은 동북항일연군(東北 抗日聯軍) 등을 조직하여 일본군에 저항하였다.

앞서 말했듯이 자금 부족, 조직 약세 등 어려운 상황에 처해 있는 국외의 독립운동 일선에서 많은 지도자들이 떠난 후에도 자발적인 저항은 계속되었으며, 격렬한 무력투쟁 등의 방법으로 오히려 강화되어 갔다. 전쟁을 위한 일본의 경제착취는 국내에서 더욱 노골화되어 민족의 수난은 날로 심화되었다. 많은 동포들이 정든 땅을 버리고 만주로 이주하였다.

임시정부는 상해의 프랑스 조계를 떠난 후 잠시 절강성 가흥현으로 가 있다가 우리 식구가 강서성으로 떠난 후 강소성(江蘇省)의 수부인 진강(鎭江)으로 옮겨갔다. 진강은 남경에서 하류로 약 150 킬로미터 떨어진 곳에 있었는데, 의열단계의 약산 김원봉 등 많은 사람이 이미 남경에 가 있었으므로 중국에서의 독립운동 중심도 상해에서 남경으로 옮겨졌다.

당시 중국 중앙군에는 한인 군관들이 여러 명 있었다. 그중에 가장 직위도 높으며 중국의 실권자인 장개석의 개인적인 신임을 받고 있던 사람은 중국군에서 왕웅(王雄)이란 이름으로 활동하던 김홍일(金弘壹)*이었다.

그는 상해의 조병창에서도 근무했는데, 이봉창 의사가 수류탄의 성능 때문에 왜황을 죽이는 데 실패하자 백범은 그에게 특제 폭탄을 비밀리에 제조해 줄 것을 당부하였다. 그 결과 물통 모양과 도시락 모양으로 된 특제 폭탄 수십개가 만들어졌고, 홍구공원의 의거 때는 고성능의 폭탄을 사용하여 왜장들이 즐비하게 늘어서 있던 사열대를 단숨에 날려 버렸던 것이다.

그 폭탄은 상해를 떠날 때 임정의 이삿짐과 함께 소중하게 꾸려

---

*1898~1980. 평북 용천 출신. 중국에서 무관학교를 나와 1926년 중국혁명군 참모를 지냄. 광복군 성립 후 참모장을 지냄. 해방 후 주중대사, 외무장관 역임.

남경 군관학교에서 있었던 김구·장개석 회담(1933년 5월).
당시 장개석은 윤봉길 의사의 상해 의거에 큰 감명을 받고
임정을 적극 지원할 것을 약속했다

져 비밀리에 가흥으로 옮겨졌던 일이 기억나는데, 그 후 어떻게 처리되었는지 나로서는 알 수가 없다.

남경으로 먼저 옮겨간 약산은 1932년 가을 남경에 있는 중국 국민정부 군사위원회(위원장 장개석) 간부 훈련반 안에 조선혁명군사정치간부학교를 설립하였고, 임시정부는 김홍일의 주선으로 장개석으로부터 낙양군관학교(洛陽軍官學校) 내에 한인 특별반을 설치하는 데 동의를 얻어냈다.

그러나 이 특별반은 1933년 11월에 설치되었다가 일본측의 항의 때문에 1년만에 해산되고 말았다. 이때 약산은 혁명간부학교생 10여 명을 낙양에 파견하는 등 적극적으로 협력한 바 있다.

약산은 스무 살 이전부터 항일투쟁에 투신한 열성적 민족주의자였다. 1919년 만주 길림성에서 의열단을 조직하여 의백(義伯 : 단

조소앙

장)이 됐을 때 나이 겨우 22세였다. 그 후 상당히 좌경으로 흐르긴 했으나 역시 훌륭한 민족주의자였던 것으로 나는 알고 있다.

하기야 항일투쟁의 대열에 섰던 사람은 보수주의든 사회주의든, 혹은 공산주의 성향을 지녔든간에 동시에 다 민족주의자였던 것은 틀림이 없다. 그러나 이들 사회주의자와 한국 광복진선(光復陣線)이 주도하던 당시의 임정 정부는 늘 대립되어 쉽게 단결할 수 없었다.

남경의 항일 민족운동가들은 각자의 정치적 성향을 떠나 보다 효과적인 항일투쟁을 위해서 이러한 대립을 줄이고, 가능한 한 함께 뭉쳐야 된다는 것을 느끼고 있었다. 그리하여 여러 개의 단체를 통합하여 하나로 만드는 시도가 늘 되풀이되었다.

그러나 먼저 있던 단체의 간판을 버리지 않는 사람이 늘 생겨나서 결국 두 파가 합쳐서 하나가 되는 대신 오히려 하나가 늘어나는 결과가 종종 있었다.

이러한 통합의 노력으로 1935년 7월 민족혁명당이 남경에서 탄생되었다. 한국독립당, 신한독립당, 조선혁명당, 대한독립단, 의열단 등 여러 단체가 여기에 가담하였다. 그러나 민혁당의 주도권이 약산에게 돌아가자 조소앙(趙素昻)*은 한국독립당의 재건을 선언하였고, 그해 겨울 석오, 우천, 성재, 백범, 일파 등 임정의 주류는 다시 국민당(國民黨)을 창설하였다. 나도 성엄과 함께 국민당의

---

*1887~?. 경기도 출신. 일본 메이지 대학 법과 졸업 후 귀국하여 교편 잡음. 3·1운동 때 상해로 망명. 임시정부에 가담하여 한독당 조직에 참여하고 임정의 외무부장을 맡는 등 임정의 주요 인사로 활약. 해방 후 귀국하여 김구 등과 남북협상에 참석하고자 평양에 다녀옴. 제2대 국회의원에 피선되었으나 6·25 때 납북됨.

창립에 가담하였다.
 그리고 만주에서 내려온 분들이 중심되어 있는 조선혁명당도 재건되었다. 결국 조선민족혁명당은 의열단의 후신이 된 듯이 보이게 되었다.

 이러한 독립운동 진영의 이합집산과는 별도로 세계 정세는 날로 긴장감이 돌기 시작하였다. 물론 이것은 어느 면으로는 우리의 입장에서 오히려 바라고 있었던 것이다. 임정의 활동을 이야기하면서 세계정세에 대한 상황을 꼭 말하지 않을 수 없는 것은, 세계정세의 상황에 따라 우리의 적이었던 일본과 제국주의자들의 태도가 변하였고, 그에 임정이 대처해야만 했기 때문이다. 그러니 임정만 따로 떼어 놓고 말할 수는 없다.
 이탈리아의 파시스트 정권의 수립에 이어 일본의 군국체제가 확립되었고, 1933년 초에 히틀러의 나찌스 당이 독일을 지배하게 되면서 이 세 개의 불한당은 세계를 뒤흔들어 놓았다.
 일본이 우리나라와 중국에 마수를 뻗친 것은 더 말할 것도 없고, 히틀러는 전 유럽에 걸쳐 세력의 판도를 넓혀 가는 중에 1933년 3월에는 반(反)유태인령을 공포하는 등 광적인 면모를 드러냈다. 이탈리아는 1935년 가을 이디오피아를 침략하였다. 세계의 여론이 들끓었으나 국제연합은 만주사변 때와 마찬가지로 이러한 약육강식의 세계질서를 방관하기만 하였다.

불타는 중국 대륙

괴뢰정부 만주국과 홍군의 대장정

1931년에 만주를 강점하고 다음해에 상해를 공격한 일본은 그 이듬해에 다시 내몽고를 공격하여 열하성(熱河省)을 강점했다.

중국 각계에서는 전국민이 단결하여 일본의 침략에 대항하자고 소리를 드높였으나 국민 정부는 여기에 아랑곳하지 않았다.

일본이 열하성을 강점한 해 10월 장개석은 백만 대군을 동원하여 강서성 서금에 있는 공산군을 토벌하려고 최대 규모의 포위작전을 개시했다.

이에 항의하여 11월에는 상해사변 때 용맹을 떨쳤던 제19로군이 국민정부의 명령에 불복하고 반란을 일으켜 복건성(福建省)에 인민정부를 수립하였다.

이 반란은 쉽게 진압되었으나 공산군에 대한 섬멸작전은 성공을 거두지 못했고, 모택동의 주력부대는 1934년 가을 강서성을 탈출하여 이른바 대장정(大長征)을 개시하였다.

중앙군은 11월에 서금을 점령함으로써 중국 동남부의 공산군을 쫓아내는 데만 성공한 셈이었다.

그해 3월 일본은 중국의 동북지방에 만주국(滿洲國)이라는 괴뢰국가를 세워 청(淸)의 마지막 황제인 부의(溥儀)*를 만주국의 왕으로 내세웠다.
　장개석의 중앙군은 서금을 점령하기에 앞서 또하나의 홍군(紅軍
: 중국공산군) 거점인 호북성(약칭 악〔鄂〕), 하남성(약칭 예
〔豫〕), 안휘성(安徽省 : 약칭 환〔晥〕)의 3개 성 접경지대에 있는
악·예·환 소비에트의 뿌리를 뽑는 데도 성공하였다.
　적어도 표면상으로는 장개석의 이른바 안내양외(安內攘外) 정책
이 어느 정도 성과를 얻는 듯하였다. 그러나 중국의 동북 3개 성인
요녕성(遼寧省), 길림성(吉林省), 흑룡강성(黑龍江省)에 이어 열
하성을 강점한 일본은 침략의 마수를 계속 뻗어나갔다. 이제는 침
략 목표 지점이 내몽고의 찰합이(察哈爾)·수원성(綏遠省), 화북
의 하북성(河北省), 산동성(山東省) 및 산서성(山西省)으로 확장
되어 이 지역 안에 새로운 괴뢰정부 수립을 획책하고 있었다.
　중국 각계에서는 장개석의 '안내양외' 정책에 대한 비난의 소리
가 날로 높아 갔으며, 내전을 끝내고 전국이 단결하여 일본 침략에
대항하라는 여론이 비등하였다.
　1934년 5월 손문의 미망인 송경령(宋慶齡)**여사와 손문의 후계
자로서 같은 국민당의 우파에 의해 암살당한 료중개(廖仲愷)의 미
망인 하향응(何香凝)과 이두(李杜) 등이 중심이 되어 상해에서 중
국 민족 무장자위위원회를 발기하였다.
　이러한 정세 하에서 이듬해를 맞이했다. 중국의 정세는 날로 심
각해 가기만 하였다. 상해사변 후 우리의 독립운동에 대해 국민 정
부에서 배려해 주었던 미미한 지원마저도 일본의 압력으로 사라져
갔다.

---

*1906~67. 청나라의 12대 황제. 청 몰락 후 천진에 있다가 만주사변 때 일본군에게 붙들려 소위 만주국의 황제에 오름. 2차대전 후 소련군에게 붙잡혀 1946년 도쿄 재판의 증인으로 출정, 후에 중국으로 송환됨. 1959년 특사로 풀려나왔음.
**1890~ . 손문의 부인. 손문이 죽은 후 국민당의 좌파를 중심 세력으로 해서 장개석과 대립하다 무한(武漢) 정부에 참가했고, 항일운동을 전개했음. 1959년 중국의 부주석이 되어 부인평화운동을 추진, 스탈린 평화상을 탔음.

국민정부는 만주국을 승인할 수는 없지만 불문에 붙이겠다는 자세를 취하기까지 하면서, 심지어는 '일중친선(日中親善)'이 논의되기도 했다. 참으로 한심스러운 일이었다. 그러나 국민정부의 양보에도 불구하고 일본의 탐욕은 끝이 없었다. 장개석의 양보에도 한계가 있게 마련이어서 중국 곳곳에서는 하루라도 빨리 내전을 종결시키고 일본의 침략에 저항하자는 함성이 그칠 줄 몰랐다.

중국공산당은 그해 1월 11일 귀주성 준의(貴州省 遵義)에서 열린 중국공산당 정치국 확대회의에서 이른바 모택동 노선을 확립했다. 동시에 준의 회의에서 중공군은 행군의 목표를 설정하였다. 화북으로 가서 항일투쟁의 근거지를 마련한다는 것이었다.

그리고 8월 1일에는 이른바 8·1선언을 발표하여 항일 구국통일전선을 제창하였는데, 이에 대하여 국민당 내에서까지 호응하는 세력이 머리를 들기 시작했다. 약 2개월 후 중공군이 섬서성(陝西省)에 도착하여 새로운 기지를 수립함으로써 장정은 끝을 맺었다.

화북 및 내몽고 5개 성에 대한 일본의 분리책동은 날로 노골화되었다. 11월에는 괴뢰 은여경(殷汝耕)을 내세워 북경 동쪽에 있는 통주(通州)에다 이른바 기동(冀東 : 하북성의 약칭) 방공자치위원회라는 기구를 창설하였으며, 12월에는 이를 다시 기동방공자치정부로 개칭하였다.

이러한 화북의 분리 '자치'책동에 항의하여 12월에는 북경의 학생연합회가 중심이 되어 대규모 반제 구국시위를 벌였다. 우리나라에서와 마찬가지로 중국의 학생들도 훌륭한 애국 전통을 지니고 있었으며, 외국의 침략과 국내의 독재에 저항하는 투쟁에서 언제나 선봉에 서서 싸웠던 것이다.

백범의 어머님을 모시고

그해 9월, 나는 성엄을 강서성 무령에 남겨둔 채 아들만 데리고 남경에 가서 약 반 년간을 지냈다. 백범의 어머님을 모시기 위해서

남경에서 백범의 가족과 함께
지낼 때(1934년 4월).
성엄과 김구선생의 차남 신(왼쪽),
후동(가운데)

남경에서의 우리 가족

였다.
 백범의 어머님은 당시 이미 칠십을 넘은 고령으로 아직 어린 손자 신을 데리고 남경서 작은 집을 세내어 살고 있었다. 백범은 중국 말이 서툴렀기 때문에 운남(雲南) 사람이라고 행세했다. 중국에는 사투리가 심하여 남방의 어느 외진 섬에서 왔다고 하면 그런 대로 통할 수 있었기 때문이다.
 그런데 한번은 운남 사람이 같은 고향 사람이 살고 있다는 말을 듣고 반가와하며 백범을 찾아왔다는 것이다. 백범은 그 운남 사람을 맞아 태연하게 자기는 운남 사람이 아니라 해남 사람이라고 슬쩍 넘겨 버렸다고 한다. 해남도(海南島)는 중국 남쪽 끝에 있는 섬으로, 그곳 말은 외국어라고 할 수 있을 정도로 내륙의 언어와는 전혀 다르기 때문에 그때부터 백범은 해남도 출신으로 행세했다.
 어쨌든 백범의 어머님도 중국말을 전혀 못하였다. 게다가 어린 손자만을 데리고 지내자니 어려움이 대단했다. 그때 장손 인은 아직 스무살이 채 안된 나이이긴 했지만, 아버지 백범의 지시에 따라 때로는 제법 위험한 일까지 맡아 하고 있는 젊은 투사로서 할머니를 돌볼 겨를이 없었다. 그래서 아직 나이 어린 신이 서툰 중국말을 쓰며 시장도 보고 해서 할머니를 모시고 있었다.
 백범과 친형제 사이나 다름없는 안중근 의사의 사촌동생 경근(敬根)*이 가끔 들러 백범의 어머님을 돌보아드리기도 했으나 그도 역시 왜경의 눈을 피해 다녀야 하는 처지기에 자주 들를 수는 없었다.
 백범은 어머님의 살림을 도울 사람들을 몇 사람 천거했으나 곽여사가 모두 마다하셨다 한다. 백범은 어머님이 특히 나를 사랑해 준다는 걸 알고, 후동 어미에게 좀 와달라면 어떠냐고 물었더니 그

---

*황해 신천 출신. 1918년 블라디보스토크로 가서 항일투쟁을 벌임. 1925년 운남군관학교 졸업. 만주 정의부에서 활동중 1930년 상해로 와서 백범을 보좌하며 항일운동을 계속함.

제야 마다하지 않더라는 것이었다. 사실 그렇게 되면 성엄 혼자서 지내야 되므로 쉬운 일이 아니었으나 백범은 나에게 한겨울만 고생 좀 해달라고 부탁을 했던 것이다.

　남경에서는 신과 할머니가 방 하나를 썼으며, 나는 아들 후동을 데리고 건넌방에 묵었다. 네 식구인 셈이었다. 신은 국내에서 학교를 다녔던 탓에 중국말을 못했으므로 다시 1학년에 들어갔고, 그후 월반을 해서 소학교 5학년에 재학중이었다. 후동은 신보다 여섯해 밑이었으나 2학년에 다녔는데, 학교에서는 표형제(表兄弟 : 중국에서는 내·외·이종형제를 다 이렇게 통칭하였다)로 통하였다.

　신과 후동은 말이 아직 서툴렀으나 사투리를 쓰는 것으로 통했고, 다 중국인 행세를 했다. 이름도 한국인이라는 것이 쉽게 나타나는 김씨를 피해서 신은 관신(關信), 후동은 진명(陳明)으로 바꿔서 썼다.

　남경에 있는 동안 중국의 국부인 손문의 묘소가 있는 중산릉(中山陵)을 비롯하여 여러 명소들을 찾아볼 수가 있었다. 남경은 명(明)나라의 수도로서 근처에 많은 명승 유적들이 있었다. 안경근이 주로 안내를 했으며, 우리는 아주 가깝게 지내게 되었다.

　그는 자상하고 인정이 있고 재치가 넘치는 사람이었는데, 나를 작은 고추라고 비유하며 매섭다고 평하였다. 그는 성엄과도 절친했으며, 귀국 후에도 꾸준히 민족통일을 위해 헌신했는데, 1948년 단독선거에 의한 분단의 영속화를 막기 위해서 추진한 바 있는 남북협상 때는 백범의 뜻을 전하고자 평양에 먼저 갔다온 일도 있다.

　내가 남경에 있을 때인 1935년 11월 석오, 백범, 성재, 우천 등의 주동으로 항주에서 국민당이 창립되었다. 성엄은 당시 무령에 혼자 있었으나 발기인에 들었고, 나도 그 국민당에 가입했다. 내가 독립운동단체에 적(籍)을 두게 된 것은 이것이 처음이다.

　세계정세의 변화와 더불어 격변의 한해가 또 지나가고 1936년의 새 아침을 남경에서 맞았다. 연초에 막내 시누이인 영원이 조카 석동(奭東)을 데리고 남경으로 왔다. 영원은 한때 의친왕 이강의 둘째 아들(몇째 아들인지 확실하지가 않다)과 약혼했던 사이였는데, 이강의 상해 망명이 실패로 돌아간 후 혼사가 이루어지지 않았다. 이 혼사가 깨진 것은 어쩌면 일본인들의 압력에 의한 것일 수도 있다.

영원은 성엄의 남매 중에 가장 재능이 특출하였다. 동덕(同德) 여중을 다닐 때 공부도 잘 했거니와 아버님을 닮아 서예가 출중하여 전국 여학생 서예대회에서 1등으로 뽑히기도 했다. 그런데 영원은 재학중에 공산주의자들의 독서회에 관련되어 유치장 출입을 자주 하게 됐다.

학교를 졸업한 후에도 시집을 가려 하지 않고 계속 요즈음 식으로 말하자면 운동권과 관계를 맺었는데, 당시 일경은 명문 출신이 그런 사건에 관련되어 신문에 기사화되는 것을 꺼려하였으므로 종로서에서는 영원 때문에 골치를 썩고 있었다. 그래서 인심이나 쓰듯이 영원이 중국으로 가겠다면 여권을 내주겠다고 어머님께 말했다 한다.

한편 둘째 시동생 용한이 세상을 뜨자 그의 아내인 내 동서는 친정에서 아들 석동을 데리고 혼자 살았는데, 남편의 죽음에 충격을 받아 역시 그만 세상을 하직했다. 동서가 죽을 때 아들을 나에게 보내 키워 달라는 유언을 남겼다 한다. 동서는 나를 무척 좋아하고 따랐으며, 석동을 나에게 보내면 친아들같이 보살펴 줄 것으로 믿었기 때문이었을 것이다. 그래서 영원이 석동을 데리고 우리를 찾아오게 된 것이다.

당시 우리는 거처를 비밀로 하기 위하여 모든 편지를 상해 프랑스 조계에 살고 있는 성재의 둘째 아들 규홍(圭鴻)에게 보내어 그곳에서 봉투를 다시 써서 국내로 발송하도록 하였다. 성재는 윤의사 의거 후 상해를 탈출하였으나 가족은 데리고 갈 수 없었다.

상해에는 규홍 외에도 조카되는 규학이 살고 있었는데, 이들은 일제 치하 줄곧 상해에서 살았으나 왜놈 밑에서 심부름을 한 일이

강서성 무령현에서 중국인들과 함께.
앞줄 왼쪽 세번째부터 작은시누이 영원, 필자, 성엄.
성엄 앞이 후동, 성엄 옆이 조카 석동(1936년)

불타는 중국 대륙 137

강서성 중국 관청 재직시의
성엄(1934년 8월)

이동녕이 진강에서 무령으로
성엄에게 보낸 서한.
석오의 유일하게 남은 필적이다

없었으므로 많은 고생을 했던 것으로 안다.

8·15 해방 후 상해에서 이들을 다시 만나 서로가 무척 반가와했던 일이 기억난다. 특히 규학의 처는 나와 아주 가까운 사이로 내가 아들을 낳을 때 병원에 갈 수도 없는 처지여서 집에서 내 뒷바라지를 해주기도 했다.

아무튼 영원은 상해에 와서 규홍에게로 찾아갔으며, 규홍이 우리의 남경 주소를 알려 주어 찾아왔으니 참으로 반갑기 그지없는 일이었다. 남경서 며칠을 지낸 후 영원과 석동은 무령으로 떠났고, 나도 그해 겨울을 보내고는 성엄에게로 갔다.

백범 어머님이 계시는 남경을 떠난다는 것은 차마 발길이 떨어지지 않는 노릇이었으나, 새 식구가 늘어난 무령에 가서 단 얼마 동안이라도 집안일을 돌보지 않을 수 없었다.

내가 떠난 후 곽여사는 계속 손자인 신과 함께 지냈으며, 손수 식사를 마련하며 지냈다.

무령의 우리 식구는 이제 다섯으로 늘어났다. 석동이는 동서가 바라던 대로 내 친자식같이 키웠다. 영원은 학생 때부터 높은 이상을 갖고 살아왔으며, 중국에 올 때는 독립진영에 가담할 생각이었으나, 당시 중국에서의 독립운동은 동면상태에 놓여 있었고, 오라버니인 성엄도 별볼일 없이 중국 관청에서 세월을 보내며 때를 기다리고 있는 형편이었다.

영원은 자기가 아무 일도 할 수 없다는 것에 대해 회의를 하고 있었으니, 오빠에 대한 실망도 컸을 것이다.

더구나 그때는 오히려 국내에서 학생, 노동자, 농민들의 저항운동이 활발히 전개되어 뜻있는 이들의 동참이 절실히 요구되던 때였다. 그래서 영원은 불과 6개월 정도를 함께 지낸 후 국내로 귀환하고 말았다. 당시 시누이의 나이가 스물 일곱으로 혼기가 훨씬 지난 노처녀였기에 성엄과 나는 귀국 후 마땅한 자리가 생기면 시집가도록 설득하여 보냈다.

장개석과 서안사변

산해관 남쪽 지역, 즉 중국 관내(關內)에서의 독립운동이 정체에 빠져 있는 동안 만주에서의 한인 유격대 활동은 일본이 만주를 점령한지 5년이 지났으나 조금도 기세가 꺾이지 않았다. 그 한 예를 보면 이 해 5월 만주의 항일세력은 좌우의 사상 대립을 초월하여 '조국광복회'를 조직하였다.

당시부터 중국과 일본 사이의 대립이 날카로와지면서 곧 우리의 독립운동에 커다란 전기를 마련하게 되었다. 1936년 12월에 일어난 역사적인 사건 서안사변(西安事變)의 언저리를 알아야 우리 독립운동의 상황을 쉽게 이해할 수 있을 것같아 이에 대해 개략적으로 말해 보고자 한다.

보는 이에 따라서는 세계정세의 장황한 설명이 우리의 역사와는 전혀 무관하다고 내세우는 경우도 있겠으나, 적어도 내가 중국에서 보고 듣고 느낀 바에 따르면 국내 자체의 문제도 중요하지만, 그에 못지 않게 우리나라를 둘러싼 일본, 중국 등 인접국 상황이나 수시로 변화하는 국제질서의 맥을 무시해서는 결코 안된다는 점을 뼈저리게 느꼈다.

중국이 일본의 손아귀에서 헤어나지 못했던 원인 중의 하나는 바로 중국을 둘러싼 세계 열강의 움직임과 일본의 치밀한 침략계획을 과소 평가하고 이에 적극적으로 대처하지 못했다는 점이다. 자국 내에 아무리 막강한 힘이 축적되어 있더라도 국제정치질서의 세력판도를 읽을 능력이 없으면 결국 국제질서에서 소외되고, 결과적으로 피지배의 비운을 맞게 되는 것이다.

그해 초부터 세계는 이곳저곳에서 들썩거리기 시작했다. 중국 대륙에서 뿐만 아니라 유럽을 중심으로 한 서구에도 격변의 회오리가 몰아쳤다. 하북성 동북부와 내몽고, 열하성 등을 강점한 일본군은 하북성 전체의 지배를 강화하고자 했으며, 수원성 동부로까지 진출하고 있었다.

섬서성 북부에 기지를 굳힌 중국의 홍군은 일본군에 대항하고자 산서성으로 진출하였으며, 중국 중앙군에게 계속 정전과 항일을 호소하였다.

6월에는 상해에서 전국 각계의 구국연합회가 성립되었다. 광동(廣東)과 광서(廣西) 두개의 성의 군벌 진제당(陳濟棠)과 이종인(李宗仁)*이 장개석에 반대하고 항일한다는 반장항일(反蔣抗日)의 기치를 내걸고 국민정부 지배로부터 독립을 선포하였다.

이러던 중 12월에 역사적인 서안사변이 일어났다. 서안사변은 중국의 대일정책에 일대 전환을 가져왔으며, 일본 침략에 대한 통일전선의 출현을 가져왔다.

12월 12일, 초공(剿共 : 공비 토벌) 작전을 독찰하고자 서안에 온 장개석이 서북초비 부총사령 장학량과 제17로군 총사령 양호성(楊虎城)의 부대에 의하여 감금당한 일이 발생하였다.

서북초비 총사령을 겸임한 장개석은 장학량 휘하의 동북군을 공산당 토벌에 적극적으로 참여시키려는 목적으로 서안에 왔던 것인데, 자기 부하에 의해 감금당하고 말았으니 사건치고는 아주 큰 사건이었다. 양호성과 장학량은 장개석의 '안내양외' 구호에 싫증이 나 있었을 뿐만 아니라, 사실상 공산군과는 이미 개별적으로 휴전 상태에 있었기 때문에 전투를 거부하는 입장이었다.

그런 상황에서 장개석이 적극적인 공산군 토벌작전을 계획하고 실천에 옮기려고 서안으로 왔으니, 그 동안에 쌓여 있던 반장(反蔣)의 불만이 겉으로 드러나 장개석 감금의 상황이 벌어지고 만 것이다.

더구나 당시 서안은 정치적으로 완전한 자유를 누리고 있었다. 북경을 중심으로 곳곳에서 학생운동이 일어났지만, 국민당은 이를

---

*1890~1969. 중국의 정치가. 1926년 제3로군 총지휘관, 1945년 제5전구 총사령관, 1948년에는 부총통, 1949년에는 총통대리였으나, 장개석과 알력이 생겨 미국으로 망명, 미국에서 16년 동안 생활하다 1965년 중국으로 돌아옴.

눌렀다. 그러자 북경 등지에 있는 동북 출신 학생들이 서안으로 많이 옮겨와 공산군 토벌에만 주력하고 일본의 침략에 대해서는 등한시하는 장개석의 정책에 반대하는 구호를 외쳐대고 있었다.

그 무렵 장학량은 공산군과 연합해서 일본에 대항한다는 연공항일(聯共抗日)의 의지를 굳혔고, 장학량의 뜻을 따르는 많은 사람들이 군에 지원 입대했다.

그리고 장학량 부대의 군인들 중에는 공산군과의 전투에서 공산군에게 포로가 되었다가 돌아온 사람들이 꽤 많았다. 그러니 최소한 장학량 주변의 중국 사람들에게는 공산군보다는 일본이 바로 눈앞의 적이었던 셈이다. 그러한 상황에서는 장학량이 아무리 장개석에게 동조하려 해도 불가능한 일이었다.

어쨌든 장개석이 서안에 오게 되자 장학량과 양호성은 군대의 힘을 빌어 장개석에게 호소한다는 병간(兵諫)을 단행한 것이다. 장학량과 양호성은 서북의 군민을 대표하여 남경정부의 개편, 내전 중지, 정치범 석방, 민중애국운동 개방, 손문 총통 유촉(遺囑 : 유언)의 철저한 준수, 구국회의의 즉시 소집 등 8개항의 주장을 내세웠으며, 이를 수락할 경우 즉시 장개석을 석방하겠다고 하였다.

이들의 8개항에 걸친 주장은 중국인 절대다수가 바라는 바였을 뿐만 아니라 중국이 조속히 내전을 중지하고 일본의 침략에 과감하게 대항하는 것을 바라는 우리의 염원과도 일치되는 것이었다.

장개석은 비록 서명은 하지 않았으나 결국 자신의 처인 송미령(宋美齡)과 송자문(宋子文)*을 사이에 두고 8개항의 요구를 대체로 받아들이고 말았다. 그리고 중앙군이 섬서성에서 철수할 것과 관계자들의 안전 등도 약속하였다. 그리하여 장개석은 그 해 크리스마스 저녁에 석방되어 서안을 떠날 수 있게 되었다.

서안사변이 일어나기 꼭 한달 전인 11월, 상해에서는 구국연합

---

*1891~   . 장개석의 처남. 재정면에서 장개석 정권의 주축을 이룸. 혁명 후 미국으로 망명.

회 주최로 일본의 중국인 노동자 탄압에 항의하는 집회가 개최되었다.

　국민정부는 일본인 경영자에 항거하는 방직공장 노동자의 편을 들기는 커녕 그 집회를 주도한 구국회의 간부 일곱 사람에게 이른바 '위해민국긴급치죄법(危害民國緊急治罪法)'을 적용하여 구속시켰다. 당시 이들 지식인 7인을 중국에서는 '칠군자(七君子)'라고 부르기도 했다. 장학량이 장개석을 붙들어 놓고 주장했던 8개항 속에는 바로 이때 구속된 심균유(沈鈞儒)를 비롯한 일곱 사람의 석방 요구도 들어 있었다.

　서안사변 당시뿐만 아니라 내가 중국에 있는 동안 서안사변에 대하여 끝끝내 제대로 보도되지 않았으므로 사건의 경위에 대하여는 오히려 그후 책을 보고서야 자세히 알 수가 있었다. 서안사변은 중국뿐만 아니라 세계 역사상 큰 전환점이 됐으며, 따라서 우리나라와도 깊은 관련이 있는 사건이라 할 수 있다.

　서안사변이 있기 바로 전에 독일과 이탈리아의 추축세력 형성과 더불어 일본과 독일의 방공(防共)협정이 체결되었다. 그리고 중국은 역시 나찌 독일과 긴밀한 관계를 맺고 있었다. 중국 국민혁명군(중앙군)에는 독일 고문관들이 고용되었으며, 중앙군의 편제와 장비를 독일화하고 있었다.

　이러한 독일을 중간에 두고 중국에서는 이른바 중·일 방공협정 계획이 진행되고 있는 중이었다. 국민정부 내에는 왕조명(汪兆銘)*과 하응흠 등 철저하게 반공 친일의 노선을 걷는 이들이 있어 그러한 반민족적인 노선을 강력히 추구하고 있었던 것이다.

　서안사변은 바로 이러한 음모에 쐐기를 박는 사건이었고, 장개

---

*1885~1944. 중국의 정치가. 국민당의 원로격 좌파 지도자로 활약했으며, 1927년 무한정부를 세워 장개석과 대립함. 1932년 국민정부의 요직으로 복귀. 1939년 중일전쟁 때 일본에 호응해서 중경을 탈출, 1940년 친일 반공의 괴뢰정권을 세웠음. 왕정위(汪精衛)라고도 함.

석은 서안에서의 언약도 있거니와 더 이상 중국인의 염원에 등을 돌릴 수 없다는 것을 깨닫게 되었다. 그리고 자기를 최고 영도자로 인정하겠다는 중공측의 언약도 있었다.

어쨌든 서안사변이 있은 후 겉으로나마 중국은 비로소 일본과 맞서 싸우는 입장을 취하게 되었다. 이로 인해 중국에서의 한인 독립운동도 새 국면으로 접어들기 시작했다.

몰려드는 전쟁의 먹구름

서안사변이 있었던 해, 국내에서는 베를린 올림픽 마라톤 우승과 관련된 일장기 말소 사건이 있었다. 「동아일보」의 경우 편집국 책임자도 모르는 사이에 체육부장과 삽화가인 청전 이상범(靑田 李象範)이 단독으로 저지른 일로 알려졌는데, 청전은 성엄의 죽마고우로 성엄이 그때 그 일을 알고 무척 자랑스러워했던 것이 기억난다. 올림픽 마라톤 우승은 물론이려니와 일장기 말소도 억눌려 지내기만 하던 우리 민족의 쾌거로 온 국민의 가슴 속에 자부심을 심어준 일이었다.

우리나라 사람이 비행사가 된 것도 자랑이었고, 왜인들보다 자전거를 잘 타는 것도 크나큰 자랑으로 여겨지던 시절의 이야기다. 떴다 하면 안창남(安昌男)의 비행기요, 달렸다 하면 엄복동(嚴福童)의 자전거라는 말이 돌았다. 우리 동포가 원양 선박의 선장이 된 것도 자랑, 국제적인 교향악단의 지휘자로 명성을 떨치는 것도 자랑, 어느 분야에서든지 이름이 났다 하면 민족의 영웅으로 칭송되곤 했다.

우리는 지금도 이를 '국위선양(國威宣揚)'이라고 말하고 있다. 이 '국위선양'이라는 말은 과거에 왜인들이 즐겨 쓰던 말로 군국주의의 냄새가 물씬 풍겨서 그 말만 들어도 속이 다 메스꺼운 것이 내 솔직한 심정이다.

그 해를 서안사변이라는 굵직한 사건으로 마무리하고 극동에서

뿐만 아니라 세계 전체가 전쟁을 향하여 치닫고 있었다.

국내에서는 일본의 허울좋은 문화통치가 종말을 고하면서 민족운동뿐만 아니라 언론과 예술 등 모든 문화활동에 대한 탄압이 공공연하게 자행되었다. 암울한 시기였다. 지사(志士)라고 이름이 있던 많은 명사들이 일본에 굴복하여 친일파로 전락했고, 국내 신문의 신년호에는 왜황 부처의 사진이 실리기도 했다.

그렇게 또 한해가 가면서 이듬해 벽두에 만주로부터 통쾌한 소식이 전해졌다. 우리의 항일 유격대가 압록강을 건너 보천보(普天堡)의 일경 주재소를 기습했다는 소식이었다. 관내의 독립운동이 침체되어 있었고, 일본이 만주를 강점한 지 7년째로 접어들던 그때에 우리 독립군의 승전보는 항일독립군의 활동이 보다 활발해지고 있다는 사실을 웅변적으로 증명한 것이었다.

중국에서는 2월 중국 국민당 제5기 삼중전회가 남경에서 개최되었다. 여기서 중국공산당의 합작 제의가 사실상 수락되었으며, 국민 정부는 일본에 대한 굴욕적인 양보를 서서히 수정해 나가기 시작하였다. 드디어 동북아시아에는 전운이 감돌기 시작하였다. 이제 우리가 새로운 희망을 갖고 다시 대열을 갖추어 새 출발할 때라고 속으로 다짐하고 있었다.

돌이켜 생각하면 상해를 떠난 후 5년이라는 시간은 무척 지루하였다. 상해에 있는 동안 우리는 모험심에 차 있는 청년들이었다. 내가 비밀리에 국내를 몇 차례 드나들었던 것도 그런 일에 싫증을 느끼지 않고 오히려 즐겼었기 때문이다. 그리고 모두들 추켜세워 주는 것이 흡족하기도 하였다.

성엄도 상해에 있을 때 여러 단체에 관계하였으나 대체로 계획뿐인 독립운동에 그쳤다. 늘 폭탄과 권총을 마련할 궁리를 하였으나 실천에 옮긴 단체는 의열단과 애국단뿐이었던 것으로 기억한다. 많은 청년 동지들은 상해를 떠나 더러는 중앙군으로 갔으며, 중공군에 가담한 사람도 적지 않았다.

한편 상해에서는 늘 우리 동포들끼리만 접촉했던 탓에 중국어를 배우지 못하여 중국 사람과는 시장에서나 말을 나눌 정도였다. 강서성에 있는 동안 우리는 어느 정도 생활도 안정되고 해서 공부할 수 있는 여력과 시간도 생겼다.

강물 위에 뜬 망명정부

남경 대학살

1937년 7월 7일. 이 날은 결코 잊을 수 없는 날이다. 우리가 고대하던 중국과 일본의 전쟁이 드디어 시작되었다.

흔히 '마르코폴로 다리'라고 불리는, 북경 근처의 유서깊은 노구교(蘆溝橋)에서 전투 훈련중이던 일본군은 사소한 사건을 트집잡아 근처에 있는 중국군 제 29군에 전면 공격을 가하였다. 이것이 결국 만 8년 이상 계속된 중일전쟁의 꼬투리가 되었다.

노구교에서 중국군과 일본군이 충돌한 지 불과 일주일 후인 7월 14일, 장개석은 당시 우리가 살고 있던 강서성 북부의 휴양지 여산(蘆山)에서 주은래(周恩來)*와 회담을 가졌다. 중국 국민정부가 공산당과 막후협상을 통해 서서히 항일 준비를 하기 시작한 것이다. 이제 중국이 더이상 일본에 양보하지 않을 것이 명백해졌다.

이러한 정세를 일본이 간파 못할 리가 없었다. 국민당과 국민정부 내에는 일본의 고위 첩자가 얼마든지 있었기 때문이다. 당시 일본 육군은 북진을 계획하고 있었다. 물론 단독으로 소련을 공격할 만한 준비는 아직 되어 있지 않았고, 일본도 만주 지역의 치안을 확

---

*1896~1976. 중국의 정치가. 1922년 중국공산당에 입당, 서안 사건 이래 국공 합작에 힘썼음. 1949년 중국 건국과 함께 국무원 총리, 공산당 부주석.

보하지 못한 상태에서 소련에 도전하기에는 역부족인 상황이었다.
　중일전쟁이 터진지 21일만에 일본군은 북경을 점령했다. 남경에서 동쪽으로 멀지 않은 곳인 진강에 있던 우리 임시정부는 중일전쟁이 발발하자 활발하게 움직이기 시작했다. 양국간의 전쟁에 능동적으로 대처하고 항일 활동을 본격화하기 위해 임정 내에 군사위원회를 결성하였으며, 한편 임정에 가담한 각 정당 단체들은 '한국광복진선'을 만들어 단결을 꾀하였다.
　성엄과 나는 이제 다시 일을 할 때가 왔다고 생각하였다. 우리는 즉시 임정이 있는 남경으로 가고 싶었지만 섣불리 움직일 수가 없었다.
　시누이 영원은 이미 귀국한 후였고, 조카 석동이까지 합해 우리집은 네 식구였으며, 이미 나이 마흔에 가까운 성엄이 당장에 총을 들고 싸움터로 나갈 처지도 아니었다. 임정으로부터의 지시를 기다리며 무령에 몇 달을 더 머물러 있을 수밖에 없었다.
　8월, 일본군은 상해에 대해 총공격을 개시했다. 이것을 제2차 상해사변이라고 불렀다. 이제서야 중국 정부는 전면항전(全面抗戰)이란 용어를 사용하기 시작했다.
　일본군은 중국군에 비해 군비나 물자가 압도적으로 우세했기 때문에 중국 영토의 상당 부분이 일본에 점령당하리라는 것은 처음부터 예상하였던 바다.
　성엄과 내가 서둘러 남경으로 달려가지 않은 이유 중의 하나도 중국정부와 더불어 임정도 남경에서 곧 후퇴하게 되리라고 예상했기 때문이었다.
　중국군은 극심한 무력의 격차에도 불구하고 곳곳에서 용감히 응전하였다. 특히 상해에서는 일본군이 두달 동안 거의 한 걸음도 전진하지 못한 채 제자리에 머물러 있었다. 중국정부의 독일과의 우호관계는 자연히 악화되었으며, 8월 21일에는 남경에서 중·소불가침 조약이 조인되었다. 그리고 9월에는 국민정부에서 정식으로 제2차 국공합작(國共合作)*을 선포하였다. 홍군은 중앙군인 국민혁명군 제8로군과 신4군(新四軍)으로 개편되어 적어도 명목상으로는 국민정부의 지휘 하에 놓이게 되었다.

한국국민당은 10월부터 남경에서 우리말 방송을 개시했다. 그러나 이 방송은 한달 정도 계속되다가 임정의 이전으로 중단되었다.

11월에 이르러 상해의 방어선이 무너지기 시작했다. 중국 정부는 중경(重慶)으로 천도할 것임을 발표하였다. 이 결정에 따라서 임시정부도 진강을 떠날 준비를 했는데, 일본군의 예기치 않은 빠른 진격으로 가까스로 진강을 빠져나와 11월 하순에 호남성 장사로 옮겨갔다.

나는 장사로 백범에게 편지를 내어 성엄과 내가 어떻게 하면 좋겠는가를 물으며 장사로 갈 뜻을 비쳤고, 백범은 어서 장사로 오라는 기별을 했다. 성엄과 나는 즉시 장사로 떠날 준비를 하기 시작했다.

일본군은 치열한 전투 끝에 남경을 점령하였다. 그해 마지막 달인 12월의 일이다. 남경을 점령한 일본군은 야만적인 대학살을 자행하여 수십만 시민이 살육당했다. 아마도 전쟁 사상 가장 비참한 대살육의 하나였을 것이다. 남경 학살의 전모는 훨씬 뒤에야 완전히 밝혀졌으나 학살이 진행된 사실은 금방 전세계에 알려졌다. 남경 학살의 지휘관 중에는 한인 출신의 일본군 장교도 있었는데, 그자가 훗날 국군의 장성이 되었다는 말을 들은 바 있다.

남목청의 총성

1938년 2월 초 우리 식구는 강서성에서의 생활을 정리하고 구강

---

*중국 국민당과 중국 공산당이 서로 손을 잡은 공동전선을 말함. 제1차 합작은 손문 정권이었던 1924년부터 1927년 사이에 있었으며, 이 제2차 국공합작은 일본이 패전한 1945년까지로 서안사변을 계기로 내전 반대와 항일전쟁 수행을 위한 합작이었음. 2차 대전 후 내전으로 합작이 깨져 1949년 중공군의 승리로 돌아갔음.

신환

(九江)과 무한(武漢)을 거쳐 임시정부가 있는 호남성 장사시로 갔다. 그곳에 임시정부와 임정 산하의 한국국민당, 조선혁명당 및 한국독립당의 관계자들과 그 가족들이 와 있었다. 국민당과 독립당에 관계된 사람들은 대부분 상해 때부터 가까이 지내던 사이였다.

석오 이동녕, 성재 이시영, 우천 조완구 선생 등 특히 가깝게 지내던 분들을 4년만에 다시 곁에서 모시게 되었으니, 1935년에서 1년 사이 겨울에 진강에 갔었을 때 잠시 뵙기는 했었지만, 1934년 가흥을 떠난 후 처음이었다.

그리고 이때 특히 가까이 지낸 사람들로서는 예관 신규식의 동생인 삼강 신환(三崗 申桓) 등을 들 수 있는데, 석오장은 이때 삼강 내외분이 모셨다. 우리는 그 집에서 멀지 않은 곳에서 성재를 모시고 지냈다.

그러나 우리가 장사에 도착한 1938년 5월, 백범을 비롯한 임정 요인 저격이라는 충격적인 사건이 터졌다. 조선혁명당의 청사로 사용하던 남목청(楠木廳)에서 회의를 하기 위해 모인 임정 요인들에게 이운환(李雲煥)이라는 청년이 권총을 발사했던 것이다.

백범이 먼저 가슴에 총을 맞았고, 이어 춘교 유동열, 백산 이청천, 묵관 현익철 등이 중상을 입었다. 그중 묵관은 끝내 사망했고, 백범과 춘교는 병원으로 급히 옮겨졌다. 장사에서 가장 시설이 좋다고 알려진 상아의원(湘雅醫院)이었다.

다행히 백산은 상처가 크지 않아 집에서 치료를 받았다. 백범은 총알이 심장을 스쳐가는 중상이었고, 춘교는 허리 관통상으로 심각한 정도였는데, 두분 다 기적적으로 살아났다. 보통 사람과 달리 건강한 체력이었기 때문이라고 본다.

백범이 살해의 목표였다고 밝힌 저격범 이운환은 중국 당국에 넘겨졌으나, 범인이 탈옥하여 배후가 누구인지, 무슨 동기를 가지고 범행을 저질렀는지에 대해서는 끝내 사건의 전말을 밝히지 못했다.

　춘교는 장사에 온 후 처음 만났는데 인상이 아주 좋았다. 척 보기에는 착한 사람이라는 생각이 들었다. 그는 일찍이 만주, 노령 및 몽고 지방에서 활약했는데, 전혀 그러한 투사같이 보이지 않았다. 춘교에게는 시집간 딸이 하나 있었고 효성이 지극하였다. 나중에 알려진 바에 의하면, 그 딸은 사실 죽은 동지의 딸로 춘교가 맡아서 키웠다는 것이다.

　그 딸이 당시 신혼중이었는데, 신랑은 중국군에서 근무하는 한인 청년 장교였다. 그 청년은 춘교의 의제(義弟)인 의산 최동오의 아들로 이름은 덕신(德新)이었다. 덕신의 어머니는 그후 나하고 아주 친하게 지냈으며, 그의 동생들도 내 아들과 가까이 지내게 됐다. 귀국 후 덕신은 정부의 고관까지 지냈으나 지금은 평양에서 살고 있다는 말을 들었다.

　묵관의 미망인은 그후 역시 동지인 김관오(金冠五)에게 개가하였는데 나와도 사이좋게 지냈다. 백산도 사천성까지 피난하는 도중 친근한 사이가 됐으며, 가족과도 친밀하게 지냈다. 묵관은 장사시의 상강(湘江) 건너쪽에 있는 악록산(岳麓山)에 안장되었다.

　장사에 있을 때 겪었던 일의 하나로 지금도 끔찍하게 생각나는 것은 바로 그 악록산에서 처음으로 공습당한 일이다. 화창한 어느 일요일이었다. 우리 식구와 일파 및 석린(민필호)의 식구 등 10여명은 성엄의 안내로 악록산으로 산행을 갔었다. 일파와 석린도 함께 가기로 했었는데 임시 의정원의 회의가 있어 취소하고, 성엄은 여자들만 보낼 수 없어 동행했던 것이다.

　장사 근처에는 별로 구경할 곳이 없는 데다가 일요일이라 산에는 서울의 도봉산같이 사람으로 들끓었다. 그날 일요일에 바로 일본 비행기의 악록산 공습이 있었던 것이다. 일본 비행기가 악록산 상공을 비행하며 폭탄을 퍼붓고 기관총을 난사하였다.

그곳에는 중·고등(중국에서는 중학교라고 한다)학교와 대학교가 있을 뿐 아무런 군사시설이 없었다. 그런데 그곳에다 집중공격을 가한 것이다.

우리 일행은 아무도 다치지 않았으나 산에 왔던 사람들 중 상당의 희생자가 발생하였다. 산중이라 부상자를 신속히 병원으로 옮길 수도 없어 그야말로 아비규환의 수라장이었다. 일본 공습의 목적이 단순한 민간인 살상이라는 것이 명백하였다. 참으로 가증스런 일이다.

장사는 중국에서 가장 큰 호수인 동정호(洞庭湖)에서 남쪽으로 약 2백 킬로미터 떨어져 있는 상강가의 도시로서 호남성의 수도다. 호남성에서는 역대의 많은 인물이 배출되었다. 근대의 인물로는 손문의 가장 친근한 동지이며 신해혁명이 일어나기 전 만주 혁명에서 희생된 황홍(黃興)과 모택동도 호남성 출신이다.

중국 역사상 유명한 인물인 굴원(屈原)도 호남 사람으로 상강의 지류인 멱라수(汨羅水)에 투신 자살하였다 한다. 음력 5월 5일 단오절(端午節)은 바로 굴원이 죽은 날을 기념하는 명절로서 장사의 단오절 경축은 대단하다.

상강에서는 용선(龍船) 경주가 있으며, 상강 횡단 수영대회가 열린다. 모택동이 이곳에서 오래 살았기 때문에 수영을 잘했는지도 모른다. 단오절 음식으로는 종자라는 것을 별미로 친다. 대나무 잎에 찹쌀을 놓고 쌈처럼 싸서 삶은 것이다. 그 속에 어떤 양념을 넣는가에 따라서 맛이 좌우되는데 어쨌든 별미다. 장사에서는 이 종자를 굴원의 혼에게 바친다며 상강에다 던져 넣기도 한다.

임정의 안살림을 맡고

중일전쟁이 발발한 직후부터 약 1년 사이에 압도적인 무력을 앞세운 일본군의 세력은 중국 전역에 걸쳐 판도를 넓혀갔다. 내몽고의 찰합이를 비롯하여 화북의 하북성, 산동성 및 산서성, 그리고 양자강 하류의 강소성, 절강성 및 안휘성 등의 주요 도시들이 차례로 일본의 손아귀에 들어갔다. 각 지역에서의 전세는 모두 중국에게 불리하였다.

그러나 황하의 중·하류 지역인 화북에서는 공산당의 활동이 오히려 활발하여 일본군이 점령한 주요 도시와 간선도로의 주변에는 공산당의 새로운 기지들이 들어서게 되었다. 그 결과 섬서성, 감숙성, 영하성을 묶는 섬감녕(陝甘寧) 변구(邊區)정부에 이어 1938년 1월에는 산서성, 찰합이, 하북성을 묶는 진찰기(晋察冀) 변구정부가 수립되었다.

또한 같은 달에 중국과 소련은 군사 항공협정을 조인했는데, 그 무렵 대부분의 중국 공군은 이미 소련 전투기로 무장을 하고 있었을 때였다. 소련은 중일전쟁 직후에 군사고문단을 중국군에 파견하였고, 많은 무기를 중국에 제공하고 있었다.

한편 일본은 1938년 3월에 남경에 중화민국 유신정부라는 괴뢰정권을 수립하면서 전쟁에 박차를 가하였다. 그러나 그 해에 들어서면서 중국의 내몽고와 화북의 일부지역을 점령하는 것만으로는 전쟁을 승리로 이끌 수 없다는 것을 깨닫게 되었다.

결국 일본은 장기전의 태세를 갖추기 위해서 5월 5일 국가동원법을 시행하기에 이르렀고, 우리 국내 탄압을 한층 더 강화하는 한편 만주의 조선독립군에 대한 토벌 활동도 가속화시켰다.

길림성, 봉천성(요녕성), 흑룡강성 등 만주 지역, 특히 요녕성 서쪽의 끝간 데 없이 드넓게 펼쳐져 있는 중국 땅덩어리는 글자 그대로 대륙(大陸)이다. 이 대륙에 발을 디딘 제국주의 일본의 침략야욕은 그칠 줄을 몰랐다.

7월 초 양자강을 따라 서쪽으로 진군을 계속하던 일본군은 마침내 안휘성, 호북성, 강서성의 경계선까지 진출하게 되었다. 임정이 있던 장사와는 지척의 거리였다. 급박한 상황이었다.

결국 장사를 빠져나가기로 결정한 임시정부는 7월 17일 짐을 꾸려 광동성 광주(廣州)로 가는 기차에 올랐다. 이때 장사에 있던 우리 동포 중 청년 10여 명을 빼놓고는 거의 전부 그 기차를 탔다.

그때 장사에 남았던 사람 중에 김철(金哲)이라는 청년이 있었다. 그 청년은 우리가 장사에 있던 몇달 동안 한인 아동을 모아놓고 국어, 국사, 노래, 춤 등을 가르쳐 주었는데, 일본군과 직접 맞서 싸우지 못하는 것이 한스럽다고 늘 얘기하곤 하였다. 광주로 떠나는 날에도 나와 우리를 전송하면서 자기는 일본군이 있는 전쟁터로 가서 싸우겠다며 한구(漢口)로 가겠다고 말했다.

당시 한구에서는 약산이 조선의용대 조직을 추진하고 있었는데, 조선의용대는 대일전(對日戰)에 나서기 위한 무장부대였다. 전쟁이 시작된 지 1년이 지나도록 임정이 무장군을 조직하지 못하고 있었던 것은 중국정부의 미온적인 태도 때문이라고도 볼 수 있다. 어쨌든 가까이 있던 청년들이 하나 둘씩 임정에서 떠나는 것이 안타까울 뿐이었다.

장사에서 광주까지는 사흘이 걸렸다. 백범은 장사에서 미리 떠난 후였고, 석오, 성재, 우천을 비롯한 여러 임정 요인들과 식구들을 합해 모두 백여 명의 인원이 함께 움직이려니 어려운 점이 한두 가지가 아니었다. 더구나 7월 한여름의 찌는 듯한 더위에 좁은 열차 안에서 백여 명이 복작거렸으니 피난가는 임시정부의 참담한 모습이 적나라하게 드러난 셈이었다.

임시정부는 그렇게 광주로 옮겨져 광주시 동산구(東山區)에 다시 자리를 잡았다. 그 무렵 중국 정부도 중경 천도 작업을 거의 마무리짓고 있었다. 광주에 자리잡은 임정은 광동성에서 상당한 기간 체류할 것으로 계획을 세웠다.

9월 초, 광주시에 임정의 연락처만 남겨놓은 채 대부분의 식구들은 그곳에서 서쪽으로 약 25킬로미터 떨어져 있는 불산(佛山, 혹은 남해〔南海〕라고도 한다)으로 옮겨갔다.

불산으로 옮겨오면서부터 나는 임정의 안살림을 맡게 되었다. 불산에서는 오래 있을 예정이었으므로 아예 집 한 채를 전세내어 들게 되었다. 그 집에는 임정의 사무실이 자리를 잡았고, 딸린 식구들이 없는 단신의 국무위원들과 우리집 식구가 함께 그 집에 짐을 풀었다.

그러나 불산에 오랫동안 있을 것이라는 우리의 예상은 빗나가고 말았다. 전 해안선을 봉쇄하고 있던 일본은 10월 초에 광동성에 상륙했으며, 광동성 전역에 걸쳐 진격해 올라오기 시작했다. 불산과 광주는 광동성의 남쪽에 위치하고 있었으므로 장사에서보다 상황은 더욱 위급했다.

새벽 두시의 불산 탈출

일본군의 진격 속도는 빨랐다. 10월 중순에 접어들자 일본군이 불산 근처에까지 진격해 왔다는 말이 돌기 시작했다. 불산 시민들은 빠져나가느라고 온통 야단법석이었다.

우리도 빨리 불산에서 몸을 피해야 했기 때문에 서둘러 이삿짐을 꾸렸다. 짐을 최소한 줄이고 불산역 구내에 집결하라는 임정 요원의 연락을 받고 모두들 재빠르게 움직였다. 나와 성엄은 임정 청사에서 국무위원들과 함께 광주로 간 일파를 기다리고 있었다.

우리 임정이 상해를 떠나면서부터 장개석 정부는 우리에게 교통편을 제공해주고 안내인을 파견해 주는 등 호의적인 태도로 편의를 제공하고 있었다. 불산에서도 일본군 침공의 소식이 들리자 광주로부터 기차 객차 한 칸을 배정받았다는 연락을 받았으나 위수사령부(衛戍司令部)에서 발행한 허가서가 아직 도착되지 않아 초조한 시간을 보내고 있었다.

불산 시가지는 그야말로 아수라장으로 변했고, 시시각각으로 일본군이 점점 가까이 오고 있다는 소식이 들어왔다.

임정 청사에 남아 있는 우리들은 허가서없이라도 기차에 타야 한다는 의견과 좀더 기다려 보자는 의견들로 술렁거리기 시작했고, 어쨌든 마지막 순간까지 일파를 기다려야 한다는 쪽으로 결정을 내렸다. 밤이 되어서야 광주에서 일파가 허가서를 들고 달려왔다. 오후에 허가서를 받았으나 광주와 불산 사이의 교통이 막혀서 늦었다는 것이었다.

우리는 서둘러 역으로 나갔다. 역은 피난민들로 인산인해였다. 우리가 역에 도착하자마자 일본군의 기관총 쏘는 소리가 들리기 시작했고, 그 소리에 놀란 시민들은 서로 먼저 기차를 타려고 아우성을 지며 기차 쪽으로 몰렸다. 그러나 기차가 부족하여 그 많은 피난민들을 다 태울 수는 없었고, 특별히 허가를 받아야 했다.

일파가 허가서를 내놓고 교섭을 하여 우리에게 객차 한 칸이 배정되었다. 빈 객차가 있으면 중국인들이 아무나 마구 기어올라가는 판국이라 객차 승강구는 아예 떼어 버리고 양쪽에 군인이 지키고 서서 피난민들을 선별하고 있었다.

우리가 그 와중에 객차를 배정받아 탈 수 있었던 것은 장개석의 측근으로 우리 일에 비교적 열의를 갖고 협조해 주던 오철성(吳鐵城)이라는 광주시장의 힘이 컸었다. 백여 명이 넘는 우리 임정의 식구들이 짐까지 다 꾸려서 객차 한 칸에 탔으니 옴짝달싹할 수가 없었다. 짐을 최소한으로 줄이라는 지시에도 불구하고 가재도구를 다 챙겨 가지고 나온 양체도 더러 있었다.

불산 역내는 기차를 타지 못한 사람들로 들끓고 있었다. 새벽 두 시에 기차는 삼수(三水)를 향해 불산역을 출발했다. 기관총 소리가 더욱 크게 들려오고 있었다. 불산을 떠난 기차가 몇 시간을 달려 약 백 킬로미터 가량 떨어진 삼수에 닿은 것은 이른 아침녘이었다. 삼수역을 바로 눈 앞에 두고 짐들을 챙기느라 또 한번 객차 안이 어수선해지기 시작할 즈음에 갑자기 바깥에서 요란한 총소리가 연이어 났다. 일본 비행기의 공습이었다. 기차는 멈췄고, 차에서 내려 길가로 피하라는 군인들의 고함소리가 들렸다.

열차가 멈춘 곳 양쪽으로는 사탕수수 밭이 있었다. 우리 일행에는 여자와 어린아이들이 많았으며, 이런 공습을 처음 당하는 이들이 대부분이어서 차 안은 몹시 혼란스러웠다. 여자들의 날카로운 비명이 여기저기서 터져나왔고, 어린아이들은 울고불고 그런 난리가 없었다.

그때 국무위원 중에서 누군가가 호통을 치며 침착하라고 타이르자, 성엄과 일파 등 청장년들이 나서서 일행을 차례로 차 밖으로 인도했다. 차에서 사탕수수 밭까지는 불과 몇 걸음 사이였지만 하늘에서는 요란한 소리와 함께 계속해서 총알이 쏟아져 내리고 있었다. 무슨 정신으로 기차에서 내려 밭까지 뛰어가 몸을 숨겼는지 모르겠다. 사탕수수 밭에 바싹 엎드려 귀만 곤두세우고 있는 동안에도 공습은 산발적으로 계속되었고, 10분쯤 후에야 총소리가 더 이상 들리지 않게 되었다.

피해는 그리 크지 않았다. 일본군의 공습이 기습적이긴 했지만 조직적이고 계획적인 대규모의 공격은 아니었고, 위협적으로 본때를 보여 주겠다는 정도로 그쳤다. 다행히 우리 일행에서는 사상자가 아무도 없었다.

어쨌든 장사를 떠나면서부터는 하루 한시도 마음 놓을 날이 없었다. 일본군은 그야말로 파죽지세로 대륙을 휩쓸면서 우리의 뒤를 바싹 뒤쫓았다.

거의 완벽하다시피 비무장 상태인 우리로서는 아직까지 일본군의 침략의 군화발이 닿지 않은 곳으로만 피해다녀야 하는 처지였고, 지역마다 중국군의 저항이 언제까지 계속될지 보장할 수 없는 상황에서는 중국 대륙 전체가 전쟁터나 마찬가지였다.

중일전쟁이 터지기만을 기다렸던 우리의 기대는 이제 무참히 깨져 버린 듯싶었다.

강물 위에 뜬 망명정부

삼수는 광주와 삼수를 잇는 광삼 철도의 서쪽 종착역이다. 따라서 광동성 서쪽에 있는 광서성(廣西省)의 유주(柳州)까지 가려면 주강(珠江)을 따라 선편으로 거슬러 올라가는 수로를 이용해야 했다. 주강을 낀 공로(公路)가 있기는 했으나 포장이 되어 있지 않아 수로보다 훨씬 더 불편하고 시간이 많이 걸린다는 것이었다.

광서성 계평(桂平)에서 시작되는 이 주강은 양자강(揚子江), 황하(黃河), 흑룡강과 함께 중국의 4대 강의 하나다.

우리는 큰 목선 하나를 세내었다. 그 목선은 백 명이 넘는 식구가 한꺼번에 짐을 잘 수 있을 정도로 넓었으며, 그 많은 사람이 배 위에서 지내는 데 필요한 부엌이나 변소 등 편의시설도 다 갖추어져 있었는데, 강물을 떠올려 간단히 몸을 씻을 수 있는 세수소도 있었다.

광동성은 열대의 변두리(광동성은 북위 20도에서 25도 사이에 위치하고 있음)라 때가 10월이라고는 하지만 무더운 날씨였으므로 배에서 목욕을 제대로 할 수가 없어서 무척 고생스러웠다.

주강을 따라 사나흘쯤 동북쪽으로 올라 10월 말에 우리 임정 일행은 광서성 초입의 오주(梧州)라는 곳에 도착하였다. 오주에서는 광주서 직접 떠난 사람들과 만나기로 약속되어 있었고, 우리가 도착한 후 이틀쯤인가 해서 그들과 합류했다.

이제 인원은 더 늘어났다. 지금까지 타고온 배보다 더 큰 목선을 세내야 했는데, 오주에서부터는 물살이 거세어져서 강을 거슬러 오르기가 힘들다고 했다. 결국 목선 자체의 힘으로 강을 거슬러 올라가기가 불가능해서 윤선(輪船 : 기선)의 힘을 빌어야 했다. 목선과 윤선에 줄을 연결해 윤선이 앞에서 끌고 올라가는 것이다.

과연 주강은 중국에서 손꼽힐 만한 강이었다. 점차 상류쪽으로 올라갈수록 배의 요동이 심했고, 윤선이 앞에서 끌지 않는다면 비록 백여 명을 넘게 태우는 큰 목선이라 하더라도 목선 혼자서는 꼼짝도 못하고 금세 물살에 휩쓸려 내려갈 것만 같았다.

주강을 거슬러 올라가면서 그렇게 꼼짝없이 우리가 의지했던 그 윤선이 그만 우리를 떼놓고 도망쳐버린 것은 계평에서였다. 기선이 부족하였던 때라 미리 선금을 주었던 모양인데, 계평에서 목선을 내버려두고 앞서 가버린 것이다. 결국 우리는 계평에서 다른 기선을 구하기 위해 여러 날 동안 발이 묶여 있었다.

계평은 태평천국(太平天國)의 인물인 홍수전(洪秀全)*이 청(淸)의 통치에 항거하여 거사한 곳으로, 귀주성에서 흘러오는 금강(黔江)과, 운남성에서 흘러오는 우강(右江) 및 베트남에서 흘러 오는 좌강(左江)이 합친 욱강(郁江)이 이곳에서 합수한다. 따라서 이곳에서부터 주강, 혹은 서강(西江)으로 불리는 것이다.

계평에서 발이 묶여 있다가 기선을 구한 후 다시 출발한 우리는 이제 금강으로 접어든 셈인데, 서북쪽으로 강을 거슬러 올랐다. 석룡(石龍)이란 곳에서 금강의 지류인 용강(龍江)으로 접어들었고, 계속해서 북쪽으로 올라갔다.

용강은 물살이 몹시 빨랐다. 곳곳에서 수없이 많은 여울이 우리를 위협했는데, 마치 우리를 기다리고나 있었다는 듯이 불쑥불쑥 나타나곤 했다. 그럴 때마다 앞서 가는 윤선도 뒤뚱거리다시피하면서 겨우 여울을 빠져나오곤 했다. 이제 윤선은 더이상 목선을 끌 수가 없었고, 사람이 직접 밧줄로 배를 끌고 가야만 했다. 건장한 청년 10여 명이 배에서 내려 밧줄을 배에 묶고는 강변을 따라 그 밧줄을 끌고 올라갔으니 하루에 고작해야 이삼십리나, 운이 좋으면 오십리를 앞으로 나아갈 뿐이었다.

물살이 건잡을 수 없이 센 곳에서는 그나마도 못할 지경이었다.

---

*1814~64. 중국의 농민운동 지도자. 1850년 광서성에서 거병, 농민의 지지를 받아 남경을 점령하고 태평천국을 세웠음. 스스로 천왕이라 일컫고 농지의 균분화와 남녀 평등에 힘써 청을 타도하려 했으나, 내분이 일어나고 증국번 등 지주 의용군과 외국인이 지휘하는 상승군에게 남경이 포위되자 함락 직전에 자살함.

그럴 때는 아예 배의 머리 부분, 즉 이물에 설치된 인력장치에 밧줄을 감고서 풀려나온 한쪽 끝을 저만큼 앞쪽으로 끌고 가 든든한 바위에 잡아맨다. 그렇게 하고 나서 인력장치를 서서히 돌리면서 줄을 감게 되면 배가 조금씩 앞으로 나아가게 된다. 꼭 맷돌질을 하는 것과 흡사한 광경인데, 청년들은 노래를 하고 소리를 쳐 가면서 힘을 모으곤 했다. 이런 경우에는 하루에 이십 리가 빠듯했으니 그야말로 악전고투였다.

밥은 배 위에서 삼시 세끼를 다 해먹을 수밖에 없었다. 그렇다고 식구마다 따로따로 취사를 할 수도 없는 노릇이어서 밥은 한꺼번에 큰솥에다 지어 모두에게 나누어 주고, 반찬만 제각기 몇몇씩 모여서 만들어 먹었다. 나는 석오, 성재, 우천, 동암 차이석(東岩 車利錫)*, 신암 송병조(新岩 宋秉祚)** 등 홀로 지내는 국무위원 전원을 돌봐드려야 했으므로 어디든지 배가 잠시 정박하기만 하면 육지로 올라가서 시장을 봐 오는 것도 일 중의 하나였다.

광주에서 출발한 후부터 임정의 전체 살림은 임정의 비서장이었던 동암이 주로 맡아 했다. 중국에 있는 동안 임정의 살림을 맡았던 분들 중에서 특히 우천과 동암은 그 청렴함으로 해서 존경을 받았는데, 두 분은 언제나 무명으로 된 중국식 두루마기(長袍) 단 두 벌만으로 지내셨다.

임시정부의 살림이라는 것이 일정한 수입과 계획적인 지출로 짜임새있게 운영되는 것이 아니었기 때문에 거의 주먹구구식에 가까왔다. 더구나 방랑생활이 시작되면서부터는 더욱 그랬다.

---

*1881~1945. 평북 선천 출생. 청년 시절부터 신민회원으로 독립 운동에 가담. 1911년 데라우치 암살 모의 사건에 관련되어 3년간 옥고를 치름. 3·1운동 후 상해로 건너가 「독립신문」 기자로 있다가 한국 독립당 간부로 활동. 1922년 임시정부의 국무위원에 선임되어 전후 13년 동안 비서장으로 활동. 1945년 해방을 눈앞에 두고 중경에서 세상을 떠남.

**1887~?. 경기도 양주 출신. 3·1운동 후 상해로 망명·임시정부 설립 요원이 됨. 이후 임정 국무위원, 의정원 의원 역임. 중경남쪽 토교에서 별세.

그러니 임정의 살림을 책임지는 일이란 그럴수록 더욱 어렵고 힘든 것이었다. 남 모르는 가슴앓이로 한시도 마음 편할 날이 없었을 것이다.

나처럼 임정 살림의 뒤치다꺼리를 맡은 사람들은 돈이 필요할 때마다 그분들에게 손을 벌리곤 했는데, 그럴 때마다 지출금액을 일일이 장부에 기록할 필요도 없을 만큼 임정의 살림은 형편없었다. 돈을 받아 쓰는 사람의 마음도 성에 차지 않았지만, 푼전을 내주어야 하는 분들의 심정도 헤아릴 수 없을 정도록 참담한 것이었으리라.

동암과 우천은 임정의 그런 궁색한 살림을 맡아하면서 자신들에게만큼은 특히 인색하게 대했을 터이니, 늘 가난에 찌든 모습들이었다. 우천은 국내에서 아들을 데리고 만주로 망명했으나, 아들이 일찍 세상을 뜨고 두 딸이 있었는데, 작은 딸이 지금 대전에 살고 있어 늘 소식을 듣고 지낸다. 우천은 6·25 때 행방불명이 되었는데, 평양에서 세상을 떠난 것으로 알고 있다.

동암은 조국의 광복을 눈 앞에 둔 채 중경에서 세상을 떠났다. 뒤늦게 본 아들 영조(永祚)가 있었는데, 내가 만나본 지도 여러 해가 지났다. 동암의 유해는 해방 후 백범이 아들 신을 시켜 석오의 유해와 함께 모셔와 효창공원에 안장시켰다. 우천과 동암의 청렴 결백한 인품이 오늘에 전해지기를 진심으로 바란다.

중국은 지방마다 말씨가 달랐다. 우리나라 각 지방의 사투리는 사투리로 여겨지지도 않을 정도로 중국의 지방 사투리는 각양각색이고 천차만별이다. 더구나 광동성과 광서성의 사투리는 마치 외국어를 쓰는 것만 같아서 시장에서 찬거리를 살 때마다 말이 통하지 않아 진땀을 빼곤 했다. 이러한 언어의 장애 때문에 겪는 난처한 일이 한 두 가지가 아니었다.

한번은 조소앙의 부인인 오여사가 시장에 나갔다가 중국 경찰에 연행된 적이 있었다. 오여사가 중국말을 전혀 모르는 것을 수상히 여긴 어느 중국인이 슬쩍 일본말로 말을 걸었다. 오여사는 일본말도 몰랐으나 다급한 김에 귀동냥으로 얻어 들은 일본말로 대꾸를 했다.

그러니 오여사는 중국 사람들 눈에 영락없이 일본인으로 보인 셈이었다. 일본 첩자들에 대해 무척이나 신경을 곤두세우고 있던 전시였으니만큼 그 자리서 즉시로 끌려가게 되었다.

그런데 공교롭게도 사건은 거기서 끝나지 않았다. 오여사가 경찰에 연행돼 가면서 우리 동포가 눈에 띄기만 하면,

"나 좀 살려 주세요!"

하고 소리를 치는 바람에 시장에 나왔던 임정의 여럿이 오여사와 함께 연행된 것이었다.

일본인 첩자 및 그 일행으로 오해를 받아 끌려갔던 사람들은 삼강(신환) 내외분과 그들의 외딸 순호(順浩), 소벽 양우조(少碧 楊宇朝, 양묵〔楊墨〕이라고도 했음), 일파의 동생인 도해 엄홍섭(道海 嚴弘燮) 등이었다.

소벽과 도해는 성엄과 아주 가깝게 지내던 친구들로 모두 한독당 및 국민당의 창립 당원이기도 했다. 소벽은 해방 후 성엄이 국내에서 독립운동자료수집위원회를 만들었을 때 성엄과 함께 일을 했었다. 도해는 귀국 후 한독당의 선전부장으로 활약했는데, 형인 일파의 그늘에 가렸다고나 할까, 형 못지않게 유능하고 도량이 넓은 인물이었는데도 일반에게 널리 알려지지 않았다.

어쨌든 이들은 모두 중국 경찰에 연행되어 몇 시간씩 조사를 받는 곤욕을 치르고서야 풀려나왔다.

멀고 먼 피난길

삼수를 떠난 지 한달하고도 열흘을 꼬박 배 위에서 지내고 나서야 유주에 도착하였다. 유주는 중국 서남부의 유서깊은 도시로 송조(宋朝)의 문장가인 유종원(柳宗元)의 유배지로도 유명한 곳이

계원 노백린

다. 또한 유주는 관을 만드는 데 일품인 목재 장목(樟木)의 산지이기도 하다.

중국에는 소주에서 낳고, 항주에서 살며, 광주에서 먹고, 유주에서 죽는 게 소원이라는 말이 있다.

이 소주·항주·광주·유주가 바로 중국의 4주인데, 강소성 소주는 본디 미인이 많기로 이름난 곳이니 그곳에서 태어나면 인물이 빼어나다는 것이며, 절강성 항주는 풍경이 수려하기로 또한 유명한 곳이니 그곳에서 살고 싶다는 것이고, 광동성 광주는 갖가지 맛나는 열대 과일뿐만 아니라 요리 하면 광주 요리가 제격이니 먹기로 치자면 광주를 빼놓을 수 없다는 것이며, 유주는 바로 그 장목으로 만든 관이 다른 것과는 견줄 수 없으니 죽을 때는 유주서 죽기를 바란다는 것이다.

상해에서 탈출한 후 나는 이 4주를 다 둘러 본 셈인데, 가는 곳마다 피난 짐보따리를 끼고 있었으니 어디서 먹고 어디서 살고 하는 따위를 따질 겨를도 없었을 뿐더러, 나라를 잃고 쫓겨다니는 몸이었으니 오히려 그렇게 이름난 고장에 들를 적마다 더욱 가슴아팠던 게 솔직한 심정이다.

아무튼 1938년 2월에 무령을 떠난 우리 식구가 구강과 무한을 거쳐 장사에서 임정과 합류한 후, 다시 광주, 불산, 삼수, 오주, 계평, 석룡을 지나 유주에 도착하기까지는 거의 1년이라는 시간이 걸렸다. 중국 대륙의 동쪽 끝인 강소성에서부터 시작하여, 대륙의 가운데인 호남성 장사로 갔다가 남쪽인 광동성으로 내려갔고, 다시 서북쪽 광서성을 향하여 물길을 따라 올라왔던 것이다.

유주에서 우리는 약 여섯 달 동안 머물렀다. 유종원의 글을 보면 유주에는 독사가 득실거리며 사람들은 반(半)야만적이라고 씌어 있는데, 막상 가보니 제법 살기가 좋은 고장이었다. 기후도 온화하고 물산도 풍요한 듯했다.

조카인 석동은 당시 불과 열일곱 살로서 공작대의 가장 나이 어린 대원이 되었다. 청년공작대가 유주에 있었던 기간은 불과 2개월도 못되었는데, 이때는 중일전쟁이 본격적으로 진행된 지 이미 1년 반 정도가 지난 시기였다. 특히 유주가 있는 광서성(현재는 광서장족자치구) 출신 부대 다수가 전투에 참여했으므로 사상자도 많이 발생했다. 중앙정부의 지원이 부족하여 상이군인의 보호 관리를 대부분 지방정부에서 맡고 있었다. 상이군인 지원을 위한 민간단체로는 중국의 국부인 손문의 부인 송경령 여사가 운영하는 '상병지우사(像兵之友社)'가 있었다.

청년공작대는 3·1절 기념행사의 일부로 상이군인을 위한 모금을 겸한 한·중합작 예술제를 개최하였는데, 조카 석동은 그날 무대의 스타가 되었다. 조카는 무대에서 합창단의 지휘를 맡았으며, 탭댄스를 선보이기도 했다. 당시 관중들은 평생 처음으로 그런 댄스를 보았을 것으로 생각된다.

내 아들 후동도 청년공작대의 소년대 소속으로 노래와 춤으로 출연했다. 그리고 중국의 항일예술단이 만든 연극에도 일제의 침략에 쫓겨 피난 가는 가족의 일원으로 아역을 맡았었다. 유주에서 청년공작대가 비로소 결성되었다는 것은 특이할 만한 일이긴 했으나, 임정이 마냥 유주에만 체류할 수는 없었다.

그해 4월 우리는 유주를 떠나 사천성으로 향했다. 우리 일행 백여 명은 버스 여섯 대에 나누어 타고 유주를 출발했는데, 그때부터는 험한 산악지대가 또 앞을 가로막고 있었다. 지금까지 거쳐온 수로 못지 않게 힘들고 위험한 길이었다.

유주는 약간 높은 곳에 자리잡고 있는 평야지대인데, 곳곳에 수십미터 높이의 검은 바위산이 우뚝우뚝 솟아 있어 마치 넓은 정원에 인공으로 산을 만들어 세워 놓은 것같아 보였다. 전반적으로 경치가 우리나라처럼 수려하지 못한 중국에서는 풍치가 제법 빼어나다고 알려진 곳이었다.

이제 그 유주의 곳곳에 서 있는 산들을 돌아나가 임시정부는 또 움직이기 시작했다. 사천성을 가려면 광서성에서 귀주성을 가로질러 가야 했으므로 일단 귀주성의 수도인 귀양(貴陽)을 향해 서북쪽으로 방향을 잡았다. 한 나라의 망명 임시정부가 불과 반년 전에는 강 위의 배를 임시청사로 쓰면서 물 위에 떠 있다가 이제는 버스 여섯대에 나누어 타고 중국 대륙의 시골 길을 가게 된 것이다.

광서성에는 장족(壯族)이라는 소수민족이 살고 있었는데, 신앙이 돈독한 회교도들이었다. 그들은 한족(漢族)과 같은 복장을 하고 있었고, 생활이나 문화수준이 제법 높아 한족과 쉽게 분별하기가 어려웠다. 특히 그들은 종족끼리뿐만 아니라 다른 민족들한테도 매우 정직하였으며, 그래서인지 그들 사회에는 도둑이라는 것이 없었다. 종교의 영향 때문이 아닌가 한다.

유주를 떠나 첫날 밤을 의산(宜山)이란 곳에서 보냈는데, 그곳에서부터 많은 묘족(苗族)들을 볼 수 있었다. 유주와 귀양 사이의 지역은 한족과 묘족이 같이 섞여 사는 곳이었고, 귀주성 곳곳에서도 묘족들과 만날 수가 있었다.

유주와 귀양의 중간에 있는 독산(獨山)이란 곳에도 잠시 들렀었는데, 그곳은 중국에서 소문난 모태주(茅苔酒 : 마오타이주)의 원산지이며, 태평천국 혁명 당시의 격전지이기도 하다.

유주에서 귀양까지는 6,7백 킬로미터 정도로, 요즈음 같으면 하루에 갈 수 있는 거리지만, 우리가 귀양에 닿은 것은 유주를 떠난 지 열흘이 지난 뒤였다. 중간 중간에 가로막고 서 있는 산을 넘는데 서너 시간에서 반 나절까지 걸리는 때도 있었고, 어떤 곳에서는 꼬박 하루를 잡아먹는 경우도 있었다.

도로 사정도 나빴지만 장개석 정부가 특별히 배려해서 내준 버스도 상태가 아주 좋지 않았다. 가솔린을 연료로 쓰는 그 버스들은 유주를 동시에 출발했으나 귀양에 도착할 때쯤 해서는 나흘에 걸쳐 차례차례로 도착하였던 것이다. 중도에 고장이 난 채로 뒤떨어졌다가 나중에 따라왔기 때문이다. 그러나 차마 엉터리라고 어디다가 하소연할 수도 없었고, 가솔린이 귀한 전시에 그나마도 버스를 탈 수 있었던 게 다행이었다.

그토록 힘겹게 귀양에 도착한 후에도 별다른 이유없이 사흘을 더 체류하게 되었다. 성엄에게 들으니, 버스의 지연 등으로 인해 예산이 초과되어 비용이 모자라므로 중경에서 돈을 보내올 때까지 며칠을 더 기다려야 한다는 것이었다. 참으로 딱한 사정이었다. 백 명이 넘는 식구가 객지에서 며칠을 더 여관 신세를 지자면 그만큼 비용이 더 들게 마련이었다.

당시 내게는 성엄도 모르는 약간의 돈이 있었다. 강서성에서 4년을 지내는 동안 저축해 놓은 돈이었다. 성엄에게 돈을 꺼내 놓자 말없이 빙긋 웃을 뿐이었다. 성엄의 그 웃음이 무엇을 뜻하는지 익히 잘 알고 있는 나는 돈을 다시 거두어 넣고서 석오를 찾아갔다. 나는 석오에게 돈 2백원을 내드렸다.

석오는 깜짝 놀라면서 반가와하는 듯하였으나 금방 낯빛이 흐려졌다. 아마도 궁색하기 짝이 없는 임정의 속사정이 다시금 드러난 것이 몹시 가슴아팠기 때문이리라. 우리 일행 중에 그 정도의 비상금을 가지고 있었던 사람이 몇명 정도는 더 있었을 것으로 짐작되는데, 선뜻 내놓기가 힘들었을 것으로 본다.

일행은 곧 귀양을 떠날 수 있었다. 귀양을 출발해서는 곧바로 북쪽을 향해 올랐다. 도중에 중국 공산당의 대장정이 있을 때인 1935년 당시 1월의 회합을 통하여 모택동의 지도 하에 공산당이 귀속된 곳으로 유명한 준의(遵義)를 지났다.

귀양을 출발해 5백 킬로미터를 달려와 사천성 남쪽 끝에 있는 기강현(綦江縣)에 도착하여 여장을 푼 것은 1939년 4월 말이었다. 기강은 사천성과 귀주성의 접경지대에 있으며, 그곳에서 곧장 백여 리를 위로 올라가면 바로 중경이다.

동암과 청사(조성환) 두 분이 먼저 기강에 도착하여 시내에서 조금 떨어진 곳에 백여 명이 묵을 수 있는 집 한 채를 얻어 놓았으며, 시내와 보다 가까운 곳에는 강가에 따로 방 몇 개를 얻어 임시정부의 청사와 단신인 국무위원들의 숙소로 정했다.

또한 그 양쪽으로도 방 하나씩을 얻어 한쪽에는 청사 내외가 들었고, 반대쪽 방에는 우리 식구가 들어가 자리를 잡았다. 내가 불산에서 지금까지 그랬던 것처럼 임정 국무위원들의 식사와 뒷바라지를 하기 위해서였다. 얼마 후 성재는 그곳에서 조금 떨어진 곳에 방을 따로 얻어 나가 자취를 하였다.

석오, 백범, 우천, 동암같은 분들은 언제나 자신의 편함보다는 다른 사람 걱정을 먼저 하고 고생을 자청하는 성품인데 비해, 성재는 이러한 자기 희생의 정신이 조금 부족하였던 듯싶다. 물론 그분은 나를 무척 아껴주고 내게 공부도 가르쳐준 분이지만, 나로서는 성재의 이런 점이 미덥지 못했던 게 사실이다.

중경 생활

1938년 초에 들어섰던 기나긴 피난길도 이제 기강에 와서는 종착지에 도달한 듯싶었다. 중국정부와 우리 임시정부는 더이상 일본군에게 쫓기지 않을 것이며, 사실 사천성 중경을 떠난다면 이제는 더 갈 곳도 없는 형편이었다. 강소성에서 출발하여 안휘·강서·호남·광동·귀주성을 거쳐 사천성에 이른 장장 5천 킬로미터의 피난길은 중공군이 강서성에서 섬서성까지 쫓겨난 만리장정(萬里長征)과 견주어질 만한 것이었고, 사실 우리끼리도 이 피난 행각을 만리장정이라고 부르기도 했다.

이제는 기강에서 모든 것을 새로 시작해야 했고, 끝을 보아야 했다. 중일전쟁은 거의 만 2년간 계속되고 있었으며, 일본군의 멈출 줄 모르던 진격의 기세도 둔화되기 시작함에 따라 중일전쟁은 장기전의 양상을 띠게 되었다.

우리가 기강에 도착한 직후, 일본군은 동만주(東滿洲)에서 몽고 및 소련군과 충돌하였다. 노몬한 전투라는 이 무력충돌에서 일본은 장고봉 사건에서와 마찬가지로 큰 타격을 입었고, 그 결과 소련에 대한 일본의 두려움은 한층 더하게 되었다.

당시 남경에는 일본의 괴뢰정부가 수립되어 있었다. 물론 그 배후에는 친일세력이 숨어서 버티고 있었다. 중일전쟁 전에 중국 국민당 내에서 중국을 추축 진영의 방공협정에 가담시키려 했던 친일세력의 주동자 왕조명이 바로 그 배후 인물이었다. 그는 1939년 8월 치병(治病)을 핑계로 홍콩에 들러 상해로 갔다. 상해에서 이른바 국민당 제6회 대회를 개최한 그는 이듬해 3월 남경에 일본의 괴뢰정부를 수립했던 것이다.

왕조명은 전쟁이 끝날 무렵 일본에서 병사하였으며, 그의 처 진벽군(陳碧君)은 전쟁이 끝난 후 한간(漢奸 : 역적을 가리키는 말)으로 처형당했다.

1939년의 유럽은 암흑의 시기였다. 독일과 이탈리아 세력은 누그러질 기세를 보이지 않았고, 국제질서는 급변했다. 결국 1939년 8월에 독일과 소련은 서로 불가침조약을 맺은데 이어 9월 말에는 독·소 우호조약까지 체결하여 양국간에 독일의 폴란드 분할 점령에 대한 합의를 보았다. 이로써 소련도 제국주의 대열에 가담하게 된 것이다.

유럽과 소련 사이의 이러한 새로운 관계 설정은 즉각적으로 중국대륙에 영향을 미쳤다. 중일전쟁의 발발 이후 계속되던 중국의 중앙군에 대한 소련의 원조가 중단되었던 것이다. 우리 임시정부에도 그 여파는 컸다. 소련은 레닌시대에 임시정부에 원조를 한 유일한 열강이었는데, 이제는 일본과 함께 추축세력을 형성한 독일과 우호관계를 맺은 것이다.

이제 중국정부와 우리 임정은 전쟁이 벌어지고 있는 중국 대륙 내에서 서로 등을 맞대고 의지할 수 있는 유일한 사이였다. 일본은 이미 중국 대륙의 해안선을 거의 다 장악했으며, 중국에서 가장 발전된 연해지역을 대부분 점령하였다. 그러나 중국은 넓은 곳이다. 일본이 중국 땅의 대부분을 점령했다고는 하나, 그것은 중국 내 주요 간선도로를 장악하는데 그쳤고, 점령지역 곳곳의 중국인의 항일 유격전은 오히려 더 치열해지고 있었다.

그러나 중일전쟁은 중국과 일본만의 싸움이 아니었다. 중국 내부의 갈등이 중국과 일본의 관계만큼이나 악화되고 있었다. 국공관계가 전쟁 초기보다 더욱 악화된 것이다.

일본군과 싸워야 할 중앙군이 신사군이나 팔로군을 공격하는 일이 곳곳에서 속출하였다. 그러니 중국군 사이에서는 누가 아군이고 누가 적인지 분간하기가 힘들 지경이었다.

무장독립운동의 모색

그해 7월 임정에서는 항일민족운동 단체의 통합과 통일전선 결성의 문제를 놓고 또 한 차례의 시도가 진행되었다. 한국광복진선

산하의 세 정당인 한국국민당·한국독립당·조선혁명당과, 조선민조전선 산하단체인 조선민족혁명당·조선민족해방동맹·조선민족전위동맹 등의 대표자가 모여서 여러날 동안 회합을 가졌으나 결국 아무런 소득도 없이 헤어지고 말았다.

장사에서 광주로 옮길 때만 해도 임정 내에는 중국의 전세와 중국정부의 결의에 불안을 느끼는 사람이 있었다. 특히 중국정부 내에 버티고 있는 왕조명과 하응흠 등의 친일세력이 컸으므로 이들과 일본 사이에 어떠한 타협이 이루어질지 모른다고 두려워 하는 사람도 있었다.

그래서 심지어는 광동에서 홍콩을 거쳐 베트남으로 가는 것이 어떻겠느냐고 제안하는 사람도 있었다. 물론 소수 사람의 제안이긴 했지만 가당치 않은 착상이었다. 반(反)식민투쟁을 하는 사람이 식민 지배 하에 있는 지역으로 망명한다는 것은 앞뒤가 맞지 않는 말이다.

더구나 우리가 상해에서 프랑스의 보호를 받긴 했었지만, 정치적 망명객이며 독립운동가들인 임정의 요인들이 프랑스 식민지인 베트남에 간다고 할 경우 프랑스에서 우리를 받아들일 리도 없었다. 베트남 독립운동에 자극이 될 것이기 때문이며, 또 임정의 요인들이 그런 독립운동에 적극적으로 자극을 줄 수도 있기 때문이다.

항일민족운동단체 통합을 위한 임정의 노력은 많은 난관에 부딪쳤지만, 한편으로는 장기적인 항일운동 계획의 하나로 무장력을 강화시키기 시작했다.

1939년 11월에 임정 활동의 선전과 인력 모집, 즉 초모(招募)의 사명을 띠고 조성환, 황학수, 화강 이준식(火崗 李俊植), 왕중량(王仲良, 본명은 나태섭〔羅泰燮〕), 노복선(盧福善) 등으로 구성된 군사특파단(軍事特派團)을 서안으로 파견하였다.

그리고 이와 거의 같은 때에 중경에서는 한국청년전지공작대(韓國靑年戰地工作隊)가 조직되었다.

이 공작대는 유주에서 결성되었다가 별로 활동을 못한 광복진선 청년공작대의 후신으로 등장한 것으로, 중국 군관학교 9기 졸업생인 나월환(羅月煥)군이 대장으로 임명되었다. 유주에서 광복진선 청년공작대에 최연소의 나이로 입단했던 석동 역시 가장 나이 어린 대원으로 이 공작대의 대원이 되었다. 군사특파단 일행은 우리 식구와 모두 가까운 사이들이었는데, 그 중 청사 조성환과 화강 이준식은 가족을 전원 기강에 남겨두고 떠났다.

청사의 부인은 중국 사람으로 이름은 이숙진(李淑珍)이었는데, 우리 말도 잘하고 우리 풍습과 예절에도 밝았다. 나와는 동갑이었으나 성엄이 청사를 형님이라고 불렀으므로, 나도 이 부인을 언니라고 부르며 절친하게 지내는 사이여서 청사는 서안으로 떠나기 전에 나에게 아내를 잘 돌봐달라고 거듭 부탁하였다.

화강은 우리 내외와 동갑으로 역시 성엄과 무척 가까이 지내는 사이였는데, 화강의 부인 김병인(金秉仁)은 화강보다 나이가 열살 이상이나 아래였다. 늦게 아들 동길(東吉)을 낳아 그야말로 깨가 쏟아지는 집안이었으니, 화강이 그런 가족을 두고 떠나는게 남이 보더라도 무척 안타까왔다. 그도 나에게 아내를 돌봐달라고 신신당부를 하였다.

같은 처지에 누가 돌봐줄 처지도 아니었으나 두 분은 다 내가 옆에 있어서 든든하다는 것이었다. 결국 청사와 화강은 가족들과 언제 다시 만날지 기약도 못한 채 서안으로 떠났는데, 파견단의 일이 쉽게 풀리지 않았던 탓에 1년 남짓 후에 다시 기강으로 돌아와서 가족들과 만날 수 있었다.

화탄계의 푸른 물결

허겁지겁 쫓겨다닌 20년

1940년이 되었다. 내가 시아버님 뒤를 따라 중국 상해에 첫발을 디딘 후 꼬박 20년이 지난 셈이고, 내 나이도 이제는 사십 줄에 접어들게 되었다. 갓 스무살적 젊은 여인의 단심(丹心) 하나를 무기 삼아 천방지축으로 뛰어다니며, 이것저것 앞뒤를 재고 추스리고 할 사리도 분명하지 않은 채 이른바 망명정부에 몸을 던진 지 어느덧 스무해가 흘러간 것이다.

상해에서 시아버님을 모시던 일, 독립운동자금을 품에 감추고 가슴조이며 거룻배로 압록강을 건너던 일, 일본군에 쫓겨 아슬아슬하게 상해를 빠져나와 기강까지 허겁지겁 도망왔던 일. 그 20년은 숨어 산 20년이었고 쫓겨다닌 20년이었다. 그런데 손에 잡힌 것은 없다. 일찌감치 벗어 버렸어야 할 식민지 국민이라는 오명도 내 팽개치지를 못했다. 어찌 될 것인가? 어찌 할 것인가?

임정이 기강에 도착한 후로 모두들 한숨을 돌리며 어느 정도 여유를 되찾은 듯이 보였다. 나도 이때쯤 해서는 내 주변의 상황을 나름대로 따져보고 가늠해 볼 수 있을 만큼 임정의 생활에 익숙해져 있었고, 국무위원들을 모셔야 하는 바쁜 생활 중에도 나 자신이나 식구들을 위해 짬을 낼 만큼 정신적으로 여유가 생겼다.

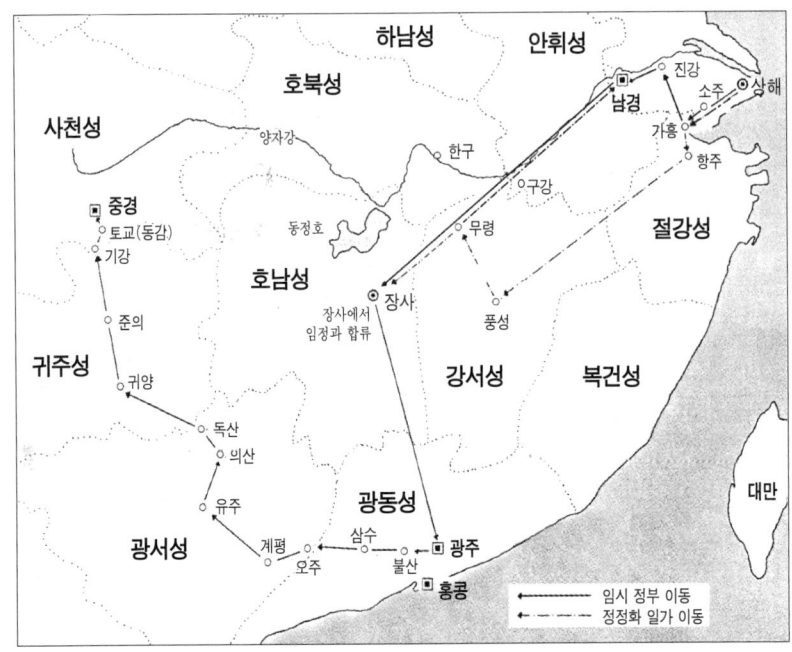

임정과 정정화 일가의 이동

　임정을 둘러싼 사태가 호전되어서라기보다는 중년이 된 한 아낙네만이 발휘할 수 있는 생활의 지혜 탓이었을 것이다.
　아들 후동이는 그 동안 소학교를 다섯 군데나 옮겨다니면서도 계속 공부를 할 수 있었고, 틈틈이 겨를이 생길 때마다 나는 손에서 책을 놓지 않았다. 물론 이러한 사사로운 일들은 임정이라는 단체의 전체적인 계획이나 움직임에 맞추어 공적인 일에 어긋나지 않는 한도 내에서만이 가능했다.
　더구나 성엄과 내가 우리 동포들의 망명사회에서 신임을 잃지 않고 그들과 잘 어울릴 수 있었던 것은 큰 다행이었다. 시아버님의 후광이 없었다고는 할 수 없지만, 성엄은 성엄대로 나는 나대로 임정의 일이라면 서슴지 않고 나서서 뛰어다녔고, 궂은 일을 마다하지 않았기 때문에 임정의 국무위원들에게뿐만 아니라 임정의 울타리 안에 있는 모든 이들에게 꽤 두터운 신임을 얻고 있었다.

내가 수차에 걸쳐 자금 조달을 목적으로 본국에 드나들었다는 사실이 이제 동포사회에서는 하나의 일화로 모르는 사람이 없게 되었고, 그 덕에 나는 일종의 명성까지도 얻고 있었던 게 사실이다.

그러나 나 자신이 주변 사람의 입에 오르내릴 때마다 내 심정은 더욱 착잡해지곤 했다. 나는 스스로 조국 독립을 위한 항일투쟁의 선봉에 나섰다고 생각해 본적이 없다. 그럴 만한 능력도 자질도 없는 사람이고, 그저 평범한 여느 아낙네와 다를 바 없는 사람이었다. 다만 사람은 시기와 분수에 맞추어 살아야 한다는 말을 곧이곧대로 믿고 그대로 따르는 사람일 뿐이었다.

내가 살고 있는 시대의 상황이 나로 하여금 임시 망명정부의 저 구석자리 하나를 차지하게끔 한 것이고, 내가 그 자리를 충실히 그리고 성실하게 지키고 있을 뿐이었다.

그런데도 다른 이들의 눈에 내가 무슨 큰일이나 한 사람처럼 비칠 때면 나는 애써 내 자리를 비켜서고 싶은 마음이 간절했다. 국내나 만주에서 자기 한몸을 돌보지 않고 오직 민족의 독립과 조국의 광복만을 위해 투쟁하고 있는 수많은 유명 무명의 애국지사들에 비하면 내 존재는 참으로 부끄러운 모습이었다.

성엄과 내가 강서성에서 지낼 때, 조국의 독립을 위해 이렇게 아무 것도 한 일없이 조국이 해방되고 나면 나는 무슨 면목으로 귀국할 수 있을 것인가를 걱정할 때가 많았다. 차라리 중국으로 건너오지 않고 본국에 남은 채로 있었다면 이런 생각은 하지 못했을는지도 모른다.

그러나 조국의 독립이라는 대의(大義)만을 위해 기꺼이 제 한몸을 사리지 않는 여러 투사들에 묻혀 살고 있는 나로서는 그런 생각이 들지 않을 수 없다.

중국 대륙에 떨어진 별들

1940년 3월, 우리는 훌륭한 영도자 한 분을 잃었다. 임정 주석인 석오 이동녕옹이 사천성 기강현에 있는 임정 건물 2층 침소에서 71세의 나이로 별세한 것이다.

따뜻한 봄날이었다. 석오장은 임정의 지도자였을 뿐만 아니라 우리 식구와는 한 가족같은 사이여서 내가 꼭 아버님처럼 여겼던 분이었고, 상해에서 처음 뵈었을 때부터 줄곧 20여 년을 모셨던 분이었다.

당시 임시정부의 청사는 기강에 있었으나 백범, 남파, 일파 등 중국 당국과 접촉이 잦은 분들은 중경에 따로 연락 사무실을 두고 그곳에 가 있었다. 이 해 3·1절 기념식이 기강의 임정 청사에서 있을 예정이었으므로 기념식에 참석하고자 중경에 나가 있던 분들이 대부분 기강으로 왔다.

일파는 같이 중경에 있던 가족을 데리고 왔다. 3·1절 기념식이 끝나고 이틀 후에 일파의 가족들이 다시 중경으로 가게 되어 기강에 남아있는 우리는 버스 정류장까지 전송을 나가게 되었다.

일행을 버스로 떠나 보낸 후 집으로 돌아오려는데 석오장이 나를 불렀다.

"오랫만에 오늘 저녁은 밖에서 먹지."

하시면서 오늘 저녁 끼니는 걱정하지 말라는 것이었다.

"사 잡숫는게 변변할라구요? 찬거리 사다가 진지해 드릴 테니 집에서 드세요."

"아니야. 모두들 나온 김에 놀다가 저녁 사먹고 들어가."

결국 선생의 뜻대로 우리 일행은 밖에서 저녁을 사먹기로 했다. 저녁 때까지는 아직 이른 시각이어서 성재, 우천 조완구, 조성환의 부인인 이숙진 여사, 그리고 우리집 세 식구 일행은 근처 야산으로 올라가 나물을 캐면서 하루해를 보냈다. 사천성 남쪽의 3월 초 기후는 서울의 5월을 쏙 빼닮아서 화창하기가 이를데 없었다.

저녁 때가 되어 우리는 국수를 한 그릇씩 사먹었다. 돌아오는 길에 석오장이 조금 피로한 기색을 보인긴 했으나, 모두들 대수롭지 않게만 여겼다. 그분의 건강에 특히 신경을 써야 하는 나 자신도 마찬가지로 크게 염두에 두지 않았다. 석오장은 오랫동안 천식으로 고생하고 있던 터라 누군가가 꼭 곁에서 돌봐드려야 했는데, 중국인을 채용하여 맡길 수도 없고 해서 내가 그분을 모시고 있었다.

다음날 아침에 평소처럼 아침식사를 차려 가지고 바로 옆집에 있는 선생의 처소로 갔다. 석오장은 반숙 계란 두개로 아침을 대신했으므로 아침식사는 내가 늘 직접 침소로 가져다 드리곤 했다. 선생의 침소인 2층으로 막 올라가려는 참인데 아래층에 사는 병인(이준식의 부인)이 나를 불러세웠다.

"형님, 석오장 어른께서 편치 않으세요. 간밤에 춥다고 하시길래 더운 물 찜질을 좀 해드렸는데 밤새 앓으셨던가 봐요."

"그래? 그럼 빨리 내게 연락을 주지 않구서······."

뛰다시피 2층으로 올라가 보니 선생의 병세가 심상치 않았다. 음식을 전혀 입에 대지 못할 지경이었다. 부랴부랴 임정 어른들께 연락을 취하고 허둥지둥하는 사이에 한의에 조예가 있는 성재가 와서 살펴보고는 중국인 의사를 불러 오라고 했다. 이름있는 중국인 한의가 와서 진맥을 하고는 노환으로 가망이 없다고 그 자리서 단언해 버렸다. 손쓸 도리가 없다는 것이었다.

중국인 의사가 가고 난 후에 중경으로 연락을 보내는 한편 우리들은 옆에서 극진하게 간호했다. 동지인 의사 임의택(林義澤)과 광파 유진동(狂波 劉振東)이 치료를 담당했다.

그러나 주위 사람들의 노력도 헛되이 선생은 곡기를 끊은 지 열흘만에 그만 눈을 감고 말았다. 노(老) 애국투사의 마지막 가는 길은 쓸쓸하기 한량없었다. 선생이 칠십 평생을 두고 걸어온 험난하기만 했던 가시밭길에 비해 일제의 식민지 국민이라는 굴욕적인 처지로 한생을 마친 선생이 돌아오지 못할 길을 가는 모습은 너무도 보잘것없었던 것이다. 결국 사람은 죽음 앞에 너나할 것 없이 평등해지는 것인가?

　석오장은 영욕과 회한의 마지막 숨을 거둘 때까지도 깨끗하고 꼿꼿한 자태를 전혀 흐트러뜨리지 않았다. 선생이 병석에 눕기 전부터 내가 계속해서 뒷바라지를 해온 터라, 선생이 거동을 못한 채 누워 있던 열흘 동안 나는 꼭 그분 곁에 붙어 있었고, 그분의 마지막을 지킬 수 있었다.

　석오장은 나 한 개인에게뿐만 아니라 우리 임정의 큰 인물이었다. 지도자다운 지도자였다. 깔끔한 용모답게 공적인 일이든 사적인 일이든간에 너저분한 것을 용납하지 못했고, 무슨 일을 처리하든지 공정했다. 주의(主義)나 주장이 확고하면서도 언제나 말수가 적고 청렴했던 탓에 그와 정치적으로 대립되어 있던 이들도 선생을 존경하고 흠모하기를 마다하지 않았다.

　동갑나기인 성재와는 늘 행동을 똑같이 했고, 일곱살 아래인 백범이 선생님 대우를 깍듯이 했던 분이 석오장이었다. 임정의 무슨 큰일이 있을 때면 백범이 꼭 선생을 찾아와 상의를 했고, 그럴 때면 "백범, 백범"하면서 백범과 같이 시간 가는 줄 모르고 머리를 맞대곤 했었다.

　석오장을 잃은 슬픔이 채 가시기도 전에 중경에서 또 하나의 슬픈 소식이 날아들었다. 병석에 누워 계시던 백범의 어머님이 돌아가셨다는 소식이었다. 석오장이 작고한 지 겨우 한 달이 지나서였다. 불과 두 달 사이에 내가 부모같이 모시던 두 어른을 한꺼번에 잃은 내 심정은 이루 말할 수 없는 것이었다.

　아드님 백범이 서대문 감옥에서 고초를 겪고 있을 때 백범을 면회하면서 "나는 네가 경기감사를 한 것보다 더 기쁘다"며 태연한 안색으로 자식에게 용기를 주었던 분, 상해에서 끼니 잇기가 어려울 때 중국 사람들의 쓰레기통을 뒤져 배추 떡잎을 주워다가 반찬을 만드셨던 분, 가흥에서 10여 년만에 모자가 다시 만났을 때 "나는 이제부터 너라고 아니하고 자네라고 하겠네. 또 말로 책하더라도 초달로 자네를 때리지 않겠네. 들으니 자네가 군관학교를 설립하고 청년들을 교육한다니, 남의 사표(師表)가 된 모양이니 그 체면을 보아 주자는 것일세"라며 이미 한 민족의 지도자가 된 백범을 더욱 탄탄하게 교육시켰던 분, 그런 민족의 어머님도 가셨다.

총과 칼을 들지 않고도 그토록 씩씩하고 굳세었던 분이었다. 어린 창수를 백범으로 만든 분이었다.

중국 땅에서 이 민족의 큰 별들이 하나씩 둘씩 그 자취를 감출 때마다 조국의 독립이 그만큼 점점 더 멀어지는 듯싶었던 것은 나만이 느낀 심정이 아니었으리라.

한국독립당 재창당

임시정부의 주석 자리를 맡았던 석오장이 세상을 뜰 때까지도 항일 민족단체들끼리의 대동단결을 위한 시도는 별 성과를 거두지 못하고 있었다.

석오장은 임시정부 산하의 세 정당이라도 통합할 것을 유언으로 당부했고, 석오장이 작고한 지 두달 후 한국국민당(위원장 이동녕), 한국독립당(위원장 조소앙), 조선혁명당(위원장 홍진)이 한국독립당으로 통합되어 중앙 집행위원장으로 백범을 선출하였다. 임시정부 주석직도 당시 부주석으로 임정의 주요 업무를 대행해 오던 백범이 계승했다.

이어 9월에 임시정부 청사가 중경으로 옮겨가면서 임정의 요인들 대부분도 중경으로 가게 되었고, 기강에는 가족들만이 일부가 남게 되었다. 성엄도 이때 중경으로 자리를 옮겼는데, 임정의 국무위원들이 대부분 중경으로 가게 되자 나는 그분들을 모시는 일에서 벗어날 수 있었다.

한독당의 재창당과 더불어 나도 창립 당원이 되었다. 또한 한독당이 창립된 다음달인 6월에는 한국여성동맹이라는 단체가 기강에서 창

이범석

립되었는데, 나도 간사의 한 사람으로 뽑혔다. 이 여성동맹은 정치적 성향을 가진 단체라기보다는 한독당 여당원의 친목단체 구실을 했다고 볼 수 있다.

세 당의 통합이 있은 후 성엄은 임시의정원 의원으로 있으면서 주로 한독당의 직무를 수행하였는데, 한독당 중앙집행위원으로서 조직부 및 선전부의 주임 등을 역임하였다. 또한 성엄은 광복군의 창설에도 관여하였다.

광복군의 총사령은 백산 이청천이 되었으며. 철기 이범석(鐵驥 李範奭)*이 참모장이 되었다. 성엄은 백강 조경한(白崗 趙擎韓, 당시의 이름은 안훈[安勳]) 등과 함께 주계(主計)라는 직임을 맡았으며, 그후 정훈처 선전과장도 맡은 일이 있다.

군체제를 갖춘 광복군에서의 성엄의 계급은 정령(正領)**이었다. 그후 광복군에서는 장군을 양산하게 되어 성엄과 같은 연배의 군사경험이 있는 사람은 거의 다 장군이 되었다. 성엄은 군사 경험이 전혀 없었으므로 정령은 그에게 어울리지 않는 명예직에 지나지 않았다. 광복군 총사령부는 그해 11월 서안으로 옮겨갔다가 약 2년 후 다시 중경으로 귀환했다.

이보다 앞서 민족혁명당이 중추가 된 조선민족전선계에서는 이미 조선의용대를 조직한 바 있으며, 호북성에 전진 기지를 갖고 있었다. 이 조선의용대는 연안에 있는 조선의용대와 서로 연결이 되

---

*1900~72. 1915년 중국으로 건너가 운남육군강무학교 기병과를 나와 1919년 김좌진 장군의 휘하에서 중대장으로 있으면서 청산리 전투를 치름. 소련에 들어가 합동 민족군을 지휘, 시베리아·중국 대륙을 전전하면서 독립운동에 참가.
**지금의 대령에 해당하는 이 계급은 1894년 문무관제 개정시 무관계급의 하나로 채택되었고, 이를 광복군에서 이어받음. 현재 구세군의 계급 편제에서도 볼 수 있는 이 계급은 영관 첫째 자리로서 참장(參將)의 아래이고 부령(副領)의 윗 계급임.

어 있었으므로 민혁당에 속해 있는 동지들을 통하여 연안의 소식도 종종 들을 수 있었다.

민혁당에 관계된 사람들은 남경을 떠난 후 무한을 거쳐 직접 양자강을 거슬러 중경으로 갔으므로 우리와 함께 지낼 기회가 없었고, 따라서 개인적으로 친분이 깊은 사람이 많지 않았으나, 그중에서 우사 김규식의 가족과 우강(최석순)의 가족 등은 우리와 아주 가까운 사이였다.

임정 산하에 광복군이 창설되고 조선민족전선계의 조선의용대가 창립되긴 했으나, 두 조직 모두 인력자원이 터무니없이 부족하였다. 중국 중앙군 지배하에 있는 한인 청년을 다 합쳐야 고작 2,3백 명에 지나지 않았던 것이다. 당시 연안에 있는 우리 동포도 다 합한다 해도 2,3백 명이 넘지 못하는 형편이었다.

중일전쟁이 터진 후 임정이 피난길에 오르게 되자 임정 내의 모든 일이 정상적으로 돌아가지 못했으리라는 것은 쉽게 짐작되는 일이지만 무엇보다도 안타까왔던 일은 국내의 소식을 제대로 알길이 없었다는 것이다.

물론 일제의 탄압이 날로 격심해지면서 창씨개명이 강요되고 있다는 소식 정도는 알 수 있었으나 국내에서의 항일투쟁에 대한 세부적인 정보 따위는 거의 들을 수가 없었다. 「조선일보」와 「동아일보」가 그해 8월에 폐간되었다는 것도 나중에 알게 되었다.

일본은 7월 말에 드디어 스스로 무덤을 파기 시작했다. 남진정책을 결정한 것이다. 일본이 동남 아시아 지역 침공계획을 서서히 행동으로 옮기려는 저의는 전쟁에 필요한 석유자원의 확보에 있었다. 당시의 주변 상황으로 미루어볼 때 석유자원의 확보가 가장 중요한 이유였음에 틀림없다. 미국은 이미 일본에 대하여 중국 침략을 중지하라고 경고했으며, 경고를 듣지 않을 경우 일본에 대한 고철과 가솔린 판매를 중단할 것이라고 엄포를 놓았는데, 결국 8월에는 이 금수령을 정식으로 공포했던 것이다.

또한 일본은 소련 육군에 대해 두려움을 느끼고 있었다. 만주 후방의 치안상태도 완벽하지 못한 상태였다.

이러한 상황에서 일본이 남진정책을 결정한 것이었으니, 자멸의 구렁텅이로 한 걸음씩 다가가고 있는 셈이었다. 어쨌든 우리 입장에서는 일본이 남진정책이라는 승산없는 전쟁놀이를 하루 빨리 시작했으면 하고 바라게 되었다. 물론 막대한 군수물자를 보유한 일본이 초기에는 전쟁을 승리로 이끈다 하더라도 그 최종의 결과는 불을 보듯이 뻔한 노릇이었다.

화탄계의 물줄기

1941년 1월에 우리는 기강에서 중경 쪽으로 약 10킬로미터 남짓 떨어진 동감(洞坎)이란 마을로 이사했다. 양자강 남쪽에 있는 기강에서 강을 건너 북쪽으로 옮겨 앉은 것이다. 동감 마을의 행정구역상 이름은 파현(巴縣) 토문향(土文鄕)인데, 흔히 토교(土橋)라고 불리었으며, 중경의 외곽지대에 위치하고 있어서 중경과 토교는 마치 서울과 안양같은 사이였다.

기강에 남아 있던 임정 요원들의 식구들 중에는 소학교 다니는 자녀들이 여럿 있었는데, 아이들이 이 해 1월에 학교를 졸업하게 되자 토교로 이사하게 된 것이었다.

중국 대륙을 휩쓸고 있는 전쟁의 포연이 쉽게 가셔질 것같지 않고, 점차 장기전의 형태를 띠게 되자 임시정부는 토교에 집 세 채를 새로 짓고 열 가구 정도 되는 교민들을 그곳으로 이주시켰다. 토교에 새로 자리를 잡은 우리는 그때부터 5년 동안 줄곧 그곳에 머물렀으며, 간혹 중경 시내에 가서 몇달씩 지내기도 했다.

토교에 10여 세대가 새로 보금자리를 꾸민 후, 때에 따라 들고나는 세대나 사람들이 있기는 했지만 대부분의 입주자들은 그대로 남아 있으면서 5년간을 한결같이 한 집안 식구처럼 가깝게 지냈다.

우리 식구는 여러개의 방중에서 아래채 방 하나를 배정 받았고,

삼강과 일파의 가족 등이 아래채에서 우리와 함께 지냈다. 일파 가족이 얼마 후 중경 시내로 따로 이사하게 되자 그때부터 한독당 감찰위원장을 지낸 이상만(李象萬) 목사 가족들이 들어와 일파 가족이 있던 방을 쓰게 되었다.

 그리고 동쪽에 잇대어 있는 방에서는 광파 유진동 내외가 살았는데, 그 역시 단간방이었고, 한쪽 구석에 따로 약실(藥室)을 차려놓고 있었다. 광파가 의사였을 뿐만 아니라 그의 부인도 산파 출신으로 토교에서 의사 일을 보고 있었기 때문에 약실이 필요했던 것이다. 광파는 따로 중경시 바로 강 건너편에 병원을 차려놓고 중경에서 지냈으며, 주말만 토교에 와서 보냈다.

 임시의정원 의장이었던 만오 홍진이나 춘교 유동열도 가끔씩 토교에 와 지내곤 했다. 그럴 때마다 그들은 꼭 이상만 목사의 방에 묵었다가 가곤 했으므로 이목사의 방은 마치 여인숙처럼 쓰여지게 되었다. 아들이 중경에 가 있는 때가 많아서 이목사 혼자 자취하다시피하고 있었으니, 토교에 들어가는 사람들은 으레 이목사의 방으로 찾아들었던 것이다.

 마음씨 착하기로는 바로 우리 옆방에 있던 삼강 내외분도 이름이 날 정도였다. 그들의 외동딸 순호는 자태가 곱고 인물이 출중하여 속으로 순호를 흠모하던 청년이 더러 있었던 것으로 기억한다. 그러나 순호는 나이 스물이 되기 전부터 남파의 아들 영준과 연애를 하고 있었고, 이미 영준과 약혼까지 한 사이였다.

 광파의 동생 평파(劉平波)도 광파가 경영하던 병원의 중국인 간호원과 결혼해서 역시 우리와 한 마을에 살았다. 평파는 해방이 된 후 귀국하였다가 다시 중국으로 건너갔는데, 그 후에는 돌아오지 못하고 말았다. 광파의 가족도 역시 귀국했다가 중국으로 가서 돌아오지 못했다.

 임시의정원 의장을 지낸 바 있는 당헌 김붕준(棠軒 金朋濬)의 맏딸이 결혼해서 우리와 함께 토교에서 얼마 동안 같이 지내기도 했다. 그들 내외는 임정이 기강에 있을 때부터 소학교에 다니는 임정 식구들의 자녀들을 모아놓고 방학 때마다 국어나 국사공부를 가르쳐 주었기 때문에 자녀를 가진 부모들이 그들에게 항상 고마워하는 마음을 가지고 있었다.

토교에서의 생활은 피난다닐 때보다는 어느 정도 안정이 된 셈이었으나 살림살이가 궁핍하고 쪼들리기는 마찬가지였다. 그렇게 궁한 살림을 꾸려나가는 대신 토교에 모인 우리 모두가 너나할 것이 없이 한 집안 식구들처럼 지냈고, 각자의 가족끼리도 단란한 가정을 꾸려나갈 수 있었다. 토교가 있는 사천성 남부는 아열대성 기후여서 한겨울이라 해도 영하의 날씨라고는 고작 이틀이나 사흘뿐으로, 영하라고 해봐야 해뜨기 전에 벌써 녹아버릴 정도로 눈이 간간이 흩뿌렸고, 물독의 물에 살얼음이 어는 정도였다.

또 토교의 우리 마을에는 화탄계(花灘溪)라는 냇물이 흐르고 있었다. 화탄계의 물은 이름만큼이나 맑기가 그지없어 그냥 마실 수도 있었고, 얼마든지 빨래도 하고 미역도 감을 수 있었다.

마을 언저리의 밭에는 야채도 심고 꽃도 심어 가꿀 수 있었다. 나는 그 밭 한구석에다 상치며 호박이며 일년감(토마토) 따위를 심어 보았는데, 제법 잘 자라 우리 식구가 먹기에는 충분할 만큼 매년 수확할 수 있었다. 사천성은 짜차이(搾菜)라는 채소의 명산지이기도 했으므로 나도 그 짜차이를 직접 심어서 요리를 만들어 보기도 했다. 고구마와 옥수수를 심고 가꿀 때는 바로 고향에 와있는 듯한 기분이기도 했다.

토교 시절의 이야기를 할 때 꼭 빼놓을 수 없는 사람들이 오광선(吳光鮮)의 가족이다. 임시정부가 남경에 자리잡고 있었을 때 백범은 만주의 독립기지를 재건하려는 목적으로 오광선을 비롯한 몇 명의 동지를 만주지역으로 파견한 적이 있었다.

그러나 그 파견 대원들은 북경에 도착하자마자 그만 왜경에게 체포되었고, 임시정부는 남경을 떠나 피난해야 했으므로 오광선의 부인 정(鄭)씨는 희영(姬英), 희옥(姬玉), 영걸(英傑) 삼남매를 데리고 함께 피난길에 올랐었다.

토교에서도 정씨는 홀로 삼남매를 키우느라 늘 궁색한 처지로 형편 필 날이 없었고, 백범은 오광선의 가족들이 그렇게 고생하는 것을 안쓰럽게 생각하여 늘 관심을 가지고 지켜보았다.

당시 임정의 업무를 수행하던 사람들은 지금의 직제로 볼 때 공무원의 신분이나 마찬가지였으므로 식구 수에 따라서 월급이 지급되었고, 일정한 양의 쌀배급도 있었다. 가능한 모든 임정의 식솔들이 평등하게 혜택받도록 했으나 임정의 뜻대로 모두가 다 고른 생활을 할 수는 없었다.

예를 들어 백범의 비서실장격인 임정 주석 판공실 주임이 된 석린 민필호의 경우 판공실 주임이 되기 전까지 줄곧 중국 군사위원회에 적(籍)을 두고 있었기 때문에 다른 이들에 비해 비교적 여유가 있었고, 성암 이광도 중앙은행에 다니고 있어서 호화스런 생활은 아니더라도 그런대로 윤택한 살림을 꾸려나갈 수가 있었다. 중경에서 병원을 개업한 광파의 가족은 특히 더 여유가 있었다.

이들에 비하면 영걸 어머니 정씨는 아무래도 고생이 심했다. 내가 다른 이들보다 특히 영걸 어머니에게 정을 쏟고 희영이나 희옥이에게 좀더 잘해 주려 한 것은 이런 이유에서였다. 영걸 어머니는 만주에서 농사를 해본 경험도 있고, 몸도 건강해서 내 밭일을 많이 도와주었으며, 나는 그 대신 그집 삼남매의 옷가지 손질이며 이부자리 만들기 등 주로 바느질 일을 도와주었다.

큰딸 희영은 일찍 광복군에 가담해서 일을 하다가 같은 광복군 동지인 신송식(申松植)군과 '동지 결혼'(임정의 식솔들끼리 결혼하는 것을 우리는 동지 결혼이라고 했다)을 했다.

아편의 도시 중경

학교를 다니던 후동이가 겨울방학을 맞게 되면 방학 동안 우리

세 식구는 종종 중경에서 겨울을 보내곤 했다. 전쟁 전에 약 50만 밖에 안되던 중경의 인구는 중경이 임시 수도로 정해지고, 중앙 관서가 집결되자 약 백만의 인구로 늘어났다.

그러나 중경이 전쟁의 폭풍권 밖에 있었던 것은 결코 아니었다. 중경이 안고 있는 심각한 문제는 일본의 중경에 대한 집중폭격이었다. 따라서 도시 곳곳에 방공 지하도를 파야 했다. 중경 시내의 큰길들은 대부분 동서로 달리고 있고, 큰길과 큰길 사이는 높낮이가 심해 층계로 연결되어 있었으므로 그 경사진 곳에 방공 지하도를 파 놓아 폭격에 대비했다.

중경은 도시 전체가 양자강을 가운데에 끼고 있어서 강 언저리는 대부분이 경사로 되어 있기 때문에 방공호를 쉽게 팔 수가 있었던 것이다. 그러나 방공호의 수용능력에는 한계가 있었다. 따라서 시내에 볼일이 있는 사람에게만 방공호 출입증이 발급되었고, 방공호 출입증이 없는 사람은 아예 매년 봄마다 시외로 소개시켜 버리곤 했다. 중경이 전쟁 기간에 해마다 한번씩 이런 난리를 치르지 않을 수 없었던 것은 일본이 여름에만 중경을 폭격했기 때문이다.

중경은 매년 11월부터 다음해 2월까지 도시 전체에 짙은 안개가 낀다. 이 안개는 전쟁중에 결핵 따위의 질병을 도시 전체에 퍼뜨리는 원흉이기도 했으나 일본의 공습만은 거의 완벽하게 막아낼 수 있는 천연의 무기였다.

그렇기 때문에 일본의 중경 폭격은 여름에만 이루어졌고, 따라서 매년 봄이면 시민들을 중경 외곽으로 소개시켰던 것이다. 그러니 중경의 인구는 철마다 늘었다 줄었다 하는 셈이었다. 늦가을부터 점차 늘어나기 시작하는 인구는 120만에서 130만까지 늘어났다가 여름이 되면 백만명 미만으로 억제되었다.

중경의 이러한 상황은 일본이 제공권을 잃은 전쟁 말까지 계속되었고, 지금도 중경에서는 겨울 동안이나마 폭격의 공포에서 해방되곤 하던 그때 그 상황을 기념하기 위해 매년 가을에 '안개 축제'를 벌이고 있다 한다.

 그런 중경을 우리가 처음으로 가본 것은 1939년 봄 기강에서 피난 짐보따리를 풀고난지 얼마 안되어서였는데, 병석에 계신 백범의 어머님을 뵈러 갔던 것이다. 그때 중경에 처음 발을 디디면서 보고 느낀 것들은 모두가 생소하고 기이한 것들이라 지금까지도 생생하게 머리에 남아 있다. 우리는 양자강 남쪽 강변에서 기선을 타고 강을 건너 부두에 닿았다.

 부두에서 중경 시내의 중심지까지는 수백 층의 층계로 연결되어 있었는데, 눈이 휘둥그레질 만큼 어마어마한 규모로 그야말로 장관이었다. 그 수백 층의 층계를 끝까지 올라 시내로 들어가자면, 거리도 거리지만 시간이 엄청나게 걸릴 것이므로 층계 입구에는 아예 담가(担架)라는 교통수단이 대기하고 있었다.

 그 담가라는 것이 또한 볼만한 구경거리였다. 우리나라의 평교자와 비슷하게 생긴 것으로 두 사람이 기다란 대나무를 양쪽 어깨에 걸치게 되어 있고, 대나무와 대나무 사이에는 사람이 앉을 수 있게끔 자리가 얹어져 있는데, 그 의자 구실을 하는 자리 역시 대나무로 만들어져 있다. 그 자리에 손님을 태우고 앞뒤에서 두 사람이 담가를 어깨 위에 걸친 채 층계를 오르내리는 것이니, 요즈음 식으로 말하자면 수동식 에스컬레이터라고 할 수 있겠다.

 이방인의 눈에 비친 중경은 아편의 도시였다. 시내 중심부의 큰 길가에 늘어서 있는 가게에서 공공연하게 아편을 팔고 있으니 그런 느낌이 들지 않을 수 없었다. 열집 건너 하나씩은 아편 가게였다. 중국에 아편 매매가 성행한다는 사실은 이미 익히 들어 왔고 어렴풋하게나마 눈치를 채고 있긴 했지만, 그렇게까지 일상화되고 도시 전체에 퍼져 있으리라곤 상상도 못했었다.

 전쟁중 국민 정부는 아편 사용 근절에 대한 교육을 대대적으로 실시하는 한편 엄중한 처벌 조항까지 만들어 아편의 해독을 없애려고 갖은 노력을 다 동원했으나, 아편중독 인구를 대폭 감소시키는 데에는 효과를 봤을 망정 아편 사용을 뿌리째 뽑아 버리지는 못했다.

중경은 또한 강의 도시라 일컬을 만하다. 물론 대부분의 큰 도시가 으레 강을 끼고 세워지게 마련이지만, 내가 본 중경은 양자강이라는 거대한 물줄기의 영향을 유독 많이 받는 것처럼 보였다.

양자강은 거대한 중국 대륙의 한가운데를 서쪽에서 동쪽으로 횡단하는 강중의 강이다. 티벳 고원의 동북부에서 그 머리를 쳐들기 시작해서 운남과 사천의 경계를 동북으로 흐르다가 호북성을 횡단, 강서성·안휘성·강소성 세개의 성을 치달아 뚫고는 유유히 동중국해로 흘러들어가는 양자강은 이명 장강(長江)이라고도 하는데, 그 어마어마한 물줄기에 굳이 이름붙이기가 쑥쓰러웠던지 그저 길고 길다는 뜻의 장(長)자 하나만을 붙였으니, 5천 8백 킬로미터 길이의 크나큰 체구에 비해서 오히려 겸손한 표현인 듯싶다.

이 양자강이 중경을 서에서 동으로 뚫고 지나가고, 양자강의 한 지류인 가릉강(嘉陵江)이 중경 북쪽에서 흘러내려 시내 동쪽에서 본줄기인 양자강과 합류한다. 중경 북쪽의 강북(江北)이라는 도시를 품에 안고 흐르는 이 가릉강도 말이 양자강의 지류일 뿐이지 그 역시 규모가 적지 않아 어림잡아 따져 보아도 우리 한강보다 큰 강이다.

중경시의 강남쪽에 해당하는 지역이 곧 파현이다. 그 중에서도 중경 시내와 바로 마주보고 있는 곳을 남안(南岸)이라 불렀는데, 우리의 조선민족전선계 사람들이 주로 그 남안에 모여 살고 있었다.

우리가 중경을 오갈 당시에는 양자강과 가릉강에 다리가 하나도 없었기 때문에 강을 건너려면 반드시 배를 이용해야만 했는데, 지금은 철교가 가설되어 있다. 또한 경기도 전체 면적에 버금할 만한 크기의 파현과 강북시가 지금은 중경시에 편입되어 일본 동경을 능가하는 인구 천 5백만의 대도시가 되었다 한다.

아편과 담가와 물의 도시로 인상이 짙게 남아 있는 중경이 이제는 국제적인 도시로 발돋움했다니 듣기만 해도 감회가 새롭다.

조선의용대와 광복군

태평양 전쟁

1941년 이후로 세계 정세는 본격적인 격변기로 접어들었다. 중국 대륙의 정세도 또한 하루 앞을 점치기 힘들 만큼 어지럽게 돌아갔고, 따라서 우리 임시정부도 급변하는 세태에 적극적으로 대처하기 위해 온 신경을 곤두세우고 있어야만 했다.

특히 제2차 세계 대전이 불붙기 시작하면서 이제는 더욱더 세계 열강들의 주도권 싸움에 주목을 해야 했고, 중국과 일본 사이 전쟁만을 눈여겨보는 처지에서 벗어나 세계정세에 대한 안목이 우리로서는 절실하게 필요했다.

그해 1월, 중국에서는 커다란 불상사가 일어났다. 환남사변(晥南事變)이라고 불리는 큰 사건이 발생한 것이다. 일본과의 대전을 위한 국공합작은 처음부터 순탄하지 않았으며, 국민정부 중앙군과 공산군 사이에 여러 차례의 심각한 군사 충돌이 일어났었다.

전쟁중에 빚어진 국공간 충돌의 주된 이유는 관할 지역에 관한 분규에서 비롯되었다. 중앙정부에서는 공산군으로 구성된 팔로군과 신사군에게 작전 한계를 넘지 말도록 누차 경고하였으나, 적(일본군) 후방지역에서 유격전을 보다 활발하게 전개하고 있던 이들 공산당계 군대는 중앙군이 철수한 지역에서 유격전을 펼쳐야 했으므로 자연히 중앙군과 약정한 한계를 넘지 않을 수 없었다.

환남사변도 양자강 이북 지역에서만 활동하기로 약정된 안휘성의 신사군이 약정을 어기고 양자강 이남 지역으로 그 활동 범위를 넓힌 데서 일어난 사건이었다.

국민당측의 압력에 따라서 신사군은 양자강을 건너 북상하기로 하였는데, 신사군의 도강을 감시하던 중앙군이 신사군을 기습했던 것이다. 그 결과 신사군의 군장 엽 정(葉挺)이 중앙군에 생포되고, 부군장 겸 정치주임 항영(項英)은 전사하였다.

이 사건으로 국민 정부는 중국 각계뿐만 아니라 세계 여론의 규탄을 받게 되었다. 무엇보다도 함께 힘을 합하여 항일을 해야 될 마당에 동족끼리 총부리를 돌리고 유혈투쟁을 벌였으니 안타까운 일이었고 한심한 일이었다.

이같은 좌우의 대립은 중국에만 국한된 것이 아니었다. 우리 동포 사이에서도 좌우의 대립은 만만치 않았고, 점차로 대치의 양상이 뚜렷해지고 있었다.

더구나 우리는 좌우는 말할 것 없이 같은 사상을 가진 사람들끼리도 자주 대립이 생겨 사소한 충돌도 흔히 있었다. 이러한 분열상은 우리의 항일투쟁을 약화시키는 것이었다.

그러나 한 가지 다행스러운 일은 우리는 항일에 서로 협조를 못할지라도 중국에서처럼 서로 해치는 일은 하지 않았다.

우리는 일본과 일본의 앞잡이들이라는 공통의 적을 가지고 있었다. 특히 일본 경찰 및 일본군 헌병이나 특무기관 요원들을 적으로 상대하였다.

환남사변은 우리에게 큰 교훈을 주었으며, 그 이후로 중경에서는 우리 항일세력의 합작 기운이 짙어지기 시작하였다. 한국청년전지공작대가 광복군 제5 지대로 편입되었다. 이보다 앞서 산서성 대동현(大同縣)에 제1분처(분처주임 이준식)와 수원성(綏遠省)에 제2분처(분처주임 공진원[公震遠]*. 본명은 고운기(高雲起])가 구성되었으나 각각 10명 미만의 인원이 있었을 따름이며, 제5지대가 말하자면 광복군의 주력부대가 된 셈이었다.

중국에서 환남사변이 있기 넉 달 전에 일본은 남진정책을 실행에 옮겨 프랑스령(領) 북부 인도지나에 군대를 진주시켰다. 말레이 반도와 인도네시아를 진공할 발판인 셈이었다.

우리가 호남성에서 광동성으로 피난갔을 때 임정의 근거지를 베트남으로 옮기자는 의견이 나왔었다. 이제는 일본이 인도지나 반도에까지 마수를 뻗쳤으니 하마트면 임정이 독 안에 든 쥐 꼴이 될 뻔한 것이다. 더구나 1940년 6월에 프랑스가 독일에 항복하게 되자 프랑스 식민지였던 베트남은 괴뢰 비시(Vichy) 정권의 지배 하에 놓이게 되었다.**

베트남은 오랜 역사를 통해 자주적인 전통과 문화를 키워 온 나라였다. 그러던 것이 베트남이 프랑스의 식민지가 되자 베트남 국민들은 우리 민족 못지 않게 침략자에 대항하여 투쟁을 전개하게 되었고, 베트남과 접경지역인 중국 남부의 광동성, 광서성 및 운남성에 베트남의 망명객들이 많이 모여들게 되었다.

이들 망명집단은 1941년 5월 베트남 독립동맹, 즉 베트민(Vietminh)이라고 불리는 월맹(越盟)을 결성해 반불(反佛)·항일(抗日)의 독립운동을 전개하게 되었다. 당시 우리가 알고 있기로는 이 베트민이야말로 이념과 사상을 초월한 중국 망명 베트남 국민의 총집결체였다. 그들의 목표는 오직 민족의 해방이었으며, 독립 후의 체제에 대한 이견으로 빚어질 수 있는 어떠한 분열도 용

---

*1907~43. 호는 학은(鶴隱). 북만주에서 청년운동과 교육사업에 종사, 대종교 신자로서 한국독립당에 가입. 만주사변 이후 한국독립군 대장으로 활약하고, 1939년에는 적정 정탐 임무를 띠고 황학수(黃學秀)와 함께 내몽고에 파견됨. 광복군 참모 제2지대장을 지내고 중경의 임정에서 활약하다가 병사.
**프랑스가 독일에 항복한 후 페탱을 수반으로 하는 친독 파시스트 정권이 프랑스 중앙부 오베르뉴 고원 북부에 있는 비시로 옮기자, 이 친독 독재 정부를 '비시 정부' 또는 '비시 정권'이라 부르게 되었음.

납하지 않을 만큼 견고한 결성체라고 알려져 있었다.

　같은 피압박 민족으로서 우리는 그들의 활동을 눈여겨보지 않을 수 없었으며, 그들보다 수가 많지 않은 우리 망명사회에서 그들과 같은 단결이 이루어지지 못하고 있다는 현실이 안타까울 뿐이었다. 베트민의 지도자인 호지명(胡志明)*도 중국에 망명중인 우리 임시정부에 대해서 호의적인 태도를 보이고 있었으므로, 그가 중경을 방문했을 때 임정의 외무 당국자와도 접촉을 했었고, 나중의 일이긴 하지만 1945년 11월 임시정부 요인들이 귀국차 상해에 기착했을 때는 호지명이 마지막 환송연을 베풀기도 했었다.

　우리들은 그때 두 나라가 모두 단시일 내에 독립할 수 있으리라고 확신하고 있었다. 그러나 결국 두 나라는 똑같이 비운을 맛보아야 했으니 독립 후에 냉전의 희생물로서 조국의 분단과 동족상쟁이라는 비극을 겪었던 것이다.

　태평양 전쟁을 전후한 국제정세는 하루하루가 다르게 전개되었고, 그때마다 세력 판도가 바뀌었다.

　소련은 앞서도 잠깐 얘기가 있었듯이, 볼셰비키 혁명 후 우리의 항일 투쟁을 꾸준히 지원해 주고 있었는데, 임시정부에 거금을 제공하기도 했다. 만주 및 소련 내에서 활동하는 우리의 항일 무력 단체도 소련의 지원을 받고 있었으며, 소련의 극동군에는 많은 한인들이 가담되어 있었다.

　소련 극동군의 이 한인들이 바로 소만국경의 장고봉 충돌사건 당시 일본군에게 큰 타격을 준 장본인들이다.

　또한 소련은 물론 자기들의 국익을 위한 의도가 없지는 않았겠지만, 유럽의 히틀러 세력과 일본 제국주의의 세력 팽창을 억제해야 한다고 늘 주장했었다. 따라서 중일전쟁 초기에는 중국 국민당

---

*1892~1969. 베트남의 정치가. 소련에 가서 공산주의를 연구하고 돌아와 반(反)프랑스 민족운동에 앞장섰으며, 1930년 베트남 공산당 설립. 1945년 북베트남 민주공화국을 세워 대통령이 돼 프랑스에 항전했음.

정부에 막대한 군사지원을 아끼지 않았고, 군사고문단까지 파견하기도 했다. 그러던 소련이 독일에 이어 일본과도 불가침 조약을 맺게 된 것이다.

독일, 이탈리아, 일본의 이른바 방공협정은 소련을 적으로 삼았던 것이었는데, 이제는 그 협정 당사국들이 소련과 각기 불가침 조약을 맺을 만큼 세계 정세는 예측 불허였다.

망명단체들간의 불화

한독당 창립과 더불어 결성된 여성동맹의 간사일을 맡으면서부터 광복진선계의 여성들 사이에서 내가 차지하는 비중이 커지자 사회활동에도 참여할 수가 있었다. 특히 중경 시내에 있는 임시정부나 광복군에서 외국 손님을 접대한다든가, 자체 내에 큰일이 있거나 할 때는 토교에 있는 부인들이 중경으로 가서 일을 돕곤 했는데, 그때마다 내가 총책임을 지고 일을 치러야 했다.

임정에 소속되어 있는 부인들은 각자의 생활이 풍요롭거나 풍족한 편은 아니었지만 늘 손에서 일이 떠나지 않았다. 임정이나 광복군 또는 임정 산하단체의 모든 행사에는 꼭 부인네들의 손길이 닿았고, 자녀들의 교육을 지도하는 일도 부인네들의 책임하에 이루어질 수밖에 없었다.

우리는 또 장소를 마다하지 않고 소학교에 다니는 자녀들을 모아서 방학 때마다 우리나라의 역사나 국어, 노래, 춤 등을 가르쳤는데, 그 일은 한 해도 거르지 않고 계속되었다.

임정은 중국정부에 대해 우리의 임시정부를 망명정부로 정식 승인해 줄 것을 요구했다. 1941년 10월의 일이다. 임정의 이러한 요구는 전혀 새삼스러운 것이 아니었고, 때늦은 감이 없지 않아 있으나 시기적으로 보아서는 적절한 것이었다. 왜냐하면 우리측에서는 상해 시절부터 우리 임시정부의 정식 승인을 중국측에 계속 요구해 왔으나 아직까지도 중국 정부의 승인을 받아내지 못하고 있었는데, 임정이 재차 중국측과 접촉을 시도한 것은 그때의 전후 사정이 임정에게 유리한 상황으로 전개되고 있었기 때문이다.

또한 당시 중국에서 펼쳐지는 우리의 항일투쟁이 여러 면에서 괄목할 만한 진전을 보여주었던 것도 이 시기의 상황 변화에 따른 결과이었으므로 임정의 중국에 대한 망명정부 정식 승인 요구에 대해서는 꼭 짚고 넘어가야 할 필요가 있다고 본다.

이미 어느 정도는 예측되고 있었던 독일의 소련 공격이 그해 6월에 개시되었다. 소련도 독일의 침공에 대비하고 있었으나 개전 초 다섯 달 동안은 계속 후퇴만 거듭했다. 일본이 이 기회를 그냥 놓칠 리가 없었다. 독일과 소련 사이에 전쟁이 시작되자 일본은 기다렸다는 듯이 남부 인도지나로 진격해 들어가 인도지나 전체를 강점해 버렸다.

미국의 루스벨트와 영국의 처칠이 독재와 침략 정책에 반대하며 인류의 기본 자유를 수호한다는 대서양 헌장을 발표한 것이 이 해 8월이었고, 8월 말에 우리 임시정부는 이에 대한 지지 성명을 발표했다. 프랑스도 가만 있지 않았다. 드골은 9월에 런던에서 자유 프랑스 전국위원회를 창설했는데, 이 자유 프랑스 전국위의 창립은 우리 임정에도 간접적으로 영향을 미치게 되었다. 즉 런던에 있는 프랑스나 폴란드의 망명 집단에 대한 영국의 적극적인 지원이 공표되기에 이르렀고, 이에 자극을 받은 중국 정부도 임정에 대해 보다 적극적인 자세를 보이기 시작한 것이다.

이런 상황을 주시하고 있던 임정이 다음 달인 10월에 즉각적으로 중국 정부에 대하여 임정의 정식 승인을 요구한 것이다. 그러나 보다 큰 문제는 우리들 자신에게 있었다. 그리고 그 문제는 우리들 스스로가 풀어야 할 것이다. 결국 임정은 중국 정부의 승인을 받지 못했다.

당시 임정은 참으로 많은 문제들을 안고 있었다. 문제의 핵심은 우리 동포의 망명세력간에 단합이 이루어지지 않는다는 것이었다.

만약 임시정부가 해외에 있는 모든 망명세력의 절대 다수를 대표할 수 있을 정도로 서로 뭉쳤더라면 중국의 승인쯤은 쉽게 받아낼 수 있는 상황이었다.

그리고 그러한 단결의 뒷받침을 받아 미국뿐만 아니라 영국과 런던에 있는 여러 망명정권들과도 활발한 외교 활동을 전개했어야 했는데, 그러한 적극적인 외교는 전혀 이루어지고 있지 않았다. 우리끼리의 단합이 이루어지지 않은 상태에서 행해지는 외교활동은 지극히 단편적이고 큰 효과를 거둘 수가 없었던 것이다. 사실 프랑스와 폴란드의 망명정권은 그들의 주중(駐中)대사를 통하여 우리 임정을 승인하겠다는 의사 표시까지 한 바 있었던 것이다.

또 한 가지 아쉬운 점은 임시정부가 당시 연안에 망명한 우리의 독립동맹계와도 원활한 유대를 맺었어야 했다는 점이다. 그랬더라면 전후에 소련과도 대등하게 교섭할 수 있었으리라고 생각된다. 당시 연안의 주요 지도자들은 거의 다 임정의 요인들과 잘 아는 사람들로서, 더러는 개인적으로 두터운 친분까지 있는 사이였는데도 공식적인 유대관계는 미처 성립되어 있지 못했으니 참으로 안타깝기 그지없는 일이다.

이렇듯이 단합이 제대로 이루어지지 못한 데 대한 결정적인 책임이 어느 편에 있는지 정치에 문외한인 나로서는 알 수 없는 노릇이다. 당시 단결을 위한 협상에 참여했던 사람 중 지금까지 생존해 있는 사람이 있다면, 지금도 자신의 의견이 옳았었다고 주장할지도 모른다.

어쨌든 임시정부가 해외 망명자 전체를 포용하지 못했던 것은 엄연한 사실이며, 해방 직전에야 비로소 중경에 있는 각 정파만이라도 포섭하는 데 성공했다는 것은 고도의 정치능력이 요구되던 당시에 비추어볼 때 뼈아픈 일이 아닐 수 없다.

조선의용대와 광복군

　1941년 12월 9일 임시정부는 드디어 일본에 대하여 선전 포고를 했다. 일본이 진주만을 기습하여 태평양 전쟁을 개시하자 미국과 영국이 당일인 12월 8일에 일본에 대해 선전 포고를 했고, 그 다음 날 임정도 일본에 대해 선전 포고를 한 것이다.

　12월 말에 김호(金乎)가 회장으로 있는 재미한족연합회에서는 캘리포니아에 거주하는 동포들의 지원금을 모집하여 전쟁에 기여할 의지를 표시했고, 임시정부의 정식 승인을 계속 주저하고 있던 중국 정부도 12월 말부터 임정에 대해 공식적으로 재정 지원을 개시했다.

　중국측의 이러한 적극적인 지원은 이미 한 달 전부터 조짐이 보였었다. 그러나 임정측에 전적으로 유리한 것만은 아니었으니, 중국군사위원회가 제시한 한국 광복군 행동준승(準繩) 9개 항을 우리가 받아들였던 것이다. 즉, 중국에서 광복군을 지원하는 대신 광복군의 작전지휘권을 중국군사위원회에 넘겨 달라는 것이었다.

　아무튼 임정의 대일 선전 포고가 있게 되자 이미 적대관계에 있긴 했지만 일본이 이제는 실질적으로 우리의 전쟁 상대자가 되었다. 그러나 일본은 진주만에서의 미 태평양 함대 강타와 더불어 동남 아시아에 있는 영국 해군에게도 치명타를 가했고, 홍콩은 저항다운 저항도 못해보고 일본군의 손아귀에 들어가는 등 일본군은 승리의 행진을 계속하고 있었다.

　중국에 있는 우리 청년들은 어느 누구를 막론하고 누구나 총을 들고 일본군과 싸우기 위해 전선에 투입되기를 바라고 있었으나 전투부대를 제대로 결성할 만한 인적자원이 없었다. 일본 점령 지대에도 상당수의 우리 동포가 살고 있었으나 그들 중 광복군의 초모 공작에 응하는 사람은 거의 없었다. 더구나 만주까지는 우리의 활동이 미치지 못했고, 광복군이래야 1·2·5지대와 나이가 든 본부 인원을 합해도 고작 2백 명에도 미치지 못했다.

이때는 이미 일본군에 한인 출신의 지원병들이 있었으나 이들에게서 민족의식이라는 것은 찾아 볼 수 없었고, 일본이 학도 지원병이라는 것을 만들어 대학 및 전문학교 학생들을 강제로 입대시킨 다음에야 광복군이 새로운 수혈을 받을 수 있게 된 것이다. 앞서도 잠시 언급했지만 조선 민족전선계에서는 광복군보다 앞서 조선의용대를 창설하여 그들 중 상당수가 연안으로 넘어가 있었다.

민족혁명당의 주축세력이 중심이 된 이 조선의용대가 최초로 조직된 것은 1938년 한구 남쪽의 악양현(岳陽縣)에서였다. 당시 한구는 이미 위태로운 상황에 빠졌으므로 처음부터 무한(武漢) 수비에 가담할 전투부대로 결성되었다. 민족혁명당의 당수인 약산(김원봉)은 중국사관학교 제4기 졸업생으로서 중국군에 친분있는 사람이 많았기 때문에 교섭이 쉽지 않았나 생각된다.

조직 당시의 인원은 약 140명으로 2개 구대(區隊)로 나누어 중앙군 제31 집단군 92군 21사에 배치되어 제121연대 및 제122연대에 각 1개 구대씩 나뉘었다. 제1구대는 주로 의열단 및 민족혁명당계의 청년으로서 구대장은 박효삼(朴孝三)이었다. 제2구대는 주로 조선민족전위동맹(前衛同盟)계로서 이의홍(李義興)이 구대장을 맡았다. 전위동맹 소속의 간부들은 그후 거의 다 제2구대의 대부분과 연안으로 갔다.

해공 신익희(海公 申翼熙)*도 이 단체에 속해 있었으나 그 후 중경으로 나와 혼자 전위동맹의 간판을 내걸고 오랫동안 지냈다.

그후 조선의용대는 제1구대 본부를 하남성 낙양(洛陽)으로 옮겼으며, 제2구대는 호북성 노하구(老河口)라는 지방에 있었다.

광복군과 조선의용대가 부닥치는 똑같은 문제는 바로 인적 자원

---

*1894~1956. 1911년 일본 와세다 대학 정경학부 졸업. 1917년 보성전문학교 교수를 역임하고, 3·1운동 후 상해로 망명하여 임시정부 외무·내무부장 등을 지냄. 해방 후 귀국하여 제헌국회 의장, 제2대 국회의장에 피선. 1956년 민주당 공천 대통령 후보로 선거 유세차 호남 지방으로 가던 중 열차 안에서 심장마비로 세상을 떠남.

1939년 11월 17일
광복군의 전신인 한국청년전지공작대가
서안으로 떠나기 직전 중경에서
임정의 간부들과 기념촬영했을 때의 모습.
맨 앞줄 왼쪽에서부터 박찬익의 아들 박영준,
엄항섭, 박찬익, 백범, 유진동, 백범의 아들 김인
가운데 줄 왼쪽에서부터 김동수, 박기성.
오른쪽 끝이 공작대장인 나월환.
뒷줄 왼쪽에서부터, 임정에서 심부름을 하던
것이 인연이 돼 한국인으로 귀화하여
공작대 대원이 된 중국인 고아(성명미상),
이하유, 다섯번째가 조소앙의 맏아들 조시제,
오른쪽에서 두번째가 이재현

의 부족이었다. 광복군에는 제5지대(대장 나월환) 외에 세 개의 징모분처(徵募分處)를 가지고 있었으나 초모공작은 지지부진했다.

조선의용대도 같은 처지였다. 그래서 노하구에 있던 제2구대도 낙양으로 옮겨가서 우리 교민이 더러 있는 하북성과 산서성으로 들어가든지, 아니면 내몽고의 수원성으로 전진할 것을 계획하였다. 수원성에는 당시 만주 출신 마점산(馬占山)* 장군 휘하의 동북정진군(東北 挺進軍) 사령부가 있었다.

마점산은 만주사변 때 장개석 및 장학량의 철수 명령을 거부하고 흑룡강성에서 일군에 항거하여 높은 명성을 지니고 있었으며, 그의 부대는 이름 그대로 만주(동북 지방) 진군을 목표로 삼고 있었고, 본부는 오원현(五原縣)에 있었다. 따라서 조선의용대는 수원성에서 만주에 있는 우리 동포를 상대로 초모 활동이 가능할 것으로 판단했던 것이다. 한국 광복군도 같은 목적으로 산서성과 수원성에 각각 제1, 제2 징모분처를 파견시켜 놓고 있었다.

조선의용대 제2구대가 산서성과 수원성으로 진출할 것을 계획했을 때는 먼저 파견된 광복군의 분처들과 협력할 것을 염두에 두었던 것으로 알고 있다.

조선의용대에 대해서는 지금까지 알려진 바가 많지 않으므로 내가 알고 있는 한도에서 조선의용대에 관한 것을 적어 보기로 한다.

불과 2,3명인 광복군의 분처와는 달리 백 명이 넘는 조선의용대가 산서성을 거쳐 수원성으로 이동하는 데는 복잡한 절차를 거쳐야만 했었다. 하남성의 황하 이북과 산서성의 남부는 중국 공산당계의 팔로군이 지배하는 지역이었으므로 낙양에서 산서성 북부로 가기 위해서는 이 지역을 통과해야만 했고, 그러기 위해서는 중국 국민정부 군사위원회와 중국 공산당 혹은 팔로군의 허가를 함께

---

*1884~1950. 중국의 군인. 만주사변 때 일본군과 타협, 만주군의 군정부 총장, 흑룡강성장 등을 지냈으나 그 후 일본군과 결별하고 소련으로 탈출하였다가 귀국 후 국민정부의 군사위원으로서 일본군에 대항한 항일전의 영웅.

받아야 했다.

당시 중공의 대표로 주은래와 그의 혁명 동지인 부인 등영초(鄧穎超)가 중경에 가 있었다. 그는 임정 및 조선민족전선의 사람과도 자주 접촉했으며, 늘 항일투쟁을 위해 단결을 꾀하라고 조언했던 것으로 알고 있다. 그는 조선의용대에게 선뜻 통과증을 발행하였다. 조선의용대는 그 통과증을 가지고 낙양과 노하구에 소수의 인원만 남기고 산서성으로 들어갔다. 그 후로 조선의용대는 결국 팔로군 지역내에 머물게 된 것이다.

석정(石鼎) 등 의열단계 주동의 제1구대는 그 후에도 계속 약산과 연락이 있던 것으로 알고 있다. 그리고 1942년 5월 조선의용대가 광복군 제1지대로 편입되었을 때에도 형식적으로는 석정 등의 의열단계도 함께 편입되었던 것이다.

그와는 반대로 조선민족전위동맹은 처음부터 연안으로 넘어갈 것을 계획했다. 어쨌든 연안으로 넘어간 이들은 그 후 부대 이름을 조선의용군으로 고쳤으며, 1945년에는 약 2천 명의 전투부대를 형성했다.

김규식과 장건상

1941년 초, 성도(成都)에서 대학 교편을 잡고 있던 우사(김규식)가 중경으로 옮겨왔다. 그는 민혁당에 적을 두고 있었으나 임정의 외무부장 등을 역임했고, 백범 등 한독당계 인사와도 친밀한 사이였다. 우사가 중경에 온 것은 민혁당과 한독당 사이에 교량이 생겼다는 것을 의미했다.

그해 6월에는 한중문화협회가 창립되었다. 중국을 대표하여 손문의 아들 손과(孫科)*가 회장으로 뽑혔으며, 부회장은 한독당계의 조소앙과 민혁당계의 김규식이 되었다. 손과는 어느 모로 보아

---

*1895~ . 중국의 정치가. 손문의 장남. 아버지 손문을 도와 혁명에 가담했으며, 뒤에 국민당 우파에 속하여 남경정부의 행정원장과 입법원장을 지냄.

도 아버지인 손문에는 못 미치는 인물이었으며, 사실 아버지의 신임도 별로 못 받았다고 알려져 있다. 그런 손과가 중국인 특유의 우월감을 가지고 있었으니 중국인들에게서 흔히 찾을 수 있는, 중국의 옛 종속국가들에 대한 우월감이었다.

한번은 손과의 그러한 우월감에 발동이 걸려 한중문화협회의 부회장인 우사에게 손과가 영어로 대거리를 했던 모양이다. 그는 외국에 오래 체류했으므로 영어가 능통했으나 우사에 비해서는 조족지혈(鳥足之血)이었다. 우사는 전시의 연합대학격인 사천대학의 영문학 주임 교수도 지낸 바 있는 실력자였다. 우사의 실력이 중국인과 엇비슷했다면 영문학 주임 교수라는 비중있는 자리를 외국인 우사에게 주어졌을 리가 없는 것이다.

우사에게 보기좋게 당한 손과가 그래도 체면을 세울 양으로 이번에는 한문 실력을 들이대고 나왔다. 이번에는 소앙이 나서서 손과의 콧대를 납작하게 만들었다. 사실 소앙은 한문 실력은 뛰어났지만 중국말은 서툴렀으므로 윤징우(尹澄宇)라는 사람을 내세워 통역시키면서 한시(漢詩)로 실력을 과시했던 것이다.

윤징우는 자신도 한시에 능했으며, 중국어가 아주 유창했다. 윤징우는 우리 사이에 팔방미인으로 소문난 대단한 재주꾼으로 바둑 실력도 대단해서 중경에서 중국 전체의 바둑대회에 출전하여 우승한 일도 있었다.

그해 가을, 중경에 반가운 선배 동지 한 분이 나타났다. 소해 장건상(霄海 張建相)이었다. 그는 상해에서 일경에 체포되어 국내에서 3년간이나 옥고를 치렀다. 소해는 출옥 후 다시 중국으로 오기 위해 기회를 엿보았으나 일경의 감시가 심해 공공연하게 국내를 빠져나올 처지가 못 되었다.

마침내 그는 꾀를 내었다. 등산 가방을 메고 금강산 관광을 떠나는 체하면서 서울을 빠져나왔다. 서울을 떠날 때부터 일본 형사가 그의 뒤를 쫓았으나 소해가 며칠을 계속해서 금강산 쪽을 향해 걷는 것을 보고는 틀림없이 등산을 가는 것으로만 믿고 도중에 돌아서 버렸다.

소해는 형사의 미행이 없어진 것을 확인하고 만주 쪽으로 길을 잡았다. 감시를 받는 몸이라 차편을 이용할 수도 없어서 국내를 빠져나와 만주에 도착할 때까지 계속 걸었다.

만주에서 상해를 거쳐 배편으로 홍콩을 들러서 그곳에서 비행기로 중경에 왔으니 조금만 더 늦었더라면 일본의 수중에 떨어진 홍콩에서 발이 묶일 뻔한 것이다.

소해는 국내의 정세를 소상히 전해 왔다. 중경에서 우리는 이미 날짜가 지난 것들이긴 하지만 국내의 신문을 입수해서 국내 사정을 어렴풋이나마 알 수 있었으나 자세한 내막에 대해서는 깜깜한 상태였다. 날이 갈수록 어두웠는데 소해는 중국 당국자들에게도 우리 국내뿐만 아니라 만주나 홍콩 등지의 자세한 상황을 알려 주었으며, 노하구 등지까지 나가서 정세 보고를 했다.

우리는 소해를 통해서 국내의 동포가 얼마나 심한 압제와 고통을 받고 있는가를 듣게 되었다. 당시 우리는 중경에서 평가미(平價米)를 배급받아 먹었는데, 일반미에 비해서 질이 말이 아니었다. 더구나 쌀을 무게로 달아 정량만큼만 배급하므로 일부러 쌀을 빼고 대신 물을 부어 무게를 늘리게 된다. 그러니 흔히들 살짝 발효된 쌀을 먹게 되는 것이다. 그러나 그나마도 국내에서 우리 동포들이 먹던 보리나 좁쌀보다야 훨씬 고급이라고 할 수 있었다.

무엇보다도 우리는 자유를 누리고 있었다. 따지고 보면 국내에서 고생을 감수하면서 일본의 압제에 굴하지 않고 끝까지 싸우는 동포와 동지들에 비해 우리는 호강을 하고 지내는 것이 아닌가 하는 생각도 들었다.

나는 1941년 한 해 동안을 거의 토교에서 보냈다. 성엄은 혼자 중경 시내에서 지냈으며, 토교에는 몇 달만에 한 번씩 들를 정도였다. 성엄은 한독당의 조직부 주임과 광복군 정훈처 선전과 주임을 맡고 있었으며, 또 한편으로는 한독당의 기관지인 『한보』와 광복군의 지관지인 『광복군』의 편집일들을 주관하고 있었기 때문에 늘 바쁜 생활을 하고 있었다.

성엄이 토교에 자주 들르지 못하는 것이 아내인 나로서는 아쉬웠지만, 그에게 바빠 뛰어다닐 만한 일거리가 생겼다는 것은 어느 모로 보나 다행스럽고 바람직한 일이었다. 성엄이 바쁘다는 것은 조국의 독립이 우리 민족에게 한 걸음씩 다가오고 있다는 훌륭한 증거였기 때문이다.

중경의 임시정부 사람들

임시정부의 새로운 출발

우사(김규식)와 소해(장건상)가 중경에 왔다는 것은 상당히 고무적인 일이었다. 우사와 소해는 좌파와 우파 양쪽에서 동시에 존경받을 수 있는 인물들이었으므로 한독당계와 민혁당계 사이에서 중재와 절충을 시도할 수 있으리라고 기대되었기 때문이다.

그들도 중국에 있는 우리 동포들이 뿔뿔이 흩어진 채 의견 통합이 이루어지지 않고 있는 것을 몹시 안타깝게 생각했으며, 따라서 자신들이 해야 할 일의 성격을 너무나 잘 알고 있었고, 곧이어 행동으로 들어갔다.

우사와 소해의 중재노력이 얼마만큼 효과적으로 작용했는지 그 구체적인 내막은 알 수 없으나 어쨌든 1941년 말에 반가운 일이 생기게 되었으니, 조선민족전선 세력의 하나인 조선 민족해방동맹이 임시정부 지지를 선언하고 나선 것이다.

김성숙(金星淑, 일명 김규광〔金奎光〕), 박건웅(朴建雄), 김재호(金在浩, 일명 호건〔胡建〕), 신정완(申貞琬) 부부 등 불과 10여 명으로 구성된 조선민족해방동맹은 중경에서 유일하게 공산주의를 표방하는 단체였다. 사실 대부분의 좌파 인사들은 이들을 오히려 기회주의자이며 분파분자라고 몰아세우기도 했었다.

어쨌든 조선민족전선의 한 세력이 임정을 지지한다고 선언한 것은 당시의 상황에서 볼 때 커다란 변화였다. 천리 길도 한 걸음부터라고 했듯이 흩어져 있는 한인세력들이 단결의 조짐을 보이기 시작한 것만도 큰 수확이라고 할 수 있었다.

국외에 나와 있는 우리의 항일단체들이 하루라도 빨리 서로 단합해야 한다는 사실은 1942년의 첫째날인 1월 1일에 웅변적으로 증명되었다.

이 날 워싱턴에서는 세계대전에 참전한 연합국 26개국이 침략주의에 공동으로 대항한다는 연합국 공동선언이 발표되었다. 영국에 있는 프랑스, 폴란드, 네덜란드 등의 망명정부도 이 선언에 참가했으나, 우리 임시정부만은 이 연합국 공동선언에 끼어들 수가 없었다. 임정이 연합국 중 어느 나라의 승인도 받고 있지 못했기 때문이다. 가슴아픈 일이었고, 안타깝기가 이루 말할 수 없었다.

임시정부는 당시 국내와의 연결이 사실상 완전히 두절되어 있었으며, 만주나 중국 공산당 지배 하의 한인 혁명세력과도 유대관계가 없었을 뿐만 아니라, 더욱 비참한 노릇은 중경의 한인사회조차도 이리 갈리고 저리 찢겨서 이렇다할 중심세력이 없었다는 것이다. 그러니 임정이 국제적으로 인정을 못받는 것은 당연한 일이라고도 할 수 있었다. 하여튼 난립되어 있는 항일단체들을 규합하려는 임정의 노력은 끊임없이 지속되었다.

조선의용대 제2구대와 함께 소속 간부들 거의 대부분이 연안으로 떠나자 지도권 장악에 실패한 해공 신익희는 따로 중경에 떨어져 간판만을 내걸고 있었던 조선민족전위동맹을 이끌고 임정에 가담했다. 시대의 흐름에 예민한 해공이 임정에 가담하기로 결정한 것이었다. 그는 임정에 신설된 외교위원회의 위원에 취임했다. 외교위원회의 위원장은 외교부장 조소앙이 겸임했으며, 성엄도 위원회의 일원이 되었다.

민혁당과 조선민족해방동맹, 조선민족전위동맹으로 구성되어 있던 조선민족전선계에서 해방동맹과 전위동맹이 임정에 가담하게 되자 민족혁명당만이 중경에서 임정에 참여하지 않는 단체로 남게 되었다. 민혁당의 임정 참여는 여느 단체보다도 절실히 요구되었는데, 민혁당만이 한독당에 비견될 만한 세력을 구축하고 있었기 때문이다.

중국군사위원회의 강력한 종용으로 광복군과 조선의용대의 통합 계획이 드디어 실천에 옮겨져 이 해 5월에 조선의용대가 광복군 제1지대로 편입되었다. 조선의용대를 실질적으로 이끌고 있었던 약산 김원봉이 광복군으로 편입되면서 광복군 총사령은 이청천, 참모장은 김홍일이 맡고 있었는데, 김홍일은 중국군에서 파견된 셈이었다.

김학규

당시 광복군에는 제1지대, 제2지대, 제5지대의 3개 지대가 있었다. 제1지대와 제2지대는 제1,2 징모분처를 승격시킨 것으로 그 인원이 각각 10여 명에 지나지 않았으며, 제5지대만이 그래도 몇 십 명 가량으로 규모를 갖춰 가고 있었다.

약산이 조선의용대를 이끌고 제1지대에 편입되면서 명목상으로는 제1지대의 인원이 2백여 명으로 늘었으나 사실상 조선의용대의 대부분 인원은 약산의 휘하를 떠나 이미 팔로군 지역에 가 있었으므로 실제 인원은 60여 명에 지나지 않았다.

결국 광복군은 3개 지대를 새로 편성하기에 이르러 제2지대가 새로 구성되었다. 80여 명으로 새로 구성된 제2지대의 지대장에 철기 이범석이 임명되면서 서안에 본부를 두었고, 제1지대는 호북성 노하구에 본부를 두게 되었다.

한편 그해 2월 광복군은 조선의용대와 통합되기 3개월 전에 안휘성 부양(阜陽)에 제6 초모분처를 신설했다. 주임은 백파 김학규

(白波 金學奎)가 맡았고, 그의 부인 오광심(吳光心)을 포함한 총인원 일곱 명이 분처 초기의 구성원 전부였다.

그러나 분처가 자리잡고 있는 부양의 지리적인 이점 때문에 인원수가 비교적 빨리 늘어나 5월에는 제3지대로 승격되었으며, 백파가 제3지대장에 임명되었다.

같은 해 9월 광복군 총사령부가 서안에서 다시 중경으로 이전됐고, 한 달 후인 10월에는 임시 의정원이 개편되었다. 10월의 임시 의정원 개편은 매우 뜻깊은 것이었다. 중경에서 유일하게 임정에 참가하지 않고 있던 민혁당계가 이 의정원 개편 선거에 참가하게 된 것이다.

따라서 적어도 중경을 중심으로 한 망명객 전체를 대표하는 의정원이 구성되었다고 할 수 있다. 의장은 한독당계의 만오(홍진)가 당선되었으나 분과위원장 8명은 한독당계 4명, 민혁당계 3명, 무정부주의자연맹 1명으로 각각 분점되었다.

이보다 훨씬 뒤의 일이지만 이렇게 통합체 의정원이 구성된 후 그해 12월에는 임시 의정원에서 새로운 개헌안이 통과됨으로써 결국 각계가 통합된 임시정부의 출현을 볼 수 있게 되었다.

1942년은 일본군이 태평양 전역에서 기승을 부린 한 해였다. 2월 15일에 싱가포르와 말레이를 점령한 일본군은 이어 버마와 인도네시아를 불과 몇 달 사이에 휩쓸면서 파죽지세로 승전비를 계속 세워 나갔다. 그러나 6월에 있은 미드웨이 해전에서 일본은 태평양 전쟁 발발 후 처음으로 참패를 맛보았으며, 이때 이미 태평양에서의 제공권 및 제해권을 미국에게 빼앗겼다.

미 해병대는 8월에 구아들카넬 섬에 상륙하여 최초의 반격을 개시하기 시작했고, 11월에 들어서면서 유럽에서도 연합군의 반격이 시작되었다. 전세계를 휩쓴 전쟁은 비로소 막다른 곳을 향해 치닫고 있었다.

김두봉의 연안행

우리는 곳곳에서 숨막히게 전개되는 제2차 세계대전의 상황을 유심히 지켜보지 않을 수 없었다. 그러나 제대로 갖추어진 정보망이나 세계의 전세를 그때그때 읽을 만한 조직적인 통신망 따위를 갖추고 있지 못했기 때문에 대부분의 정보를 매일 받아 보는 신문에서 얻을 수밖에 없었고, 그때마다 주코프(G.K. Zhukov : 2차대전 중 대독 전쟁을 승리로 이끌어 베를린에 입성한 소련의 원수), 몽고메리, 아이젠하워 등 전쟁 영웅들의 이름을 알게 되었다.

태평양과 유럽에서의 전쟁과는 달리 중국 대륙은 비교적 소강 상태를 유지하고 있었다. 1942년 초에 하북성의 팔로군 유격대를 소탕하려고 대대적인 공격을 펼쳤던 일본군은 큰 성과를 거두지 못했고, 무한과 광주 사이의 철도를 연결시키기 위해 호남성 장사에서도 대규모의 공격을 가했으나 역시 이렇다할 성과를 거두지 못했다. 중국 신문들은 이를 두고 중국군의 대첩(大捷)이라고 보도하기도 했다.

당시 성엄은 중경 시내에서 당 조직부 주임과 상임위원직을 맡아 눈코 뜰 새 없이 바쁜 나날을 보내고 있었다. 성엄은 임정의 직책이 자기에게 맡겨지는 것을 늘 사양해 왔었는데, 결국 임정의 외교위원과 선전위원도 떠맡게 되었고, 위원장은 소앙이 겸임하고 있었다. 성엄은 소앙을 무척 따르는 편이었고, 소앙도 성엄을 믿고 여러 모로 아껴 주었다. 성엄은 자신이 현대식 교육을 제대로 받지 못한 탓도 있고 해서 소앙같이 해박한 지식을 갖고 있는 사람을 높이 평가하는 경향이 있었다.

한 해가 지나자 태평양, 유럽, 아프리카 등 모든 전선으로부터 연합군 연승의 희소식이 들리기 시작했다. 더구나 작년 한 해 동안 중국 대륙에서의 일본군의 전세는 크게 수그러진 편이었고, 중경에서는 임정을 중심으로 한 실질적인 정치단체 통합의 기운이 점차 성숙해지고 있었기 때문에 모든 상황은 조국의 독립이라는 대명제에 유리하게 돌아갔다.

1943년 1월, 중경에서 한국청년회가 조직되었다. 총간사에는 한독당계의 안원생(安原生)이 선출되었고, 간사장에는 민혁계의 한지성(韓志成)이 당선되었다.

안원생은 안중근 의사의 동생인 정근(定根)의 장남으로 머리도 좋고 신체도 건장하여 상해에서 교통대학에 다닐 때 중국의 대표급 축구선수로 활약하기도 했다. 한지성은 안원생의 사촌 매부로 정근의 동생인 공근의 사위였다.

안씨 집안은 우리하고 오랜 연고가 있는 사이였다. 시아버님이 황해감사로 있을 때 해주의 부호인 안씨 집안과 서로 알게 되었고, 상해에 와서부터 아주 친하게 지내는 사이가 되었다.

한지성은 6·25전란 중 서울시 인민위원회 부위원장으로 있었는데, 한번은 쌀 몇 말하고 찹쌀 한 말인가를 우리집으로 보내와서 어려운 처지에 놓여있던 우리가 그의 도움을 받은 적이 있다. 비록 사상의 차이는 있으나 같이 항일의 대열에 섰던 동지의 의리가 아니었나 생각된다.

한국청년회는 한독당과 민혁당, 임정의 주요 인물들을 모두 고문으로 모셨는데, 성엄도 당시 고문 중의 한 사람이 되었다.

그런데 1943년 초 산서성에서 비보(悲報) 한 건이 날아들었다. 조선의용대 소속 석정 등 대원 일곱 명이 일본군과 교전에서 전사했다는 소식이었다. 석정은 의열단 소속으로 20세 전부터 항일투쟁을 벌이다가 옥살이하는 등 외길을 걸어온 혁명투사였다. 석정의 부대는 앞서 말한 대로 팔로군 구역내에 있었으나 형식상으로는 광복군 제1지대에 소속되어 있었다. 그의 전사 소식을 듣고 중경에서는 정중하고 엄숙한 추도식이 거행되었으며, 추도식에는 각계 각파가 다 함께 참석했었다.

이 일이 있은 지 얼마 안 되어 뜻밖에도 한글학자인 백연 김두봉(白淵 金枓奉)이 연안으로 가서 그곳에 새로 조직된 독립동맹의 중앙집행위원장에 취임하였다. 백연이 위원장이 된 후 팔로군 구역 내의 한인들은 조선의용군으로 개편되었다.

백연은 비록 민족혁명당에 소속되어 있었으나 철저한 보수파로 알려져 있는 사람이었는데, 그런 그가 주로 공산주의자들의 집단인 독립동맹의 위원장이 되었다는 것은 여러 사람의 입에 오르내릴 만한 하나의 사건이었다.

백연이 어떻게 독립동맹의 중앙집행위원장이 되었는지에 대해 두가지 풍설이 나돌았다.

하나는 연안에서 백연에게 밀사를 보내 그를 위한 한글연구소를 차려 주겠다고 유혹했다는 설이었다. 백연은 언제나 학구에 몰두하여 세상 돌아가는 것도 제대로 모른다는 평을 듣고 있는 사람이었다. 그는 생각에 잠겨 길을 걷다가 전신주에 이마를 부딪치는 일도 있었다 한다. 그토록 학문에 몰두하는 그에게 연구소를 차려 주고 비서도 딸려 준다는 제안을 했으니 그 제안에 백연이 그만 혹했을 가능성도 있을 법하다.

또 하나의 풍문은 그의 딸에 대한 염문을 피하기 위해서였다는 것이었다. 그에게는 상엽(象燁)과 해엽(海燁)이라는 두 딸이 있었는데, 상엽은 아주 영리하고 인물도 제법 빼어난 편이어서 민혁당계의 소년단체인 3·1소년단 단장도 지낸 일이 있었다. 그러한 상엽이 나이가 들고 처녀티가 완연해지면서부터 여러 가지 염문이 나돌았는데, 백연이 그것 때문에 창피해서 수원에 있는 광복군 전진기지로 가서 일을 하겠다고 자청했다는 것이다. 그런데 수원으로 가자면 팔로군 지역인 연안을 지나쳐야 했기 때문에 연안을 지나는 백연을 팔로군이 모셔다가 위원장 자리에 앉혔다는 것이다.

어쨌든 인간사에는 예견할 수 없는 것들이 있는 법이다. 본인의 뜻이 아닌데도 시대의 흐름에 따라서 큰 인물이 되는 경우도 종종 있으니 말이다. 백연이 해방 후 이북에서 거물이 된 경위는 어쨌든 간에, 그때 그를 잘 알고 있었던 대부분 사람들은 백연을 철저한 공산주의자나 사회주의자, 혹은 좌익으로 생각하지는 않았었던 듯 싶다.

의심받는 한국의 독립능력

동부 유럽 전선의 전세는 독일군 30만의 스탈린그라드 항복, 소련군의 반격 개시 등으로 완전히 역전되었다. 또한 일본군은 5개월 간의 완강한 저항 끝에 구아들카낼 섬에서 후퇴하기 시작했으며, 북 아프리카까지 진출했던 독일과 이탈리아군은 연합군에게 완전 항복을 하고 말았다. 게다가 7월에는 미·영 연합군이 시칠리아 섬에 상륙하여 남부 유럽에 새로운 전선을 구축하기에 이르렀다.

같은 달에 무솔리니가 실각했으며, 이탈리아는 연합국에 무조건 항복했다.

히틀러는 이탈리아의 대부분을 장악하고 있었지만, 유럽 각지에서 날로 성장하는 저항 세력을 진압하기에 숨돌릴 겨를이 없었고, 특히 발칸 반도에 거점을 두고 맹활약을 펼치는 유고슬라비아 티토 영도 하의 빨치산 토벌에 많은 병력을 소모하고 있었다.

티토 휘하 빨치산의 유격대 활동은 날이 갈수록 점점 더 조직화되어 독일과 이탈리아군 수십만을 묶어둘 만큼 세력이 커졌으며, 이탈리아의 무조건 항복은 이들 빨치산에게 막대한 양의 무기를 제공해 주는 결과를 가져왔다.

우리는 태평양 지역에서뿐만 아니라 유럽에서의 이러한 사태 변화를 관망하고 앉아 있을 수만은 없었다. 우리가 직접 전선에 뛰어들지는 못할망정 최소한 모든 사태를 꼼꼼하게 주시하고 있어야 했다.

결국 1943년 11월 27일, 루스벨트 미국 대통령, 처칠 영국 수상, 장개석 중국 주석의 카이로 선언이 발표되기에 이르렀다. 장개석은 그 동안 중국 국민당 정부의 실질적인 주권을 쥐고 있었으나 명목상의 국가원수는 임삼(林森)이었다. 그러던 것이 이 해 9월에 임삼의 후임으로 장개석이 나서서 주석 자리를 맡으면서 명실상부한 국가원수가 되었던 것이다.

카이로 선언에는 우리나라의 장래에 대한 주요 조항이 들어 있었다. "……이상 3국은 한국민의 노예상태를 염두에 두어 한국이 적절한 시기에 자유로운 상태로 독립될 것을 결의한다"는 내용이었다.

우리는 자유와 독립에 대한 3국의 결의를 환영하였으나 '적절한 시기'라는 말이 어떤 경위를 통해 쓰여지게 되었는지 자세한 내막을 당시에는 알 수 없었으나 '즉시'라는 말을 굳이 쓰지 않고 '적절한 시기'라고 표현한 것은 아무래도 나름대로의 암시가 있는 것만은 분명했다.

나중에 알려진 바에 따르면, 장개석 주석은 즉시 우리의 독립을 지지했으나 루스벨트 대통령의 의견은 달랐다는 것이다. 루스벨트도 한국의 독립 자체에는 이의가 없었다. 그러나 그의 판단에 따르면 한국은 당장 독립할 능력이 없다는 것이었다. 이러한 결과를 초래한 것은 물론 일본의 악의적인 선전 탓도 있었겠지만, 우리 임시정부의 외교활동에 책임이 없지 않았다.

1944년에 들어서자 연합국측의 승리는 이미 굳어지고 있었다. 1월에 소련군은 레닌그라드 전선에서 대공세를 전개했고, 6월 4일에는 미·영 연합군이 이탈리아의 수도 로마에 입성했으며, 이틀 후인 6일에는 노르만디 상륙 작전이 개시되었다. 파리 시민과 지하 저항군들이 봉기한 가운데 자유 프랑스군을 이끄는 드골을 선두로 연합군이 파리에 입성한 것은 8월 25일이었다.

이러한 기세를 타고 그해 말까지 독일을 제외한 유럽의 전지역에서 추축국의 세력은 사라지고 말았다. 태평양 전선에서도 연합군의 거센 공격 앞에 일본은 등을 보이지 않을 수 없었고, 이에 대한 보복이라도 하듯 중국 대륙에서 대규모의 공세를 폈다.

태평양 전선에서 제공권과 제해권을 완전히 잃은 일본은 태평양의 모든 섬으로부터 철수가 불가피하다는 것을 깨달았는지 이때부터 중국 대륙을 후방기지로 삼아 다시 장기전으로 들어갈 계획을 세우는 듯이 보였다.

일본군은 몇 차례에 걸쳐 실패했던 장사 공격을 재개하여 마침내 장사를 수중에 넣었고, 무한과 광주를 연결하는 철도를 완전히 장악했다. 이에 그치지 않고 일본군은 진격을 계속하여 광서성의 대부분을 유린하였으며, 귀주성에까지 침공해 들어왔다.

중국 대륙에서 대공세를 펴고 있는 일본이 우리 국내에서는 비인도적인 악행을 저지르고 있다는 근황을 학도병으로 강제 징집되었다가 딜출해 중국으로 넘어온 젊은이들로부터 전해 들을 수가 있었다.

만 12세 이상 40세 미만의 배우자 없는 여성을 일본이나 남양 등지로 징용해 가는 일이며, 학도병을 강제동원하는 일, 평양·대전 등지의 성당을 군대용으로 접수하면서 신부나 신학생을 군인이나 노무자로 끌고 가는 등의 만행은 결국 일본이 마지막 발악을 하고 있다는 명백한 증거였다. 국내의 많은 동포들은 사선을 뚫고 중국의 광복진영으로 넘어오기 시작했고, 특히 연말이 가까와 오자 학도병 탈출자가 부쩍 늘었다.

국내의 그러한 근황을 전해 들은 우리는 치를 떨면서도 일본의 패전이 임박했다는 것을 확신할 수 있었다. 이제 중국의 광복진영은 각오를 새롭게 가져야 했다.

앞으로의 사태를 더욱 주시하는 한편 패색이 짙어진 일본군에 대항해서 우리의 적은 인원으로나마 효과적인 유격전을 벌일 수 있는 만반의 준비태세를 갖추어야 했다.

그해 4월, 임시정부는 드디어 중국에 있는 망명세력 전체가 가담하는 통일정부로 개편되었다. 백범은 주석에 머물러 있었으나 부주석제를 신설하여 우사가 부주석에 취임하였다. 민혁계의 김원봉과 성주식(成周湜), 윤기섭(尹琦燮), 김상덕(金尙德) 등이 입각했으며, 해방동맹의 김성숙, 무정부주의자 연맹의 유림 등이 새로 입각하였다. 장건상과 새로 한독당에 입당한 신익희도 임정의 요직을 맡게 됐다.

해공은 임정에 가입하기 직전 한독당에 입당하였는데, 성엄이 해공을 임정에 추천하고 보증을 섰다. 임정에 가담한 해공은 임정 내무부장에 취임하였다.

후동이의 자원 입대

그 해로 열 여섯 살이 된 후동이가 우리 동포들 사회에 화제를 일으킨 일이 생겼다. 부모된 입장에서는 꽤 난처하고 당황하지 않을 수 없는 일이었으나, 후동이의 나이답지 않은 기특한 행동이기도 해서 한편으로는 흐뭇한 일이기도 했다.

당시 중국군은 미 공군 덕택으로 중국 대륙에서 제공권을 장악할 수 있었으나 일본군과의 전투에서는 패전을 거듭하고 있었다.

중국은 인적자원이 풍부했다. 마을 단위로 추천해서 군인을 뽑아가는 제도를 잘 활용하여 병력 공급에는 별다른 차질이 없었던 것이다. 그렇기 때문에 전시중이긴 했지만 학생들은 무조건 병역에서 면제되었다. 그러나 마을 단위의 추천제도는 나름대로 문제가 없지 않았다. 돈있는 사람이 뽑히게 되면 돈을 주고 사람을 사서 대신 내보내는 일이 비일비재했고, 심지어는 다른 지방에 가서 사람을 납치해다가 대신 보내는 경우까지도 있었다.

그러니 그러한 인력으로 조직된 군대가 전투에서 좋은 전과를 거두리라는 것은 기대하기 어려웠다. 더구나 그런 경로를 통해 군대에 뽑혀간 사람들 대부분은 교육의 혜택을 전혀 받지 못한 사람들이었기 때문에 현대식 무기를 다루는 방법을 몰랐고, 또 무기 조작법을 교육시킨다 해도 성과가 없었다.

그래서 이 해 10월부터 고급 인력 모집에 대한 대대적인 선전을 꾀하는 한편, 연말까지 약 10만 명의 지원병을 뽑을 예정으로 학생

중경 시절 신분증에 붙였던
필자의 증명사진.
중경시 경찰국의 철인이 찍혀 있다

지원병을 모집하기 시작했다.

　제국주의의 침략 정책에 반기를 들고 민족의 자주독립을 되찾기 위한 학생들의 정의감은 대단했다. 자기 한 몸을 아끼지 않고 흔쾌히 불살라 제국주의의 칼날 앞에 꺼져가는 자기 민족의 마지막 숨결을 되살리려는 학생 지원병의 수는 중국 당국의 예상을 훨씬 뛰어넘어 한 달만에 지원군 모집을 마감해야 할 정도였다. 지원자가 한달 사이에 30만 명을 넘어선 것이다.

　그 중에는 열 다섯, 열 여섯 나이의 어린 중학생들도 있었다. 입대하려는 지원병의 수가 예상을 초과했고, 너무 나이가 어린 학생들은 전쟁터로 보낼 수가 없었기 때문에 부모들의 요청이 있기만 하면 입대했던 사람도 즉시 집으로 돌려보냈다.

　원래 학생들이 지원을 하려면 보호자의 동의가 꼭 있어야 했는데, 학생들이 마음대로 나무 도장을 하나씩 새겨서 찍고 입대를 자청했으므로 대부분은 부모의 승락도 없이 지원했다.
 그때 후동이는 양자강 상류로 약 백 킬로미터 떨어져 있는 강진현(江津縣)의 국립 제9중학교에 재학중이었다. 그 학교에는 후동이 외에도 우사의 아들 진세(鎭世)군과 김홍일의 아들 극재(克哉)군이 함께 다니고 있었다. 성엄은 후동이가 외아들이고 해서 무척 걱정하는 편이었는데, 극재군에게 후동이를 잘 돌봐달라고 부탁을 해두었던 모양이다.
 그런데 어느 날 극재군이 성엄에게 급히 연락하기를 후동이가 학생 지원군에 자원 입대하였다는 것이다. 성엄에게서 소식을 들은 나는 어떻게 해야 좋을지 몰라 우선 성엄에게로 달려갔다. 후동이의 나이가 고작 열 여섯이었을 뿐만 아니라 남달리 몸이 약해 늘 조심하라고 타일러 주어야만 했었는데, 그런 아이가 군에 자원 입대했다니 도무지 믿어지지가 않았다.
 성엄이 자초지종이나 알아보자고 하여 후동이가 입대했다는 부대를 찾아가 부대장을 만나보기로 했다.
 후동이는 자기의 나이나 체력으로는 자원 입대가 불가능한 것을 알고 나이를 속이고 친구에게 체중 대리검사를 부탁해서 신체검사에 합격했다는 것을 실토했다.
 후동이의 자원 입대는 자연히 무효가 되었고, 부대장도 즉시 집으로 돌려보내겠다고 약속을 했으나 문제는 후동이 자신이었다. 막무가내로 입대를 시켜달라는 것이니 무작정 데려오기만 한다고 해서 해결될 성 싶지가 않아 결국 1년 후에 광복군에 입대시켜 주겠다는 약속을 하고서야 후동이를 데려올 수가 있었다.
 성엄과 내가 가까스로 후동이를 집으로 데려온 후 후동이가 자원 입대했었다는 사실이 우리 동포들 사이에 알려지기 시작해 급기야는 화제거리가 되어 소문이 퍼지게 되었다. 역시 피는 못 속인다는 평도 꼭 붙어 다녔다.
 그러고 보면 후동이는 망명 임시정부의 울타리 안에서 태어나 그 울타리 안에서만 자란 셈이다. 후동이는 태어난 후부터 줄곧 부모의 품 아니면 석오, 성재, 백범 등 혁명투사의 품 안에서 자랐으니 후동이의 자원 입대는 어쩌면 당연한 일인지도 모른다.

사실 임정의 '대표 손자'라는 별명을 들을 때부터 후동이를 둘러싼 환경은 임정이라는 집단이었다.

어머니인 내 등에 업혀 잃어 버린 조국의 땅을 조심스럽게 밟을 수밖에 없었고, 어느 한 곳에 정착하지 못한 채 끝이 보이지 않는 전쟁의 와중에서 10여 년을 넘게 피난민의 보따리 속에 묻혀 자라나야 했으니 어린 가슴 속에나마 어렴풋이 조국과 민족의 독립에 대한 열망이 자라나고 있었을 것이다.

그런 환경에서 성장하는 아이들에게는 자칫 개인보다는 단체가, 사람의 됨됨이보다는 전체의 사상이나 이념이 큰 가치를 차지하게 되어 자기 한 개인의 성품이나 인격이 닦여질 틈도 없이 주먹만 불끈 쥐고 구호를 외치면서 화합보다는 대립을, 이해보다는 투쟁을 앞세우는 기질이 자라나기 십상이다.

다행히 후동이는 망명정부라는 무미건조하기 쉬운 집단의 울타리 안에서 자라긴 했지만 가족같은 분위기 속에서 같은 또래끼리도 서로 잘 어울려 지낼 수가 있었다.

우리 동포끼리 모여 사는 곳의 분위기가 마냥 메마른 것만은 아니었다. 정상적인 일상생활과는 거리가 먼 처지이긴 했지만, 그러면 그럴수록 서로가 아껴주고 도와주면서 공존공생하는 부드러운 분위기가 자연스럽게 조성되었던 것이다.

더구나 부모님께 효도하고, 윗어른을 예의로써 대하고, 이웃을 사랑해야 한다는 덕목 따위는 굳이 말로 하지 않아도 지극히 자연스럽게 주위에서 보고 듣고 배울 수가 있었다.

고중민이라는 사람

토교에 있던 우리는 이 해 봄부터 주로 중경 시내에 가서 보낼 수가 있었다. 왜냐하면 일본의 중경 폭격이 그때부터 중단되어 여름도 중경 시내에서 안전하게 지낼 수 있었기 때문이다. 그러나 토교에 있는 방은 그대로 두었는데, 여름 방학 동안은 아이들과 함께 토교에서 지내야 했기 때문이다.

1944년 초에 중경에 가서 성엄과 함께 지내는 중에 나는 성엄이 거의 매일 밤마다 새로 사귄 친구 한 사람을 만나는 것을 알게 되었다. 최근 국내에서 북경과 상해를 걸쳐 중국 국민당의 지하조직을 통해 중경으로 온 고중민(高仲民)이라는 사람이었다.

그는 얼굴이 준수하게 생겨 호감이 가는 편이긴 했으나, 첫인상에 무언가 꺼림칙한 구석이 없지 않았다. 그는 날마다 우리집에 들려 국내에 대한 여러 가지 얘기를 들려 주면서 우리와 가까이 지내는 사이가 되었다.

그러나 나는 아무래도 그 사람의 눈초리가 심상치 않아 늘 경계를 게을리하지 않았는데, 그것도 하루 이틀로 끝날 일이 아니고 만약 진짜로 일본인의 사주를 받은 형사라면 하루라도 빨리 정체를 밝히는 것이 좋을 것같았다. 다부지게 마음먹은 나는 성엄에게 조심스럽게 말을 꺼냈다.

"오늘도 고중민씨를 만나세요? 이건 그저 제 생각일 뿐이니 언짢게 여기지 마시고 그냥 들어 두세요. 아무리 봐도 그분 눈초리가 심상치 않아요. 꼭 집히는 건 없지만 아무래도 왜놈하고 무슨 줄이 닿아 있는 사람 같던데……. 아무튼 나쁠 것은 없으니 잘 살펴보세요."

나는 그를 눈여겨보라는 뜻으로 성엄에게 말을 한 것인데, 성엄은 무슨 생각을 하고 있었는지 내가 한 말을 그냥 그대로 본인에게 해 버렸다. 그러니 내 처지도 처지지만 성엄의 처지가 난처하게 될 것은 뻔한 노릇이었다.

만약 그가 일본 형사라면 우리를 해치거나 몸을 빼 달아날 게 분명했고, 그가 일본 형사가 아니라면 멀쩡한 사람을 왜놈의 주구로 몰았으니 손이 발이 되도록 빌어도 용서받지 못할 큰 죄를 짓게 되는 것이었다. 왜놈 밑에서 일을 하며 동족을 해치는 사람은 왜놈보다 더 나쁜 사람으로 여기고 있었기 때문이다.

그런데 일이 묘하게 풀렸다. 성엄이 말을 꺼내자마자 고중민은 기다리기라도 했다는 듯이 자신의 정체를 털어놓았다.

"뵐 면목이 없습니다. 사실은 제가 한때 왜놈 밑에서 형사 노릇을 했었습니다."

지난 일을 뉘우치고 항일의 대열에 몸을 던지고자 찾아온 사람의 치부를 건드린 꼴이었다. 그러나 성엄이나 내가 앙심을 품고 그의 과거를 들추어낸 것은 아니었으므로 고중민도 그 점은 충분히 이해했고, 자신의 불미스러웠던 과거를 다 털어놓아서 마음이 한결 홀가분하다고 했다.

고중민은 고등계 형사로 있을 때 이른바 사상범으로 끌려들어온 학생을 감싸주었다가 일본 경찰에게 몰려 쫓겨났는데, 그 후 국내를 빠져나와 광복진영에 합류한 것이었다. 고중민은 자신의 과거 행적을 숨김없이 밝혀 우리 사이의 오해가 풀리고 난 후 중경에서 1년 남짓 임정의 일을 도와주며 지내다가 국내로 들어가 지하활동을 하겠다고 자청했다.

국내 사정을 잘 아는 사람이 국내 활동을 해야 한다는 것이 그의 주장이었고, 임정으로서도 국내의 사정을 잘 알고 활동할 수 있는 조직이 필요했으므로 그의 자원을 받아들였다. 그리하여 임정에서는 여러 해만에 국내에 사람을 밀파하게 되었다.

고중민은 임정의 밀령을 받고 중경을 떠나 중국 국민당의 지하 연락망을 통해 남경으로 갔다. 그 무렵 남경에는 일본의 괴뢰정부가 들어서 있던 때였고, 흔히들 그 정부를 가리켜 '남경 정부'라고 불렀다. 그곳 남경에는 괴뢰정부와의 교섭으로 교환 학생들이 여러 명 유학하고 있었는데, 그중 금릉(金陵)대학(금릉은 남경의 옛 이름)에 한인 학생들이 여럿 유학을 와 있던 참이었다.

중경의 임시정부 사람들   221

이승만 암살 미수 사건의 범인으로 체포되어 법정에 선 고중민(가운데).
그는 결국 대구에서 옥사했다

그가 남경으로 간 것은 이들 유학생을 포섭하여 광복군에 입대시키기 위해서였다. 김병호(金炳豪)라는 자기 본명을 숨기고 고중민이라는 이름으로 행세하면서 그는 여러 유학생들과 접촉할 수 있었다. 고중민의 유학생 포섭 공작은 적지나 다름없는 곳에서 진행되는 것이었으므로 위험하기로 따진다면 거의 목숨을 걸고 활동하는 것과 다를 바 없었다.

포섭공작이 마무리 단계에 접어들 즈음 예상되었던 위험이 현실로 나타났다. 완벽하게 포섭되었으리라고 믿었던 한 학생이 동료들을 등지고 일본 헌병에게 밀고해 버린 것이다. 고중민의 포섭 공작은 샅샅이 탄로났고, 그 공작에 포섭됐던 유학생 다수도 전원 일본 헌병대에 수감되었다.

극비로 추진되는 포섭 활동이 밖으로 새나가지 않도록 외부 보안에만 잔뜩 신경을 곤두세운 채 내부 동태관리에 소홀하였던 것이 큰 불찰이었다. 그러나 다행히 일본인 교수 한 명이 학생들을 옹호하고 나섰고, 수감되었던 학생들의 신분을 참작한다는 일본 헌병대의 배려(?)로 학생들만은 전원 석방되었다.

다만 고중민과 유학생 송지영(宋志英)은 유죄 판결을 받고 일본 나가사키 근처의 한 형무소에 투옥되고 말았다. 송지영은 「동아일보」의 기자로 있다가 금릉대학으로 유학을 와 있을 때였는데, 다른 학생들에 비해 나이가 많았고, 포섭 공작에 깊게 연루돼 있었기 때문에 고중민과 함께 주동자로 판결이 났던 것이다.

그후 고중민과 송지영은 일본 형무소에서 해방을 맞게 되었다. 고중민은 귀국 후 김중민이라고 개명했으며, 이승만 독재에 항거하여 행동했는데, 결국 이승만 대통령의 암살 계획에 관련되어 대구형무소에서 복역하다가 그곳에서 옥사하고 말았다.

그는 성품이 활달하고 모든 일에 적극적이어서 일단 자신이 해야 할 일이라고 판단을 내리면 주저하지 않고 행동에 옮기는 사람이었다. 일본 고등계 형사로 있다가 광복진영으로 뛰어든 일, 자신의 아름답지 못한 과거를 과감하게 밝히고 자청해서 위험천만한 포섭공작을 맡았던 일, 출옥 후 독재정권에 항거하여 투쟁한 일 등 그의 행적이 그의 성품을 잘 반영해 주고 있다.

그와 함께 대구형무소에 투옥된 사람들은 4·19혁명 후 모두 출옥했는데, 고중민은 단명한 탓인지 이승만 독재가 무너지는 것도 못 보고 그만 세상을 떠난 것이다.

대륙을 적신 피와 눈물

중경에 온 젊은이들

 1944년 한 해는 우리로서는 준비의 시기였다. 부족한 힘이나마 조국의 독립을 위해 미력을 다 발휘하여 막바지 항일투쟁의 대열을 서서히 갖추었다. 약육강식의 논리에 따라 움직이는 열강 제국들의 틈바구니 속에서, 그리고 상반된 이해관계라는 합리성이 철저하게 적용되는 국제질서 속에서 우리는 스스로 자구책을 강구해야만 했고, "우는 아기 젖 준다"는 속담과 마찬가지로 우리 조국의 독립은 우리 손으로 쟁취되어야 했기에 보다 더 적극적인 외교를 펴나가야만 했다.
 우리의 독립이 세계질서와는 전혀 무관하게 전적으로 우리들의 의지에만 달려 있지는 않다는 것이 냉엄하고 안타까운 현실이었지만, 그렇다고 무작정 열강들에게만 의존할 수도 없는 노릇이었고, 그렇게 되지도 않았다. 결국 독립은 독립하고자 하는 자의 의지에 달려 있는 것이었다.
 마침내 1945년, 역사적인 해라고밖에는 달리 표현할 마땅한 말이 없는 그 해 을유(乙酉)년이 결국 오고야 말았다. 아니, 그 독립의 해를 쟁취하고야 말았다. 그 해는 잃어버린 나라를 되찾고 압박받는 동포를 구하기 위해 모여든 젊은 투사들을 맞이하면서 시작

장준하

되었다.

1월 말, 광복군 제3지대에 소속된 학병 출신 청년 광복군 50여 명이 안휘성 부양으로부터 5천 킬로미터 가까운 거리를 걸어서 중경에 도착하였다. 이들은 국내에서 학병으로 강제 징집되었다가 사선을 넘어 탈출한 젊은이들이었다. 이들중에는 신학교 재학중 학병으로 끌려갔다가 탈출, 천신만고 끝에 광복군을 찾아온 장준하(張俊河)라는 청년도 있었다.

중경에서는 이들을 대대적으로 환영했다. 청년 광복군들의 감회 또한 이루 말할 수 없을 만큼 뜻깊은 것이었으리라. 이들 일행은 김학규 주임의 휘하에 있다가 중경으로 온 것이었는데, 이때의 상황을 후에 장준하는 그의 『돌베개』에서 잘 묘사하고 있다.

임시정부 청사 앞 뜰은 우리들 50여 명을 2열 횡대로 정렬시키기에 충분했다. 누구의 지휘 구령도 없이 우리는 오(伍)와 열(列)을 맞춰 섰다. 줄이 정돈되어 가자 우리는 침묵으로 감격을 억눌렀다. 1945년 1월 31일 하오가 휘날리는 태극기의 기폭처럼 벅찬 감회에 몸부림치며 시간의 흐름을 잠시나마 정지시켰고, 나의 의식도 아련해졌다.

……이장군(광복군 총사령관이었던 이청천을 말함)이 말을 맺자, 벌써 위 층계에는 푸른 중국 두루마기를 입은 노인(백범을 말함)이 앞서고, 뒤에는 역시 머리가 희끗희끗한 일행 몇 명이 내려오고 있었다. ……엷은 미소를 담은 백범의 인상은, 예처럼 검은 안경 속에 정중한 성격을 풍기는 아주 인자한 인상이었다. 깊은 침착과 높은 기개와 투박할 정도의 검소

함을 표정에 숨기고 나오신 백범 선생은 좌우로 노인 일행을 거느리고 우리들 앞에 나오시어 섰다. 장엄한 예식의 주악이 울리듯, 파도같은 바람의 주악이 분명히 우리들 가슴마다에 물결을 일으키며 울려퍼졌다.

 이 분을 찾아 6천 리, 7개월의 행군의 귀향처럼 우리는 애국가를 듣고 싶었다. 한 발짝, 한 발짝을 옮길 때마다 그 얼마나 갈망했는가, 지금의 이 순간을. 걸어온 중국의 벌판과 산길과 눈길 속에 뿌린 우리들의 땀과 한숨과 갈망이 들꽃으로 가득히 대륙에 피어나고, 그 들꽃에서 일제히 합창의 환영곡이 들려오는 듯한 환상의 곡 속에서 김구 선생을 맞았다.

 중경에는 이들 광복군 수십 명을 일시에 수용해서 묵게 할 만한 마땅한 곳이 없었다. 아무리 임시 망명정부라고는 하지만 일본에 대해 선전포고까지 한 우리 임정의 실정이 그러했다. 그러나 당시 임정의 상황으로서는 그나마도 감사해야 할 지경이었으니, 작은 규모이긴 하나 비로소 군대다운 군대를 맞이하게 된 것이다.

 결국 광복군 50여 명은 토교로 오게 되었다. 토교에 수십 명을 수용할 만한 번듯한 막사가 있었던 것은 아니지만, 임시로 교회 건물을 쓰기로 했던 것이다. 우리는 부랴부랴 임시 변통으로 교회의 강당을 침실과 식당으로 꾸며 광복군 임시 막사로 활용했다.

 토교에 남아 있던 이들은 모두가 정성껏 합심해서 젊은 광복군들이 불편하지 않도록 최선을 다했다. 그야말로 남이 시켜서 하는 일이 아니었고, 그런 일은 몸이 으깨어지는 한이 있더라도 언제든지 마다하지 않고 기꺼이 할 수 있을 듯싶었다.

 장준하 청년은 우리 마을의 어린이들을 모아 주일학교를 만들기도 했고, 어린이들에게 여러가지 좋은 이야기들을 많이 해 주었다. 그는 다재다능한 청년이었다.

 장준하 일행 50여 명은 토교에 머물렀다가 8명 정도만 임정 본부의 경호 등 임무를 띠고 중경에 남기로 하고, 나머지 인원은 모두 서안에 있는 광복군 제2지대로 파송되었다.

당시 제2지대에서는 미 중앙정보부의 전신인 해외전략처(OSS)와 협력하여 국내에 파견할 한인 청년 제1진 30여 명의 훈련을 실시하기로 계획을 세워 놓고 있었다.

이 훈련계획은 우리에게나 미군에게나 서로 이점이 있었다. 미군의 목적은 이들 한인 청년들에게 무선 송수신기 조작술 등을 교육시킨 후 국내에 낙하시켜 미군의 군사작전에 도움을 얻고자 함이었고, 광복군측에서는 물론 연합군의 작전을 도우려는 의도도 있었지만, 국내에 직접 공작원을 밀파하고자 하는 목적이 있었다.

이들 30여 명 젊은 투사들의 대열에는 조카 석동이도 뽑히게 되었다. 이들은 즉시 훈련으로 들어갔는데, 6개월 예정으로 되어 있던 무전 송수신기 조작 등 필수적인 교육과정을 단 3개월만에 끝내버려 한국 청년들의 우수성과 성실성을 유감없이 발휘했다.

광복군 중 토교에 머물러 있던 부대를 우리는 토교대라고 불렀다. 그 토교대 대원 중 몇몇은 우리집과 아주 친하게 지냈는데, 박종길(朴鍾吉)이라는 청년은 나를 어머니라고 부를 정도로 가까웠다. 박종길 군은 경북 영양 출신으로 징병으로 끌려왔다가 탈출하여 광복군에 들어왔는데, 그의 고향인 영양이 안동과 가까워 우리 시댁에 대해 이미 잘 알고 있었다.

토교대 대원 중 박군 말고 학병 출신으로 박군하고도 특히 친하게 지내던 한필동(韓弼東) 군이 있다. 필동 군의 어머니는 유관순의 사촌언니로 두 사람이 3·1운동의 천안 시위를 주도했다 한다. 유관순은 체포되어 결국 옥사했고. 필동 어머니는 충남 홍성에 있는 한(韓)씨 성(姓) 가진 목사의 집에 피신하여 7년을 넘게 숨어 있었는데, 그 동안 공소 시효가 지나 무사했다 한다.

그리고 필동 어머니는 한 목사 동생에게 시집을 가게 되어 그 사이에서 필동이 태어났다. 필동 군은 학병으로 징집되자마자 탈출을 궁리하였다. 그는 일본 오오사카의 외국어 전문대학에 다닐 때 영어를 전공하고 중국어를 부전공으로 공부하여 의사 소통에는 제법 막힘이 없었던지 학병에 가서 중국군 포로를 취급하는 수용소에 배치되어 근무했다.

중국군 포로 중에는 마침 중앙군의 장군이 한 명 있었다. 그 장군과 필동 군이 의기가 투합되어 탈출 계획을 짜고 필동 군이 중국군 특공대에 비밀리에 연락을 취해 장군은 물론 필동 군과 중국군이 집단 탈출을 할 수 있었다. 그런 이유로 한필동 군은 중국군의 융숭한 대접을 받으며 중경으로 호송되었고, 광복군으로 들어올 수 있었던 것이다.

박종길 군과 한필동 군은 토교에 있는 동안 거의 우리집에 와서 살다시피 했고, 필동 군이 후동이의 영어 공부를 도와주기도 했다.

해방 전야

전세계를 살육장으로 만들며 일곱 해를 끌어온 제2차 세계대전은 이제 그 마무리 대단원의 막을 서서히 내리고 있었다. 소련군은 1월 중순부터 독일 본토에 대한 공격을 개시하였다. 이제 독일의 패전은 수개월 내에 실현될 듯 하였다.

1944년 사이판 섬과 유황도(琉黃島)에서 일본군의 격렬한 저항을 받으며 전투를 치른 미국은 소련의 협조없이 일본을 정복하는 것은 엄청난 희생이 따를 것으로 판단하였다. 그래서 독일을 정복한 후 소련도 대일전에 참전시켜야 되겠다는 것이 미국의 새로운 정책이 되었다. 말하자면 희생을 나누자는 것이었다.

이러한 배경 하에서 이듬해 2월 초 소련 크리미아 반도의 휴양지인 얄타에서 미·소·영 3국의 수뇌가 회담을 갖게 됐다. 흔히 얄타 협정이라 불리는 이 회담은 우리의 운명에 중대한 영향을 끼치는 모임이었다.

얄타 협정에 참가한 3국 수뇌들중 스탈린은 우리나라에 대하여 제법 정확한 지식을 가진 듯했으며, 한국은 즉시 독립할 능력이 있다고 생각한 것이 분명했다. 반면 루스벨트는 카이로 선언에서와 마찬가지로 우리나라가 독립할 능력이 없다고 생각했다.

그는 우리나라가 독립국가로서 수천 년의 역사를 지녔다는 사실을 아는 것같지 않았으며, 거의 반 세기 동안 미국과 같은 문명국의 통치를 받은 필리핀보다도 당연히 뒤떨어져 있을 것이라는 선입견에 사로잡혀 있는 듯하였다.

그 후에 공개된 얄타 협정 문서에 따르면 스탈린과 루스벨트는 서로의 뜻을 꺾지 않은 채 버티다가 루스벨트가 한국을 최저 5년간 신탁 통치해야 된다고 주장한 데 대하여 스탈린은 "보다 짧으면 더 좋겠지요"라는 식으로 얼버무렸다는 것이다.

이 자리에서 확고한 결정을 내리지 않았으나 결국 4대국 신탁통치의 문제는 성립되었다고 할 수 있다.

임시정부는 성립 초기부터 세계 열강에 호소하여 국제적인 지원을 받아내는 것이 독립 쟁취의 최상책이라고 생각하는 경향이 짙었다. 적어도 관계자 상당수가 그러하였던 것은 틀림없다. 그런데도 미국의 대통령에게 우리가 독립국의 자격을 갖춘 국민이라는 인식조차 주지 못했던 것이다.

얄타 회담이 있은 지 약 2개월 후 미군은 오키나와에 상륙하였다. 일본은 오키나와에서 신풍(神風) 특공대(가미카제 특공대)의 야만적인 자살 공격을 감행하여 미국에게 일본 침공이 얼마나 많은 희생을 요하게 될 것인가를 거듭 확인시켰다.

이 해 4월에 루스벨트 미 대통령이 사망하자 부통령 트루만이 그의 후임으로 대통령직을 계승했으며, 5월 7일에는 독일이 연합군에 무조건 항복했다.

예기치 않았던 트루만의 등장은 역시 전쟁의 양상을 예상하지 못했던 방향으로 끌고 나갔다. 트루만이 취임한 지 3개월 후에 미국은 최초의 원자탄 폭발을 실험한 것이다. 미국 내에서는 미리 계획되었던 일이었는지 모르나 원자탄 개발은커녕 핵 분열이니 원자탄이니 하는 말조차 전혀 들어보지 못한 우리로서는 전쟁이 새로운 국면으로 접어들었다는 것을 어렴풋이 알 수밖에 없었다. 아무튼 원자탄이라는 한 발의 폭탄이 새로운 질서의 한 부분으로 뚜렷하게 자리를 잡게 된 것이다.

얄타에서 소련이 대일전에 참가하기로 밀약을 맺었다는 것은 당시 이미 공개된 비밀이나 다름 없었고, 소련이 대일전에 참가하더라도 전쟁은 1년 이상 계속되지 않겠느냐는 것이 일반적인 생각이었다. 대부분의 사람들은 일본의 만주 주둔군인 관동군을 과대 평가하고 있었는데, 이 점은 미국이나 소련도 마찬가지였다.

1944년에 중국 대륙에서 총공세를 펼쳤던 일본이 이듬해에는 중국 전선에서 패배를 거듭하기는 했으나 일본의 육군은 아직도 막강하다는 것이 일반적인 견해였다.

청진식당에서의 생일잔치

1945년 초여름부터 나는 중경 시내 교장구(駁場口)에 있는 한독당 당사 2층방에서 살림을 하고 있었다. **교장구는** 시내 중심에 있는 일종의 광장같은 곳이었는데, 옛날에는 말과 소를 팔고 사는 가축시장이었다 한다. 그러던 것이 지금은 광장 전체를 빙 둘러 각종 노점들이 즐비하게 들어선 잡화 상점가로 변한 것이다. 한독당 당사 바로 옆에 잇대어 의정원 사무실이 있었으며, 임시 의정원 의장인 만오 홍진이 의정원 사무실 2층에서 묵고 있었다. 그리고 거기서 약 1킬로미터 가량 떨어진 곳에 임시정부 청사가 있었다.

교장구에서 북동쪽으로 조금만 내려가면 가릉강과 양자강이 합류하는 지점이 나오는데, 가릉강에는 늘 크고 작은 목선들이 떠 있었다. 가릉강은 그리 깨끗하다고는 할 수 없었지만 밤만 되면 제법 운치있는 야경을 선사했다. 강에 떠 있는 갖가지 목선들이 밤마다 갑판이나 이물, 고물 등 배 곳곳에 등불을 내다 걸면 강변에까지 불빛이 몰아쳐 그런 장관이 없었다.

성엄과 내가 숙소로 쓰고 있는 당사에는 찾아오는 사람들이 많았다. 우리는 서로 만나기만 하면 전세가 어떻게 돌아가고 있는지, 우리나라의 장래가 어떠한지에 대해 진지한 이야기를 나누었다. 개인이나 가족들의 안부도 물론 화제의 대상이었지만, 그때의 상황으로 봐서는 그보다도 세계대전이 어떻게 전개되고 있으며, 우리나라의 독립에 미치는 영향이 어떠한지에 대한 것이 보다 시급하고 절실한 문제였기 때문에 주로 시사성있는 얘기들이 자주 입에 오르내렸다.

한독당 당사로 자주 찾아오는 사람 중에는 일청 안훈(一清 安勳)과 조시원(趙時元)이 있었는데, 두 사람은 다 성엄이 없을 경우 나하고 여러 가지 일들을 토론하였다. 안훈의 본명은 조경한(趙擎韓)으로 요즘 건강이 나쁘다는 말을 듣고 있다. 중경에 있는 사람 중 일청과 내가 이제는 제일 연상이 아닌가 생각된다.

그해 이후부터 중경을 중심으로 한 우리 한인 사회는 어느 때보다도 잘 단결되어 있었다. 어떻게 하면 조국의 독립을 앞당길 것인가 하는 오직 그 한 가지 일념뿐이었다. 우리가 전쟁에 보다 크게 기여함으로써만 카이로 선언에서 언급된 '적절한 시기' 따위의 잡소리를 배제할 수 있다는 생각이 들었다.

일본이 국내에서 학병을 강제 징집하고 이어 징병제까지 실시하게 되자 광복군은 인적 자원이 날로 늘어나고 있었다. 학병 탈출자나 징병 탈출자들이 계속 광복 진영으로 찾아든 것이다. 언제든지 몸을 바칠 결의에 찬 청년들이 점차 광복군에 편입되었다.

광복군 제1지대는 창립 당시 민혁당의 전위조직이라고 할 수 있었다. 약산이 초대 지대장을 겸했으며, 그 후 약산과 가까운 사이며 황포군관학교 제4기 동기생인 이집중(李集中)이 약산에 이어 지대장에 취임했다. 약산은 자기 세력을 양성하려는 생각을 차츰 버렸으며, 자파가 아닌 사람이 지대장으로 부임하게 되더라도 찬동하였다. 임정 국무위원으로 군무부장을 겸임한 그는 대국적인 견지에서 일을 처리했으며, 광복군 내의 분열을 해소시키려고 노력했던 것으로 알고 있다.

광복군 제2지대의 특수 훈련을 받은 요원들은 곧 국내로 투입될 예정이었다. 그들은 미군의 작전을 돕는 데만 그치지 않고 임시정부와 광복군의 선발대로 활동하기로 되어 있었다.

여름부터 한독당의 일을 하면서 한편으로는 광복군 정훈처의 선전부 주임까지 겸임한 성엄은 특히 광복군 일로 바쁜 나날을 보냈다. 그는『광복군』이라는 간행물 발행의 책임을 맡고 있었고, 국내에 대한 방송도 하였다. 성엄이 일에 쫓길 때는 내가 당의 문서를 정리하는 등 그의 일을 많이 도와 주었는데, 그러다 보니 내가 성엄의 개인 비서 역할을 하는 셈이었다.

8월 3일은 내 생일이었다. 오래간만에 가족과 몇몇 친지들과 밖에 나가 저녁을 먹기로 했다. 중국에는 각양각색의 식당들이 많았다. 음식이 다양할 뿐만 아니라 가격도 다양하여 싼값이면서도 입에 맞는 음식을 골라서 사 먹을 수가 있었다.

그리고 중국 사람들은 가족끼리 외식을 즐기는 습관이 있어서 식당을 이용하는 사람들이 많았다. 그러나 우리 형편으로는 그런 여유있는 생활을 할 처지가 못 되었다.

중국 서부에는 어디를 가나 회교 신도들이 있었고, 그들은 흔히 청진(淸眞)이라는 식당을 운영했는데, 중경에는 그 청진식당이 주로 가릉강변에 밀집되어 있었다. 중국 사람은 돼지고기를 가장 즐기고, 대부분의 요리에도 돼지고기가 주된 재료로 쓰이는데 반해 이들 회교도들은 돼지고기를 먹지 않아 쇠고기 요리를 잘했다.

특히 회교도들의 쇠고기 곰국은 우리나라 사람 입맛에 맞았다. 그리고 중국에는 쇠고기 값이 대체로 돼지고기 값보다 싸거나 엇비슷했기 때문에 청진 요리는 중국 요리보다 값이 쌌다. 그러니 우리는 외식을 할 경우 회교도들의 대중식당을 비교적 자주 이용하는 편이었다. 그날도 그런 대중식당 한 곳을 찾아가 오랜만에 이 얘기 저 얘기를 나누며 한가롭게 식사를 하고 돌아왔다.

내 생일을 맞아 청진식당에서 가족 및 친지들과 함께 저녁 식사를 한 것은 지금 생각해 보면 가깝게 다가선 독립을 미리 자축한 셈이었다고도 할 수 있다. 그때까지도 우리는 사흘 후에 있었던 히로시마의 원자탄 투하에 대해 까맣게 모르고 있었다. 다만 소련이 머지않아 참전하리라는 것과, 미군의 일본에 대한 B-29 폭격기의 폭격, 조직을 갖춘 광복군 유격대의 적 후방 투입계획 등 몇 가지 사실에 대해서만 어느 정도 짐작하고 있을 뿐이었다.

8월 6일, 악몽같은 제2차 세계대전의 종말을 고하는 전주곡이 울렸다. 히로시마에 원자탄이 떨어진 것이다. 인류 역사상 최대의 불상사라는 불은 또하나의 불상사라는 맞불을 놓아 꺼야만 했다. 이틀 후 소련은 대일 참전을 개시하면서 만주와 함경북도로 진공해 들어갔다.

두번째 원자탄이 나가사키에 떨어진 것은 그 다음 날이었다.

나흘 사이에 일본이라는 거대한 제국주의의 섬은 드디어 가라앉기 시작했고, 히로시마의 원폭 투하를 신호로 해서 울렸던 종전(終戰)의 전주곡은 이제 그 악보의 마지막 한 장을 넘기는 순간이었다.

"왜놈이 항복했다!"

그때 중국에 있던 우리들은 그날의 역사적인 사건을 이렇게 표현했다.

"왜놈이 항복했다!"

우리가 우리 힘으로 그 왜놈과 싸워 승리를 거두고 나서 "우리가 이겼다. 나라를 찾았다"고 외치는 것이 아니었다. 물론 우리가 아무런 노력도 없이 감나무 밑에서 입 벌리고 누워만 있었던 것은 아니지만, 그래도 뭔가 개운치 않은 구석이 없었던 것은 아니다. 적어도 내 좁은 소견으로는 그랬다.

우리의 독립은 과연 쟁취된 것일까? 남에게 빼앗겼던 것을 우리 손으로 도로 찾아온 것일까? 조국의 운명을 손에 거머쥔 채 고난과 역경의 이국 땅에 망명한 임시정부와 함께 25년을 같이 살아온 나로서는 그런 생각이 들지 않을 수 없었다.

그러나 조국의 독립이라는 절대 절명의 대명제 아래 항일투쟁에 뜨거운 피를 뿌려 식혀 가며 몸을 불사른 혁혁한 이름의 투사들에서부터 성명 삼자도 알려지지 않은 채 어느 이름모를 낯선 골짜기에서 항일이라는 돌덩이 하나만을 머리에 베고 숨을 거둔 무명열사들에 이르기까지 그들의 장하고 엄숙한 숨은 뜻이 없었더라면 과연 오늘의 이 순간이 있었을까?

이름이 났건 이름이 없건간에 그들의 의기와 그들의 피가 없었더라면 결코 8월 15일은 오지 않았을 게 틀림없다. 이 날이 설사 왔더라도 살아 있는 우리가 두 손으로 곱게 맞이할 수가 없었을 것이다.

일본이 무조건 항복했다는 말을 듣는 순간에 이것을 어떻게 받아들이는 것이 옳을지 이리저리 헤아려 보면서 갖가지 생각들이 꼬리에 꼬리를 물고 머리 속에서 뱅뱅 돌기는 했지만, 어쨌든 우리나라가 독립되었다는 설레고 기쁘고 벅차오르는 감정만은 속일 도리가 없었다. 그 고대하고 숨 죽이며 바라던 조국의 광복이 와락 품안에 안긴 것이다.

일본의 무조건 항복은 중경 시내를 광란에 가까운 축제의 분위기로 몰아갔다. 그날 밤 중경은 온통 총소리로 범벅이 되었다. 경축의 딱총소리였다. 기쁜 일이 있을 때면 으레 딱총을 터뜨리는 중국인들의 풍습은 그날 밤새 유감없이 발휘되었고, 몇 날 며칠이고 그 축제의 딱총소리는 중경 시내에서 떠나지 않고 계속되었다.

일본의 항복

허망한 독립의 기쁨

　아! 왜적이 항복! 이것은 내게는 기쁜 소식이라기보다 하늘이 무너지는 듯한 일이었다.

　백범은 『백범일지』에서 8월 15일의 상황을 이렇게 쓰고 있다. 당시의 상황을 이렇게 표현할 수밖에 없었던 백범의 쓰라린 심정을 잘 엿볼 수 있다. 그리고 그것은 우리 모두의 상황이기도 했다.
　광복 몇 해 전부터 중경의 임정을 중심으로 한 광복진영에서는 부족한 인력과 장비로나마 일본군과 실전을 치르기 위한 태세를 갖추고 있었고, 실제로 1945년 후반부터는 광복군 유격대를 국내에 투입시키려고 날짜를 꼽고 있었던 것이다.
　광복군 선발대의 국내 투입은 시간문제였다. 따라서 조금만 더 시간이 있었다면 국내조직을 갖출 수가 있었고, 광복군의 인력이나 장비도 보강할 수 있었던 것이다. 그랬더라면 국내에서 일본군과 일대 접전을 벌이는 것도 전혀 불가능한 것은 아니었다.
　만약 광복군 단독으로 국내에 진공해 들어가는 것이 어렵다면 조선의용군과 함께 들어간들 어떤가? 만주나 소련에 있는 우리의 독립군 형제들과 함께 들어간들 또 어떤가?
　광복군이든 조선의용군이든, 만주의 독립군이든 소련의 독립군이든 누구나 우리나라의 독립을 위해 투쟁의 대열에 섰던 사람들이 아닌가? 목적은 하나였으며 같았다. 조선의 독립이라는 동일한 목표 아래 움직였던 것이니 일본 제국주의라는 공통의 적을 친다는 데는 다른 의견이 있을 수 없었다.
　그러니 해방의 기쁨을 만끽한 것도 그 순간뿐이었고, 계속 주변 정세를 눈여겨 보면서 초조한 나날을 보내야 했다. 일본의 압제로부터 독립이 되었다고는 하나 조국의 장래는 독립의 그날부터 또 한 겹의 짙은 먹구름 속에 파묻혀 있었던 것이다.
　어쨌든 8월 15일부터 임정은 각오를 새롭게 하고 다시 움직여야만 했다. 해방된 조국을 맞이하는 작업은 곳곳에 널려 있었다. 중경 교장구 지역에서 계속 머물러 있던 나는 해방된 지 꼭 한 달이 되던 날 성엄이 상해로 떠나자 후동이와 함께 다시 토교로 갔다.
　해방이 되자 임정에서 시급하게 처리해야 할 일들 중에는 중국에 있는 우리 동포들에 대한 선무 활동도 중요한 몫을 차지했다. 동포들이 우왕좌왕하기 전에 어수선한 민심을 수습하는 선무활동을 도외시할 수가 없었기 때문이다. 성엄은 그 동포들의 선무 책임을 맡고 조시원과 함께 상해로 먼저 출발한 것이다.
　토교에 돌아온 후동이는 곧 귀국하게 될 것으로 믿고 있었기 때문에 9월 학기에 복교를 하지 않았다. 토교에서 우리가 할 일이라곤 그리운 고국으로 돌아갈 준비밖에는 없었다.
　그러나 토교로 돌아온 후 중경으로부터 전해 듣는 소식들은 하나같이 안타깝고 가슴 답답한 이야기들이었다. 남쪽에 진주한 미군이 일본의 앞잡이들을 그대로 관리로 임용한다는 말을 듣고서는 울분이 복받쳐 올랐다.
　8월 15일 이후 불과 한 달 동안 국내에서는 그야말로 조국의 독립을 헛되게 만드는 것이 아닐까 여겨질 만큼 절망적인 일들만 벌어지고 있었다. 그에 비하면 미 군정이 친일파들을 고관으로 임용한다는 사실은 어떻게 보면 하찮은 일에 속한다고도 할 수 있으나, 따지고 보면 가볍게 다루어질 문제만도 아니었다. 일본 식민정책의 잔재가 그대로 남을 것이기 때문이었다.

아무튼 해방 후 국내의 사정을 주목하고 있는 우리는 국내의 일이 점차 복잡하게 꼬여가는 것을 대뜸 알 수 있었다.

대일전에 참가한 지 일주일만에 일본의 항복을 받아낸 소련은 그 여세를 몰아 8월 20일에 원산에 상륙, 나흘 후인 24일에 평양을 점령하고 사령부를 설치했다.

바로 다음 날 이번에는 미군의 일부가 인천에 상륙하면서 미국과 소련의 양군이 북위 38도 선을 경계로 조선을 분할 점령한다는 방송이 미국에서 전파를 탔다.

그리고 일주일 후, 연합군 최고사령관인 맥아더 원수는 일본의 항복 조인문서를 넘겨 받고 동경에 연합군 최고사령부를 설치한다고 발표함으로써 일본의 손아귀에서 벗어난 우리 조국은 남한과 북한이라는 새로운 이름을 얻어 가지면서 이제 다시 미국과 소련의 수중에 떨어지게 되었다.

미 극동사령부가 남한에 군정을 실시한다고 선포한 것은 그로부터 불과 닷새 후였다. 미국과 소련에 의한 조선 분할점령은 일사천리로 눈 깜짝할 사이에 마무리된 것이다. 전광석화같은 것이었다.

미 군정 점령당국은 중국에 있는 우리 망명객들에 대해 지극히 냉소적인 태도를 보여 임시정부와 점령당국과는 직접적인 연락을 취할 길이 없었다. 중국정부는 아직까지도 중국에 남아 있는 우리를 우호적으로 대하면서 조속한 귀국을 알선하고자 여러 모로 애를 쓰긴 했으나 뜻대로 되는 것같지 않았다.

10월 16일에는 임시정부의 주미 외교위원회 위원장인 이승만이 미국에서 귀국했다는 소식이 들렸고, 또 나흘 후에는 미 국무성이 한국의 신탁관리 의사를 표명했다.

토교에서의 마지막 밤

국내의 정치판도는 하루가 다르게 변했다. 항일투쟁이라는 공동의 목표 아래 같이 움직이면서도 좌파·우파의 이념 대립으로 쉽게 화합할 기미가 보이지 않던 양대 세력은 드디어 대결의 양상을 보이기 시작했다. 김일성(金日成), 김책(金策), 김일(金一) 등이 소련군과 함께 입북한 것은 9월 초였다.

해방이 된 후 두 달 동안 임정에 대해 계속 시큰둥한 반응을 보이던 미 군정이 결국 임정 요인들의 귀국을 허용하였다. 그러나 그 귀국은 조건부였다. 주석, 부주석, 국무위원, 부장 및 수행원 약간을 포함한 10여 명만 귀국할 수 있다는 것이었다. 더구나 그것은 임시정부 요인의 자격으로 귀국하는 것이 아니고 순전히 개인의 자격으로서였다.

임정은 환국이라는 문제를 놓고 많은 진통을 겪었다. 어쩌면 전쟁중에 겪어야 했던 고통이나 울분보다도 더한 것이었으리라. 어쨌든 임정은 귀국해야만 했다. 계속해서 망명정부로 중국에 남아 있을 수는 없었다. 국내에서의 임정의 지위나 가치가 티끌만큼도 인정되지 않는다손치더라도 임정이 지금까지 존속했던 이유가 조국의 독립에 있었으므로 임정은 독립된 조국에 발을 들여 놓아야 했던 것이다. 다만 그것은 대한민국 임시정부가 귀국하는 것이 아니라 임정에 몸 담았던 요인들 각자가 개인 자격으로 귀국한다는 형식을 취해야 한다는 것은 그야말로 서글픈 일이었다.

임정 일행은 11월 5일 중경을 출발했다. 그리고 상해에서 20여 일을 지체한 후 11월 하순에야 서울에 발을 디딜 수 있었다. 임정이 중경을 떠난 후 나는 토교 마을에서 12월 한 달을 보냈다. 그 해 토교는 유난히 따뜻했다. 차라리 고국의 겨울처럼 매서운 바람이라도 몰아쳤더라면 답답한 심정을 달래기라도 했을 것이다.

토교에서는 후동이처럼 중국에서 나고 중국에서 자란 어린이들이 몇몇 있었다. 모국의 산과 들, 모국의 냄새, 모국의 마음을 얘기로만 듣고 자라난 아이들이었다. 나는 틈만 나면 독립된 그들의 조국에 대해 내가 알고 있는 모든 것을 얘기해 주었다. 어쩌면 그것은 내가 나에게 들려 주는 내 나라의 이야기였는지도 모른다. 그렇게 해서라도 20여 년 가까이 내가 살지 못했던 내 나라를 나 스스로에게 확인시키려 했던 것인지도 모른다.

서신 연락조차 닿지 못했던 중원 대륙에 흙바람이 휘몰아칠 때, 손가락같이 굵은 빗줄기가 천형(天刑)인 듯이 쏟아져 내려와 가슴을 갈갈이 찢어 놓을 때, 그래서 서글프고, 그래서 쓸쓸할 때마다 늘 생각이 사무치던 곳, 그곳이 내 나라였다. 내 조국이었다.

그렇게 조국은 항상 마음 속에 있었다. 어린아이가 집 밖에 나가 놀 때도 어머니는 늘 집안에 계시듯이 조국은, 잃어 버렸던 조국은 그렇게 있었다.

시댁이 있는 서울은 어떻게 변했을까? 예산 시산리의 친정집은 얼마나 많이 바뀌었을까? 아니 치마저고리 하얀 옷 입고 댕기 땋고 상투 틀던 우리 조선 사람들은 고스란히 옛적의 그들일까?

12월 말에 미국, 소련, 영국의 외상이 참가한 가운데 모스크바에서 열린 3국 외상협정의 결과가 알려졌다. 그리고 우리가 걱정했던 일이 결국은 현실로 나타났다. 우리나라에 대한 미국, 소련, 영국, 중국의 4개국 신탁통치안이었다. 이미 예견했던 일이긴 하지만 막상 구체적인 현실로 드러나고 보니 '나는 싫소' 하고 가만히 앉아서 고개만 가로젓고 있을 수는 없었다.

중경 근처에 있는 우리 교민들은 그 소식을 듣고 하나 둘씩 모이기 시작했다. 누가 시킨 일이 아니었다. 자발적인 군중 모임은 집회의 형태를 띠면서 신탁통치 반대 결의안을 채택하였다. 민족을 모독하는 일은 결코 용납할 수 없다는 순수하고 본능적인 민심의 응집된 발로였다. 그 해의 마지막 달은 귀국에 대한 희망과 아울러 신탁통치라는 새로운 근심거리가 한 손에 쥐어져 이도 저도 아닌 막연한 나날들이었다.

중경에서 해방을 맞은 후 상해에 도착한 백범과 임정 요원들.
동포 선무 공작의 임무를 띠고 미리 상해에 와있던
성엄(왼쪽에서 두번째 안경을 쓴 이)의 모습이 보인다

국내에서 좌익의 세 당이 신탁통치를 지지하기로 결의했다는 신문기사를 읽은 것은 1946년 1월 초였다. 새해 벽두의 소식치고는 너무나 어처구니없는 것이었다. 그뿐인가? 미국과 소련의 한반도를 둘러싼 대립은 노골화되기 시작했고, 독립된 조국의 분단은 장기화될 기미마저 보였다.

드디어 1월 중순, 본국으로 곧 출발할 테니 준비하라는 통지를 받았다. 올 것은 기어이 오고야 마는 법. 설레는 가슴은 쉽사리 진정되지 않았다.

그날 밤, 나는 미리 발급받아 소중하게 간직해 놓은 여행증명서를 몇 번이나 다시 확인해 봤는지 모른다. 아! 그 밤은 너무나 지루한 밤이었다. 눈이 감기지 않는 밤이었다. 어찌 잠을 잘 수가 있단 말인가! 아마 나 말고도 그날 밤을 고이 이불 속에서 보낸 사람은 우리 중에 아무도 없으리라.

다음 날 아침에 나는 마을 뒤에 있는 야산에 올라가 보았다. 만 5년씩 정을 붙이고 살았던 토교 마을이 발 아래로 한 눈에 들어왔다. 지난 25년 동안 거쳐온 중국의 마을이 어찌 한 둘일까마는 토교는 유독 마음 한 구석에 깊숙이 자리를 잡고 있었다. 어쩐 일일까? 아마도 피난길에 지나치면서 머물렀다간 떠나오고 했던 수도 없는 마을들을 이 토교가 대신하는 탓이리라.

마을 부근의 보잘것없이 여겨지기만 하던 야산들이 마냥 아담하고 정다워 보였다. 우리들의 젖줄이었던 화탄계의 물빛은 그날 따라 더욱 푸르렀다. 그 화탄계의 물줄기는 특히 아낙네에게 둘도 없는 벗이었다. 우리는 그 물을 길어다 마셨고, 그곳에서 빨래를 했으며, 밤이면 물속에 몸을 감추고 미역을 감기도 했다.

화탄계의 물빛이 더욱 푸르게 보인 것도 무리는 아니다. 여기저기를 기약없이 떠돌아다니다가 마침내 집을 짓고 세간살이를 갖추고 한 곳에 눌러 살게 되어 우리에게 정착생활을 가능하게 해준 곳이 바로 화탄계의 물이었으니, 감사하고 고마워하는 마음으로 바라다보는 물빛이 어찌 푸르지 않을 것인가?

곧 귀국할 것이라는 통지를 받고 밤새 잠을 설치다가 새벽녘에 동산에 올라 내려다본 그때 그 토교 마을 화탄계의 끔찍이도 새파랗던 물빛은 지금도 잊을 수가 없다.

토교에서 지내는 동안 우리는 몇 분의 혁명 선배를 잃었다. 동암 차이석, 신암 송병조 선생을 잃었고, 손일민(孫逸民)* 선생 내외분도 토교 마을 뒷산에 묻혔다. 지하에서나마 우리의 젊은 청년 광복군들이 전방부대로 늠름하게 파견되어 나가는 모습을 지켜보셨으

---

*1884~1939. 경남 밀양 출신. 1918년 무오독립선언에 서명한 39인 중 한 사람. 1925년 만주 신민부에 가담. 1934~39년 임정 의정원 의원으로 활동.

중경 임시정부 청사 정원에서
거행된 동암 차이석의 발인 장면.
백범, 유동열, 최동오, 홍진, 지청천, 김붕준 등의
모습이 보인다.
맨 앞에 선 이가 조완구

동암 차이석

중경에서의 백범 가족. 왼쪽이 큰아들 인, 가운데 앉은 이가 백범의 어머니 곽여사, 오른쪽이 작은아들 신

1941년 9월 18일 중경에서의 차이석의 회갑 기념 사진

리라. 우리 동지끼리 혼인을 맺고 새 살림을 차려 궁색하나마 단란한 가정을 꾸려나가는 것도 축복의 눈길로 굽어보셨을 것이며, 더구나 그곳에서 새로 태어난, 열 명이 넘는 우리의 2세들 모두에게 독립된 조국의 앞날을 기대하며 고이 잠드셨으리라 믿는다.

돌아가리, 다시 상해로

우리가 토교를 떠난 정확한 날짜는 기억나지 않으나 1월 하순이었던 것만은 틀림없다. 일행은 백여 명으로 버스 여섯 대에 나누어 타고 출발하였다. 목적지는 상해였고, 중경과 상해는 거의 일직선 상에 놓여 있어 동쪽인 상해로 곧장 가로질러 갈 계획이었다.

중국 대륙을 서에서 동으로 건너지르는 또 한번의 긴 여로가 시작된 것이다. 당초의 계획은 양자강 물길을 따라 배를 탈 작정이었으나 물길이 험할 뿐만 아니라 수로 곳곳에 수뢰가 떠 있기 때문에 상당히 위험하다고 하여 우선 육로를 이용하기로 했다.

버스는 우선 남으로 향하였다. 2년 남짓 머물렀던 기강을 지나서는 다시 동쪽을 향해 방향을 잡았고, 호남성 완릉(浣陵)에 닿았을 때는 버스로 닷새를 달린 후였다. 피난길에 중경으로 갈 때와 마찬가지로 험준한 산지를 통과해야 했다.

이 지역에도 묘족 등 소수민족들이 많이 살고 있었는데, 그들의 옷차림은 화려하고 현란했다. 그들의 마을을 지날 때마다 우리는 호기심을 가지고 차창 쪽으로 몰려 그들을 구경하기에 바빴고, 그들도 역시 우리를 신기하게 보는 듯 차가 멈추면 가까이 와서 버스 안을 들여다보기도 했다.

전쟁의 와중에서도 중국 곳곳이 그 나름대로 발전한 것을 볼 수 있었다. 중경같은 도시는 물론 대단한 발전을 이룩했고, 사천성의 남동부와 호남성 서북부의 산간 벽지에도 새로운 건물들이 들어서 있었다. 특히 가는 곳마다 중국 여행사에서 경영하는 제법 깨끗한 초대소(招待所 : 호스텔)들이 있었으며, 식당도 청결하였다. 피난

갈 때 묵곤 했던 더러운 여관과, 파리가 들끓던 식당들에 비하면 아주 일류들이라고 할 수 있었다.

완릉까지 오는 도중에 버스가 금강을 끼고 몇 시간을 계속해서 달렸다. 제법 경치가 좋았다. 이 강은 우리가 피난 도중 광서성에서 배를 타고 올라갔던 금강하고 이름이 같았다. 광서성의 금강은 귀주성(약칭 금〔黔〕) 남쪽에서 발원하여 중국 4대 강 중 가장 남쪽에 있는 주강으로 흘러드는 북쪽 지류였고, 이 사천성의 금강은 운남성 북부에서 기원하여 귀주성 북부를 관통하고 사천성 동남부를 거쳐 양자강으로 흘러들어가는 것이다.

이 금강의 상류는 오강(烏江)이라고 불리는데, 강서성에서 쫓겨 서북으로 향하던 중공군이 준의로 가기 바로 직전에 지친 몸을 이끌고 사력을 다해 이 오강을 건넜던 것으로 알려져 있다. 그때는 고작 수천에 지나지 않았던 패잔병의 무리가 전쟁 동안 급성장하여 전쟁이 끝난 후에는 화북, 동북(만주), 내몽고의 광활한 지역을 백만 대군으로 지배하고 있었다.

중국의 국민정부 중앙군과 공산군이 국공 정전협정을 맺은 것은 우리가 토교를 떠나기 전인 1월 10일이었고, 국공 정전협정과 동시에 중경에서는 국민정부와 공산당 사이에 정치협상 회의가 개최되었다. 중국은 일본의 패전과 함께 승전국이 되기는 했으나 국민당과 공산당의 본격적인 대결은 정작 이제 그 서막을 여는 셈이었다.

완릉에서 우리는 목선으로 옮겨 탔다. 피난 때 탔던 것과 같은 종류의 대형 목선이었다. 완릉은 사천성 동남에서 흘러온 유수(酉水)와 귀주성 동부에서 발원한 진수(辰水)가 합류되는 곳으로 완릉부터는 완강이라고 부른다. 이곳부터는 비교적 지형이 평탄하며 토지가 비옥하였다. 호남 곡창이 가까워지고 있는 것이었다.

완릉 근처에는 도원이란 곳이 있었다. 중국 진(晋)나라 때의 전원시인 도연명(陶淵明)이 "오두미(五斗米)의 봉급을 바라고 향리의 소인(小人)에게 허리 굽혀 절을 하겠는가"고 팽택(彭澤)의 현령 자리를 박차고 「귀거래사」를 읊조리며 귀향한 곳 무릉(武陵)이 바로 도원에 있다. 세태를 풍자한 그의 글 「도화원기(桃花源記)」에서 선경(仙境)으로 묘사되어 있는 곳도 또한 이 도원 근처에 있다고 전해지고 있었다.

내가 틈을 보아 가며 즐겨 읽고 외우는 한문 고전들 중에서도 도연명의 글을 특히 애독하고 애송하는 마당에 도연명의 마음의 고향이랄 수 있는 도원에 발을 디뎠다는 것은 가슴 벅찬 일이었다.

우리 일행 중에는 일본군 정신대에 끌려가 위안부로 있다가 중국군에게 포로가 되어 중경으로 온 사람이 30여 명 있었다. 한마디로 불행한 사람들이었다. 그들 중 어떤 이는 아직까지도 몸과 마음의 깊은 상처를 씻어내지 못한 채 자포자기의 한스런 날을 보내는 사람도 없지 않았다. 그런 모습을 보고 있으면 마치 내가 그들을 그렇게 만든 것인 양 자책이 앞서기도 했고, 그럴수록 그들을 좀더 가깝고 따스하게 대해 주려고 애를 써 봤지만, 내가 그들의 아픔을 대신하려 한다는 것은 어찌 보면 호사스런 짓같기만 했다.

도연명이 얽히고 설킨 온갖 매듭 투성이의 인간사를 훌훌 내팽개치고 '돌아가리, 돌아가리'를 외며 찾아왔다는 이곳 도원에서 인간이 저지른 몹쓸 죄악을 뒤집어쓴 그들을 다시금 생각하는 것은 어쩐 일일까? 그 여인들의 아픔은 결코 어느 누가 대신해 줄 수 있는 것이 아니었다. 사람이 저질러 놓았으되 사람이 마무리할 수 있는 것이 아니었다.

그 여인들 가운데에는 위안부로 끌려 갔을 때부터 술을 입에 대는 버릇이 들어 아예 술에 젖어 사는 젊은 축들도 있었다. 여자들이 술을 마신다는 것은 당시 우리나라나 중국에서는 흔한 일이 아니었기 때문에, 나는 그들이 특히 낮에 술을 마시지 않도록 타이르기도 하고, 간혹 조심스럽게 꾸짖기도 했으나 술버릇은 여전했다.

그들 사이에서 인도자격으로 있던 한 여인은 나중에 국내에 돌아와 자기가 중경에 있었던 사실을 빌미삼아 독립운동에 깊게 관

여했던 것처럼 행세하기도 했다는데, 이처럼 별난 경우를 빼놓고
는 해방된 조국이 그들에게 새로운 생활을 가져다 주지는 못했을
것만 같다.
  이튿날 우리는 도원을 떠나 호남성 서쪽에 있는 중진의 상덕(常
德)에 도착했다. 상덕은 전쟁 기간중 미군 공군기지가 있었던 제법
큰 도시로, 일본군이 이곳을 점령하려고 안간힘을 썼으나 결국 포
기하고 말았다 한다.
  또한 상덕은 우리 일행 중에 끼어 있는 박재희(朴載喜) 등 일곱
명이 일본군에 의해 학도병으로 끌려왔다가 극적으로 탈출에 성공
한 곳이기도 했다. 박재희 일행의 탈출 무용담은 토교에 있을 적에
아주 재미있게 들었던 것으로 여기에 소개하기로 한다.

학도병 박재희

  1945년 봄, 토교 근처에 있는 중국군의 일본군 포로수용소에서
한인 청년 학도병 일곱 명이 광복군에 인계되었다. 이들 일곱 명은
학도병으로 끌려갔다가 탈출했던 것이므로 이들이 중국군의 일본
군 포로수용소에 수용되어 있었다는 것은 앞뒤가 맞지 않는 경우
였다. 그만큼 이들의 탈출은 우여곡절이 많은 것이었다.
  이들은 무한과 장사 사이를 내왕하는 일본군 수송부대에 소속되
어 있었다. 이 일본군 수송부대는 중국인 소유의 목선들을 징발하
여 호남 곡창지대에서 거둬들인 미곡을 장사에서 무한으로 수송하
는 한편 무한에서 장사까지는 소금을 운반하는 임무를 띠고 있었
다.
  징발된 목선들은 민간 선박으로 가장하고 있었으므로 미 공군의
정찰기나 폭격기가 나타나면 중국인들로 하여금 배 갑판에 서서
손을 흔들게 하는 수법을 써서 비교적 안전하게 임무를 수행하고
있었다.
  이 부대에 배치된 한인 학도병 일곱 명의 임무는 중국인 뱃사람

이 소금이나 미곡 등의 군수물자를 훔치거나 빼돌리지 못하도록 감시하는 일이었다. 학도병들이 일본군에 앞장서서 그런 일을 순순히 해줄 리가 없었다. 이들 일곱 명은 결국 탈출할 것을 모의하고 주도면밀하게 계획을 세웠다.

우선 장사에서 무한까지 오가는 사이에 상강 양쪽 강변에 있는 일본군 경비초소의 위치와 경비정의 순찰시간 등을 자세히 파악해 놓았다. 경비정이 지나가지 않는 시간에 경비초소가 없는 곳에서 야음을 타서 배에서 탈출하려고 계획을 짠 것이다.

문제는 수송 선단에서 빠져나온 후 옮겨 타고 강줄기를 따라 내려갈 선박을 구하는 일이었는데, 그러려면 선박을 구할 자금이 필요했다. 말하자면 탈출 비용이었다.

당시 상강을 오르내리는 일본군 수송 선단에 배속돼 있는 중국인들은 거의 다 뱃사람들로 상강에서 잔뼈가 굵은 사람들이었기에 수로를 익히 알고 있었을 뿐만 아니라, 강 주변의 지리를 손금 보듯 환하게 꿰고 있었다. 그러니 소위 군수물자인 소금을 빼돌리는 것은 그야말로 식은 죽 먹기였다. 그렇기 때문에 일본군은 학도병으로 하여금 중국인들의 소금 빼내기를 감시하도록 했던 것이다.

학도병들은 그 중국인 뱃사람들과 서로 안면을 익히면서 친하게 사귈 수가 있었다. 중국인들도 청년들이 일본인이 아니라 학도병으로 끌려온 조선인이라는 사실을 알고부터는 학도병들을 호의로 대했으므로 뱃사람들과 학도병들은 같은 배를 탄 동지로 단짝이 돼 버렸다. 마침내 그들은 아예 함께 탈출하기로 계획을 짰다.

중국인 뱃사람들과 같이 행동하기로 한 이상 학도병들에게는 탈출 비용 마련이 손쉬웠다. 소금값이 금값으로 대단히 비쌀 때였으므로 소금 몇 부대만 빼돌리면 목돈을 장만할 수 있었던 것이다. 뱃사람들은 손바닥 뒤집듯 수월하게 소금을 돈과 바꿔쳐 냈고, 학도병들과 같은 몫으로 나누었다.

그 돈으로 작은 목선 한 척을 세내는 한편 나머지 돈은 모조리

금반지로 바꿔쳐서 한 사람 앞에 대여섯 개씩 돌아가게 했다. 전쟁 중이라 화폐가치가 떨어질 때니만큼 돈보다는 금이 더 값어치가 나가고 또 보관하기도 용이했기 때문이다.

 탈출은 당초의 계획대로 무사히 치러졌다. 야음을 틈타 물속으로 살며시 뛰어든 후 미리 세내어 놨던 목선으로 옮겨 탄 것이다. 청년 학도병 일곱과 중국인 너댓 명은 장사를 빠져 나오는 물길로 상강을 따라 내리다가 동정호에 닿았고, 동정호에서는 내쳐 서쪽을 바라보고 배를 몰아 상덕까지 도착했다.

 상덕에 도착한 이들은 중국인의 말에 따라 상덕 부두에 주둔중인 중앙군 국민당 직계부대(직할대)를 피해 근처에 있는 중국 중앙군 광서부대를 찾기로 하고 먼저 연락을 취하고자 사람을 보냈다. 중앙군 중에서도 광서부대만은 군율이나 기강이 반듯하고 정신교육이 훌륭해서 모범적인 부대로 알려져 있었고, 사실 일본군과의 전투에서도 연일 승전을 거듭하고 있던 우수 부대였다.

 이에 비해 국민당 직계부대는 일반 국민들 사이에 평판이 아주 좋지 않았다. 뱃사람들의 말에 의하면 직계부대를 찾아갈 경우 소지품을 다 빼앗기고 포로 취급을 당할 게 뻔하다는 것이었다. 그러니 포로를 잡았다고 생색내고 상금을 타려 들 것이 분명한 직계 부대를 피해 광서부대에 줄을 대려는 것은 당연한 일이었다.

 그러나 광서부대에 사람을 보내 놓고 연락 오기만을 숨어서 기다리고 있던 그들은 마침 부두 순찰중인 직계부대 대원에게 발각되고 말았다. 학도병 박재희 일행은 자신들의 신분을 밝히고 일본군 부대를 탈출해 왔다고 사실을 토로했으나 먹혀들지 않았다.

 발각될 당시의 상황으로 봐서도 박재희 일행의 행동은 직계부대의 의심을 사기에 충분했던 것이니, 상덕 부두에 직계군이 주둔중인 사실을 알고 있었으면서도 왜 찾아오지 않고 숨어 있었느냐고 들이대는 데는 따로 변명의 여지가 없었던 것이다.

 영락없이 포로 취급을 받고 있을 때 때마침 광서부대에 갔던 사람이 그 부대의 장교 한 명과 사병 몇 명을 데리고 직계부대를 찾아와 박재희 일행의 탈출 사실을 확인시켜 주었으나, 직계군이 그들 일곱 명을 광서부대에 넘겨 줄 수 없다고 완강히 뻗대는 통에 '포로 일곱 명'은 직계군 상급부대로 인계되었다.

그런데 상급부대의 부대장은 박재희 일행을 보더니 느닷없이 환영한다고 하면서 우호적인 자세를 취했다. 부대장의 말에 학도병들은 자신들은 조선인들이니 광복군으로 보내달라고 요청을 하고는, 그러면 그렇지 설마 우리를 포로수용소로 보내기야 하겠느냐고 적이 안도의 한숨을 내쉬기가 무섭게 직계군은 기다렸다는 듯이 박재희 일행에게 달려들어 샅샅이 몸을 뒤지기 시작했다.

금반지며 현금이며 지니고 있던 금품 일체를 빼앗으면서 그래도 체면을 차리려는지 정색을 하면서 '보관한다'고 엄포를 놓았다. 기가 막힐 노릇이었으나 별다르게 뾰족한 수가 있을 리 만무였다. 소지품을 다 빼앗겼으니 이제 남은 일은 중국인 뱃사람의 말대로라면 포로수용소로 가는 것 뿐이었다.

길 닦아 놨더니 거지가 먼저 지나가더라고, 겨우 일본군에서 탈출했더니 생각지도 않았던 중국군에게 어이없이 덜미를 잡힌 것이다. 결국 그들은 직계군의 포로로 보고되어 중경 근처의 포로수용소에까지 갔다가 광복군에게 인계된 것이다.

이들 일곱 명 중 서너 명과 나하고는 제법 가까이 지내는 사이였는데, 지금까지 내가 또렷하게 이름을 기억하고 있는 사람은 충남 청양 출신의 박재희 한 사람뿐이다.

귀국 후에도 박재희하고는 몇 번 만나 서로 안부를 묻곤 했었는데, 지금은 통 연락이 닿지 않는다.

이름은 기억나지 않지만 아직도 머리에 남아 있는 사람 중에 홍씨 성을 가진 이가 있다. 그는 몸집이 우람하고 먹새가 좋아 장사라는 별명을 가지고 있었는데, 유명한 축구선수이기도 했다. 그가 중경에 있을 때 콜레라에 걸린 일이 있었다. 평소에 늘 건강하던 그가 병에 걸리고 나니 보기가 안쓰러울 정도로 맥을 못추고 먹지를 못했는데 계속 설사를 하는 탓이었다.

그가 아프다는 말을 듣고 성엄이 그를 찾아갔다. 성엄은 병세를 자세히 묻고 미리 준비해 두었던 한약재로 지사(止瀉) 처방을 하는 한편 탈수를 막기 위해 소금물을 복용시켰다. 얼마 후 그의 병세는 호전되었다. 성엄은 의학에 취미가 있어 상해에서 대동전문(大同專門)이라는 의료보조원 양성학교를 다닌 일도 있고, 나하고 같이 성재에게 한의(漢醫) 공부를 한 적도 있어서 웬만한 응급 처방은 할 수 있었다.

성엄의 처방으로 다시 기운을 차린 홍 장사는 그 후 광복군 제2지대에 배치되었는데, 귀국한 후에는 고향인 함흥으로 넘어갔다는 풍문을 들었다.

같은 함경도 출신으로 또 한 사람 기억에 남는 이는 윤씨 성을 가진 고구마라는 별명의 청년이다. 그 고구마는 일본 메이지 대학교 철학과를 다녔는데, 수학 실력이 뛰어나 토쿄에 있는 동안 아들 후동이의 수학 공부를 도와주기도 했다. 귀국 후 전라남도에서 교편을 잡고 있다는 말을 들은 기억이 있는데, 지금은 소식이 끊기고 말았다.

조국으로 가는 길

흐르는 눈물

우리 일행을 태운 목선은 완강을 타고 내리다가 동정호로 들어섰다.

동정호는 중국에서 가장 큰 담수호로서 호수 안으로 깊숙이 들어서면 전후 좌우 사방으로 아무리 고개를 빼고 둘러보아도 육지가 보이지 않을 만큼 거대한 호수다. 날씨가 나빠 풍랑이라도 일게 되면 여느 호수에서는 구경할 수 없는 장관이 펼쳐진다는 것이니, 마치 바다의 거센 파도가 들고 일어나는 것처럼 3,4미터 높이의 물길이 치솟아 올라 천군만마의 기세로 맹위를 떨친다는 것이다.

하기야 우리가 동정호를 빠져나가는 데만 꼬박 나흘이 걸렸을 정도이니 그 어마어마한 담수호의 규모는 능히 짐작하고도 남음이 있으리라.

우리 일행이 호수의 물살을 가르는 동안 동정호는 아무 말이 없었다. 동요하지 않았고 떠들지 않았다. 전쟁의 피비린내가 중원 대륙을 휩쓰는 동안에도 동정호는 내내 의젓했으리라. 인간사의 덧없음을 홀로 탄식하면서 아침마다 떠오르는 해를 받쳐주고, 지는 저녁해를 서쪽 저편에 건네주었을 것이다.

그렇게 세상사에는 아랑곳하지 않고 변함없는 자연과 벗하면서 흘러드는 물결을 막지 않고 빠져나가는 물줄기를 잡지 않았을 것이다.

동정호의 서쪽 끝인 상덕에서 출발하여, 물살을 가르며 나흘을 달려 닿은 동쪽 끝의 호반은 호남의 악양성이었다. 배가 악양에 닿은 것은 해가 이미 호수의 드넓은 수면을 벌겋게 물들이고 있는 다 늦은 저녁 때였으므로 유서깊은 악양루를 구경하며 하룻밤을 묵기로 했다.

옛적에 동정호의 이름을 들었더니(昔聞洞庭湖)
오늘 내가 악양루에 오르다.(今上岳陽樓)
오와 초의 땅은 동과 남으로 갈렸고(吳楚東南坼)
하늘과 땅이 일야에 떴도다.(乾坤日夜浮)
친한 벗에게서 일자 소식 없고(親朋無一字)
늙고 병든 이 몸에겐 외로운 배 한 척뿐(老病有孤舟)
관산 북녘엔 아직도 전쟁인데(戎馬關山北)
난간에 기대니 흐르는 눈물.(憑軒涕泗流)

악양루는 두보(杜甫)의 오언율시로 눈물을 적신 곳이었다. 내게 뾰족한 글재주가 있는 것도 아니고, 두보의 시심(詩心)을 탐낼 만한 심정을 갖춘 것도 아닌데, 악양루는 내게 두보의 시 한 수를 들려주었다.

사람에게 칼과 피의 전쟁을 생각케 하고, 소식 끊긴 친한 벗을 기억시켜 주며, 자신의 젊음을 다 잃어버린 외로운 이에게 배 한 척이나마 의지할 곳을 베풀어 주는 관용을 아끼지 않고, 혹시라도 잊었을까 하늘과 땅 사이에 떠다니는 만물의 무상함을 일러주는 것은 과연 무엇일까. 악양루일까, 동정호의 물일까?

얻고 싶었던 것을 얻었고, 찾고 싶었던 것을 찾았고, 가고 싶었던 곳을 찾아가는 지금, 나는 그토록 갈망했던, 제 한 몸을 불살랐으나 결국 얻지 못하고 찾지 못한 채 중원에 몸과 함께 묻힌 수많은 영혼들을 생각해야 한다. 그들을 대신해 나라도 조국에 가서 보고를 해야만 한다. 싸웠노라고, 조국을 위해 싸웠노라고.

불혹(不惑)이라는 사십의 나이에 비로소 조국의 이름을 부를 수 있었다. 조국의 이름으로 이역(異域)에서 산화한 이들을 동정호 물에 흘려보내면서 조국이 무엇인지를 확연히 깨달았다. 나는 아들의 손을 꼭 움켜쥐었다. 그리고 손끝으로 말해 주었다. 조국이 무엇인지 모를 때에는 그것을 위해 죽은 사람들을 생각해 보라고. 그러면 조국이 무엇인지 알게 된다고.

악양성의 일본군 패잔병

악양성에서는 패잔병인 일본 군인들이 성곽의 도로공사 현장에서 노동을 하고 있었다. 그 위풍당당하던 이른바 황군(皇軍 : 일본 천황의 군대)들이 중국군의 감시하에 노동하고 있는 모습은 왠지 낯설어 보였다. 그만큼 일본은 너무나 오랜 세월 동안 우리의 감정과 삶을 지배하고 있었던 것이다.

그들은 이미 황군이 아니었다. 군인이라는 신분의 굴레를 그들 자신이 느끼지 못하는 듯싶었다. 이제 그들은 인간으로 돌아와 있었다. 일을 하는 인간 본연의 모습으로. 그들은 비록 감시하에 노동을 하고는 있었지만, 정체도 없는 제국주의의 이념과 사상에 등을 떠밀려 전쟁터로 나가 살육을 일삼는 모습보다는 한결 인간다워 보였다.

왜 나는 그들을 증오하지 못하는 것일까? 내 형제와 내 부모를 앗아간 그들을 나는 왜 미워하고 저주하지 못하는 것일까? 그들이 이미 내게서 모든 걸 빼앗아 간 다음이라서인가? 그들이 내게서 더 빼앗아 갈 것이 없다는 것을 알고 안심하기 때문인가? 과연 무엇 때문일까? 패잔병들의 처연한 모습은 나로 하여금 잠시나마 생각에 잠기게 했다.

바로 그때였다. 우리 일행이 도로공사 현상을 지나쳐 가려는데 땅을 고르고 있던 일본군 하나가 갑자기 곡괭이를 내팽개치고는 땅바닥에 무릎을 꿇었다. 그 일본군은 두 손을 앞에 모으더니, 쩔쩔매면서 우리에게 연달아 절을 하는 게 아닌가.

너무 급작스럽고 예상치 못했던 일이라 우리 모두는 어안이 벙벙해져서 그만 그 자리에 꼼짝 못하고 서 있었다.

우리 틈에 서 있던 박재희가 슬그머니 뒤쪽으로 빠져나가자 그 일본군은 박재희를 흘끗 쳐다보고 나서 다시 연거푸 절을 해댔다.

박재희가 일행의 대열에서 빠져나가는 것을 보지 못했더라면, 아마도 우리 일행은 계속 그 자리에 못박힌 듯 서 있었을 것이다. 그 기세등등하던 황군이 우리 앞에 머리를 조아리는데도 우리들 마음 한편으로는 알지 못할 피해의식이 싹트고 있었으니까. 혹시 우리를 해치려는 것은 아닐까? 혹시 무슨 술수는 아닐까? 참으로 어처구니없는 일이었다.

나중에 숙소에 돌아와서 박재희에게 사정 이야기를 듣고 나니, 극적이었던 박재희 일행 학도병들의 탈출기는 그제야 대단원의 막을 내린 듯 싶었다.

악양성에서 우리에게 머리를 조아렸던 그 일본군은 바로 박재희 일행이 소속되어 있던 수송부대의 하사로, 유달리 조선 출신 학도병들을 못살게 굴었던 장본인이었다. 그 일본군 하사는 특히 박재희에게 유독 못되게 굴어서 박재희가 나중에라도 그 일본군을 만나기만 하면 가만 두지 않겠다고 벼르고 있던 참이었다. 그러다가 그만 도로 공사판에서 맞닥뜨리게 된 것이다.

다행인지 불행인지 일본군 하사가 우리 중에 끼어 있는 박재희를 먼저 발견하고 머리를 조아리는 바람에 우리까지 덩달아 사죄를 받은 것이다. 체격이 우람한 박재희였기에 그의 눈에 쉽사리 띄었을 만하다.

박재희도 처음에는 영문을 모르고 저 놈이 왜 저러나 싶었는데 자세히 보니 그 일본군 하사였고, 몽둥이를 꼬나들고 설쳐대던 놈이 그런 꼴을 보이니 단단히 분풀이를 하리라 별렀던 마음이 그만 스러져 버리더라는 것이다. 박재희는 이야기 끝에 나즈막하게 그 일본군의 이름을 불러 보면서 천장을 바라다보았다. 그리고 허허 웃고 말았다. 끝끝내 인간을 증오하지 못하는 건 나뿐만 아니었다.

박재희 탈출기의 끝 마무리를 악양 현장에서 지켜본 우리는 다음 목적지인 한구를 향해 동정호를 뒤로 하고 배에 몸을 실었다. 음력으로 섣달 그믐을 하루 앞둔 날이었다. 구정인 정월 초하루를 한구에서 맞을 양으로 하루 하고 반나절의 일정을 잡아 악양에서 서둘러 출발할 때까지도 우리가 새해의 첫 끼니인 정초의 아침 밥을 굶으리라고는 꿈에도 생각하지 못했다.

동정호의 물을 받아 흘러내리는 양자강 하류의 물살은 제법 거센 편이었으므로, 그 물살을 순조롭게 탈 수만 있다면 한구까지는 하루 반나절이면 충분하리라 예상했던 것인데, 동정호를 빠져나오자마자 맞은편에서 거세게 불어오는 역풍을 만나 배가 제자리 걸음을 하는 바람에 일정에 큰 차질이 생겼던 것이다.

따라서 악양에서 떠날 때는 한구에 도착할 때까지 필요한 이틀 분의 식량만 준비했었기 때문에 그만 배 위에서 양식이 바닥나 버려 정초의 아침끼니를 보기 좋게 걸러 뛴 것이다. 아무튼 우리가 한구에 닿았을 때는 예정보다 사흘이 지난 뒤였다.

한구에 도착해서도 사정은 별로 다를 게 없었다. 우리나라와 마찬가지로 중국도 음력 정월 초하루를 큰 명절로 쇠기 때문에 가게가 모두 문을 닫고 길거리에는 도대체 사람 발그림자가 비치지 않았다. 그러니 먹을 만한 것을 구할 수 없어 또 끼니를 걸러야 했고, 인부도 구할 수가 없어 결국 일행의 아녀자며 아이들까지 다 달라붙어 짐을 끌어내리느라고 오전 내내 고생을 했다.

얼마 되지도 않는 짐을 힘겹게 부리고 나서 맥을 놓고 있었는데, 다행히 한구의 교민회에서 동포 한 분이 우리를 찾아와 민박을 알

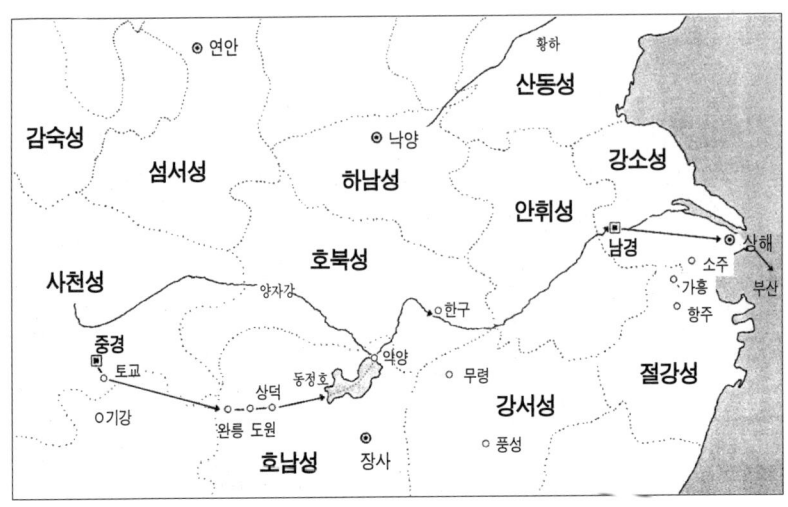

정정화 일가 및 임정 가족들의 귀국행로

선하겠다고 나섰다. 우리 일행이 교민회에서 안내하는 동포의 집에 짐을 풀고 새해의 첫 끼니를 해결한 것은 거의 저녁 때가 다 되어서였다.

한구에서 며칠을 보낸 뒤 우리는 기선으로 바꿔 타고 다음 목적지인 남경을 향해 출발했다. 한구에서 남경까지의 물길은 순탄했다. 전쟁중 남경은 일본군 점령하에서 모진 박해를 받았는데, 남경 대학살이라는 천인공노할 만행이 저질러진 곳이었다.

우리가 남경을 떠났던 것이 1936년 초였으므로 이제 만 10년만에 다시 돌아온 셈이었다.

다시 상해에서

남경에 도착하니 남경에서 백범의 가족과 같이 지냈던 일이 아스라하게 되살아났다. 백범의 어머님이 중경에서 세상을 하직한지도 벌써 다섯 해가 지났고, 그 동안 조국은 해방이 되었으니 곽 여사의 영전에나마 독립된 조국의 소식을 전할 수 있게 되었다. 백범의 장남인 인도 젊은 나이에 이미 세상을 뜬 후였다.

　인은 아주 총명한 소년이었다. 혁명투사인 아버지 백범의 뜨거운 혈기를 이어받았음인지 10대에 이미 아버지의 명을 받아 상해에서 지하공작에 가담했고, 피난살이의 와중에서도 중국의 일류 대학교인 중앙대학교를 다닐 만큼 뛰어난 귀재였다. 그는 중앙대학 동창이자 안중근 의사의 동생인 정근의 딸 안미생과 결혼하여 딸 하나를 두었는데, 어머니와 같은 결핵으로 고생하다가 해방을 눈 앞에 두고 그만 세상을 등지고 말았다.

　남경을 출발한 우리 일행은 원래 기선으로 상해까지 가기로 계획을 세웠으나 일부는 남경의 양자강 강변에 있는 부두지역 하관(下關)에서 내려 기차로 옮겨 탔다. 나도 기차로 가는 일행에 끼었는데 우사의 부인 김순애 여사도 나와 동행했다.

　2월 19일 상해역에 도착하자 역에는 미리 상해에 와 있던 여러 사람이 우리를 마중나와 있었다. 우사의 맏아들인 진동의 처, 처제 등이 있었으나, 정작 성엄은 보이지 않았다.

　상해에 우리보다 앞서 와 교민들의 선무를 맡고 있던 성엄은 일이 바빠 역에 나오지 못했다고 진동의 처가 내게 일러 주었다. 성엄이 하는 일의 성격을 충분히 이해하고, 여태껏 서로 떨어져 살아온 것도 하루 이틀이 아니건만 왠지 성엄이 역에 나오지 않았다는 것이 못내 섭섭하기만 했다.

　아마 다른 식구들도 아예 역에 나오지 않았더라면 섭섭한 마음이 조금은 덜했을 것이다. 그러나 막상 다른 식구들끼리 서로 만나 다정스레 재회하는 모습을 보니 아무리 마흔의 나이를 넘긴 중년 아낙네이긴 하나 부군의 마중을 받지 못했다는 것이 그냥 무심코 지나쳐지지가 않았다.

　상해에 도착한 그날 밤은 김진동의 집에서 지낼 수밖에 없었다. 진동은 아버지를 모시고 임정 일행의 수행원으로 이미 귀국한 후였고, 진동의 집이 꽤 넓어 참으로 오랫만에 편한 하룻밤을 보낼 수 있었다. 진동의 처는 우리와 함께 오랜 동안 생사고락을 같이 한 동지 임의택 의사(醫師)의 딸인데, 임의사는 중경에 있는 동안 우리 동포들에게 돈 한 푼 받는 일 없이 인술을 베풀어 온 훌륭한 분이었다.

다음 날 아침에 일찍 성엄이 찾아왔다. 성엄은 나를 보자 무척 반기는 듯했으나 그저 슬쩍 지나치는 말로 고생했다며 한마디를 던질 뿐이었다. 성엄은 우리가 토교에서 출발하여 상해에 오기까지 어떤 경로를 거쳤는지 비교적 상세하게 알고 있었다. 계속 소식을 듣고 있었던 모양이다.

아침 나절에 성엄 말고도 상해에 있을 때 가깝게 지냈던 친구 여럿이 진동의 집으로 찾아왔다. 이런 저런 얘기를 나누다 보니 우리가 20여 일에 걸쳐 3천 킬로미터의 먼 거리를 단숨에 왔다는 것이 새삼스레 큰일이라도 한 것같이 느껴졌다.

성엄은 그때 먼 일가인 창강 김인한(蒼崗 金仁漢)의 집에서 묵고 있었다. 나는 성엄을 따라 창강의 집으로 갔다. 김인한과 우리 집하고는 꽤 오래 전부터 인연을 맺고 있는 사이였다. 인한은 기미년 직후 상해로 와 있었는데, 우리집에서 많은 시간을 보냈고 (그때 그는 명한(明漢)이라는 이름을 썼다.) 우리가 상해를 떠난 후 귀국했다가 2,3년 전 가족을 데리고 다시 상해에 와 있었다.

인한이 아들 형제를 상해로 데려온 것은 국내에서의 징병을 피하기 위해서였는데, 상해에서 윤동(沇東)은 징병으로 끌려가는 소위 환송연 자리에서 중국인들에게 몰매를 맞아 뇌에 손상을 입고 폐인이 되다시피하였다. 작은아들 숙동(淑東)은 그때 일본군에 끌려갔다가 구사일생으로 살아 돌아와 우리가 상해 인한의 집으로 갔을 때는 아버지와 함께 집에 있었다.

인한의 식구는 그 후 우리와 함께 귀국하여 한 집안 식구나 다름없이 지냈는데, 나보다 연하인 인한 내외는 벌써 여러 해 전에 세상을 떠났고, 윤동·숙동 아들 형제도 재작년에 환갑 전후의 나이로 세상을 떴다.

상해에 와서 보니 옛 동지들이 일본군 치하에서 무척 고생을 하며 지냈다는 걸 대뜸 알 수 있었다.

그 중에는 아들 후동이를 받아 준 조계진 여사와 그의 남편 이규학도 있었다. 조 여사와 함께 내 출산을 도와준 김혜숙 여사는 해방 전 일경에 체포된 남편 정태희(鄭泰熙)를 따라 귀국한 후라 상해에는 없었다. 옥고를 치른 탓인지 정태희는 1951년 초에 일찍 세상을 떴고, 홀로 남은 김혜숙 여사와는 그녀가 충청북도에 살고 있었던 까닭에 나와 자주 내왕하지는 못했으나 가끔씩 연락을 하곤 했는데, 역시 몇 해 전에 세상을 떠났다는 소식을 들었다.

아무튼 상해에서 가깝게 지냈던 사람들 여러 명이 이미 고인이 되어 있었는데, 성재의 두 분 형님들이며, 안중근 의사의 부모님도 벌써 돌아 가신 후였다. 하기야 근 20여 년이라는 세월이 흘렀으니 결코 짧지 않은 기간이고, 이미 연세가 지긋했던 분들이라 그렇게 그리워하던 조국 산천을 한번 더 보지 못하고 이국 땅에서 눈을 감았던 것이다.

시아버님 묘 앞에 서서

한 달 남짓 나는 신문을 통 볼 수 없었기 때문에 세상 돌아가는 사정에 대해 무척 궁금했다. 성엄이 내게 들려준 국내나 국외의 상황은 어느 거 하나 고무적인 것이라곤 없었다. 국내에서는 신탁통치 문제로 국민 사이의 대립이 심화되어 간다는 것이며, 미국과 소련은 전시의 협조관계를 떠나 대립의 양상을 보이고 있어 38선에 의한 국토 분할이 오래 지속될 조짐이라는 것이었다.

중국에서는 국공합작을 위한 협상이 성공적으로 마무리되었으나 중경에서 열린 협상 축하회장을 우익 청년들이 습격하는 등 사태가 심상치 않았다.

또한 제2차 세계대전이 있기 전에 제국 열강들의 식민지였던 많은 나라들이 전쟁 종료와 함께 독립될 것으로 기대되었으나, 영국, 프랑스, 네덜란드 등 식민 제국들은 그대로 물러서려 하지 않고 있어서 동남 아시아는 폭풍 전야같은 분위기였다.

상해에 도착한 지 며칠 동안은 헤어졌던 사람들을 만나 안부를 묻고 이것저것 정리할 것들을 추리고 하면서 정신없이 보냈다.

나는 상해에 도착하는 즉시로 프랑스 조계 내의 서가회 만국공묘(徐家匯 萬國公墓)에 있는 시아버님 묘소를 찾아가려 했으나 성엄의 일도 바쁘고 여러 가지 사정이 겹쳐 차일피일 미루고만 있었다. 그러다가 3월 초순에야 우리 세 식구는 아버님 묘소를 참배할 수 있었다.

유난히도 화창한 봄날이었다. 그날은 성엄과 내가 모든 것을 다 잊은 채 여한없이 울었던 날이다. 몸뚱아리 어느 구석에 그렇게 많은 눈물이 들어 있었는지. 그 하고많은 눈물을 어찌 다 참아 왔었는지. 성엄은 아버님 앞에 서서 그렇게 울었고, 나도 꿇어앉은 채 그렇게 울기만 했다. 나는 울면서 아버님께 감사드렸고 죄를 빌었으며, 또 아버님께 다짐했다. 이 길을 이끄신 아버님이셨으며, 오늘을 있게 하신 아버님이셨으나 아버님의 말없는 가르침을 높이

서가회 만국공묘 내 동농의 묘소.
'東農金嘉鎭先生之墓' 아홉 글자가 또렷하다

받들겠다는 감사요, 속죄였으며, 언약이었다.
 만 스물 여섯 해 동안 이역만리 타관에서 겪은 내 고초는 아버님 앞에서 한 순간에 스러져 없어지는 듯했다. 내가 겪은 걸 고초라고 할 수 있을까? 일흔 넷의 나이에 모든 것을 버리고 새로운 인생을 출발하고자 했던, 그 나이에 혁명에 가담하고자 했던 아버님의 그 진정한 용기의 실체가 왜 25년이 지난 지금에야 내게 어렴풋하게나마 느껴지는 것일까?
 예나 오늘이나 혁명가들이 고난과 역경의 대열에 서는 나이는 20대가 보통이요, 10대의 경우가 오히려 흔하지 않던가? 아버님의 용기는 참으로 값진 것이었다.
 열 아홉의 나이였던 성엄과 내가 이미 아버님 안 계신 중국 땅에서 나이 쉰을 바라는 중년이 되도록까지 혁명투사들의 틈바구니에서 지낼 수 있었던 것은 어쩌면 모습을 보이지 않은 채 저 앞에 서서 우리를 지켜보신 아버님 때문이었을지도 모른다. 이제 우리에게는 아버님 돌아가신 중국 땅에서 태어난 아들이 있으니, 할아버지가 손자에게 독립된 조국을 돌려준 셈이다.
 아버님 묘소를 돌아서며 나는 마지막으로 아버님께 다짐했다.

 아버님, 저희는 곧 고국에 발을 디딥니다. 아버님을 함께 모시는 것이 순서이겠으나 사정이 여의치 못한 탓으로 우선 저희가 먼저 아버님께서 물려 주신 독립 조국의 하늘을 부끄러운 낯으로나마 대하게 되었습니다. 돌아가는 대로 곧 차비를 챙겨 아버님을 다시 뵙고 모시기로 하겠습니다.
 저희 곁에 이렇게 서 있는 청년이 바로 아버님의 손(孫)입니다. 아버님 세상을 뜨시고 여섯 해 지난 후에야 후동이를 보았습니다. 아버님 살아 생전에 손을 보여드리지 못한 것이 마냥 죄스러우면서도 아버님 남기신 가르침이 헛되지 않게 애써 가르치고 키웠다고 자부하기도 합니다. 이제 그 손이 아버님의 나라 섬기

시던 그 뜻을 받들어 삼천리 강토의 앞날을 지킬 수 있도록 저희 미력을 다 하겠습니다.

아버님 묘소를 참배한 후 우리는 귀국 준비에 눈코 뜰 새가 없었다. 우리가 그렇게 바쁘게 움직이는 동안 중국의 정세는 심각하게 돌아갔다. 중경에서의 국공협상이 성공했음에도 불구하고 국부군과 공산군의 충돌은 그치지 않은 채 그 빈도와 규모가 차차 늘어나고 있었다.

그러나 우리는 중국 전체가 공산군의 손에 그렇게 빨리 넘어가리라고는 생각하지 못했다. 사실 그때만 해도 정전협정을 어기는 쪽은 대체로 국부군측이었으며, 공산군측은 수세에 몰려 있었기 때문이다. 결국 1949년에 중국 공산군이 국민당 정권을 중국 대륙에서 몰아내고 대만성을 제외한 전국토를 차지하고 말았으니, 중국의 그러한 획기적인 정세 변화는 지금껏 40여 년 동안 계속되고 있는 것이다.

5월에 상해를 떠나기까지 우리는 아버님 묘소를 다시 찾지 못했다. 곧 다시 찾아뵙고 유해를 모셔갈 생각이었으므로 그리 대단하게 여기지 않았던 것이다. 결국은 3월의 아버님 묘소 참배가 마지막 성묘가 되고 말았다. 근 30여년의 타관살이 동안 가슴에 못 박힌 일이 어찌 한 두 가지랴마는 아버님 유해를 국내로 모시지 못한 것이야말로 가장 가슴 아프고, 또 가장 죄스러운 일이다.

기쁨과 슬픔의 땅

전쟁난민이라는 이름으로

1946년 5월 9일. 우리는 상해 부두에 모여 있었다. 광대무변한 거대한 땅덩어리 중국 대륙을 등지고, 발돋움을 하면 보일 것만 같은 고국을 향해 우리는 서 있었다.

간다. 돌아간다. 이제야 나 살던 산천에 간다. 전쟁난민이라고 미군들에게 업신여김을 당하면 어떠랴. 돼지우리같은 엘에스티 난민선을 타면 어떠랴. 거룻배라도 좋다. 주낙배라도 좋다. 고향으로 가는 것이라면 일엽편주인들 어떠랴.

우리는 난민이었고 거지떼였다. 그렇게 추방당했다. 임시정부고 주석이고 뭐고 전부 개인 자격이었던 판에 우리야 오죽했으랴.

미군이 전쟁에 쓰던 엘에스티라는 수송선을 갖다 댔다. 난민 수송선이었다. 난민 한 사람 앞에 허용되어 있는 짐보따리의 무게는 50킬로그램으로 한정되어 있었으나 그나마도 없는 이들이 태반이었다.

그도 그럴 것이 상해로 몰려든 우리 동포들 대부분은 군인이었다. 일본군에 징병으로 끌려갔다가 일본군이 항복하면서 철수했으니, 징병으로 끌려갔던 우리 동포들은 오갈 데 없이 임시정부가 있다는 소리만 듣고 중경으로 상해로 몰려들었던 것이고, 아직까지도 일본군 군복을 채 못 벗은 사람도 있었다.

군인들 중에는 박재희같은 광복군도 많이 있었다. 그러니 상해 부두는 온통 군복 물결이었고, 짐보따리라고 해야 당장 입을 속옷 몇 가지가 고작인 사람이 대부분이었다.

미군들이 달라붙어 짐 검사를 한답시고 보따리들을 들었다 놨다 하면서 배 임자 값을 하려 들었다. 짐검사는 그저 노는 손에 일 잡히는 꼴이었고, 우리에게는 임시정부측이라고 선심을 쓰는지 보따리 조사를 생략했다.

"조사는 무슨 조사야? 임시정부는 거지떼나 마찬가진데, 그냥 보내!"

그이들끼리 하는 소리가 틀린 말은 아니었다. 내가 봐도 그랬으니까. 그러니 난민선은 말을 조금만 보탠다면 가축 수송선이나 진배 없었다. 철선을 갖다 대고는 그저 돼지새끼 싣듯 마구잡이로 재워넣는 셈이었다.

우리는 다행히 임정 식구라는 배경 하나로 배 가운데인 선복에 자리잡을 수 있었다. 창강의 가족이 우리 식구 세 사람과 같이 움직였고, 배에 타고 보니 우강의 가족이 마침 우리 옆에 있었다. 우강의 맏딸 동선이는 약산과 결혼한 지 얼마 되지 않았을 때라 돌도 채 안된 아기를 업고 있었다.

상해 부두는 인력거꾼들의 "왕바차, 왕바차" 소리로 이국의 정감을 듬뿍 내뿜던 때와는 달리 한 동안 우리 시골의 장터같은 분위기를 자아냈다. 짐보따리를 찾는 아우성, 사람을 찾는 외침, 간간히 섞여 들려오는 팔도의 사투리들. 헐벗었어도 마음만은 따뜻했고, 굶주렸어도 배고픈 줄 몰랐다. 나 살던 곳으로 간다면, 어머니 계신 고향으로 가기만 한다면 어떤 모멸도 참을 수 있었고, 어떤 굴욕도 이겨낼 수 있었다.

난민선은 서서히 상해 부두를 빠져나갔다. 그리고 조국을 향해 바닷물을 갈랐다. 그 상해 앞바다의 소용돌이 속에 우리는 하고많은 서러움과 슬픔을 내던져 버렸고, 결코 아름답지 못한 망국민의 기억들을 묻어 버렸다. 다시는 떠오르지 못하도록, 되살아나지 못하도록 저 푸른 바다 속 깊이.

　난민선이 부산에 도착한 것은 상해를 뜬 지 사흘만이었다. 사흘이면 올 수 있는 땅을 30여 년을 넘게 벼르고 벼르다가 올 수밖에 없었던 비애. 오히려 그것은 비애라기보다는 부끄러움이었다. 회한이었다.

　내 나라 내 땅 부산에 와서도 우리는 곧바로 상륙할 수가 없었다. 콜레라 환자가 없는지 확인해야 하므로 당장 상륙시킬 수 없다는 미군정측의 전갈이 온 뒤에도 부산 항만 밖에 정박한 채 우리는 배 위에서 사흘을 더 보내야 했다. 배에 타고 있던 젊은이들이 욕지거리를 퍼부으면서 야단법석을 펴기도 했으나, 아무리 아우성을 쳐도 정작 배 문을 따 주고 디딜 땅을 내줄 주인은 미군정이었다.

　미군의 호루라기 소리를 신호로, 미군의 손짓을 신호로 우리는 내 나라에 발을 디뎌야 했다. 그 사흘간. 그렇게도 사무치게 그리던 내 나라 내 땅을 바로 코 앞에 두고 물 위에서 둥둥 뜬 채로 묵새긴 그 사흘 동안에 어찌 나만이 이 민족의 쓰라린 운명을 한탄했을 것이며, 어찌 나만이 이 나라의 앞날을 걱정했으랴!

　중원 대륙을 헤매며 20여 년을 보냈어도 그 사흘만큼 지루하고 딱한 신세는 아니었다. 그렇다. 비록 제 나라 잃고 남의 나라에 가서 유랑생활을 했을망정 부산 앞바다의 사흘만큼 딱한 신세는 결코 아니었다.

　마침내 사흘이 지난 뒤에야 우리는 부산에 첫발을 내딛게 되었다. 그리고 고국 땅이라고 돌아와 처음으로 들어간 곳이 수용소였다. 난민수용소, 우리는 난민의 자격으로 고국에 돌아온 것이다.

　방역과 통관 절차 때문이라고는 하나 기분이 언짢을 수밖에 없었다. 짐을 한곳에 모아 놓고 모두가 일렬로 늘어서서 주사를 맞았다. 미군 병사들이 옆에 서 있다가 옷 속에다 디디티를 뿌려댔다.

어린아이고 어른이고, 남자고 여자고 가릴 것 없이 무조건 파리약 뿌리듯이 쏘아대는 통에 멀쩡하게 당할 수밖에 다른 도리가 없었다.

　방역이 끝나는 대로 짐이 있는 곳으로 돌아와 보니 누군가가 보따리를 뒤진 흔적이 있었다. 우리가 없는 사이에 짐 검사를 한 것까지는 좋았으나 더러 없어진 물건이 있었다. 우리에게는 별로 값진 물건은 없었으나 역시 몇 가지 없어진 것이 있었다.

　여기저기서 또 한바탕 욕지거리가 쏟아져 나오고 웅성거리기 시작했으나, 정작 짐 검사를 한 미군들은 종적이 없고, 옆에서 미군을 도와 심부름을 했던 동포들만 궁지에 몰리게 되었다. 미군들이 물건을 집어가는 걸 보긴 했으나 어쩔 수가 없었다는 것이다. 미군들은 당시 승전군이자 우리에게는 해방군이었다. 몇몇 못된 병사들이 저지른 일이겠거니 여기면서도 어쩐지 뒤가 개운치 않았다.

　통관이 끝난 후 우리는 곧바로 부산역으로 가 화물차에 올랐다. 수용소에서 나올 때 차삯이라고 20원인가 받은 것이 기억에 있는데, 부산 부두에서부터 부산역을 떠나올 때까지도 수천 명의 동포가 귀국한 것을 환영한다는, 그 흔한 현수막 하나가 걸려 있는 것을 본 기억이 없다.

　부산에서 탄 화물차는 이름 그대로 화물을 싣는 차였다. 하기야 화물에도 방역은 필요하고 서울까지 가는 운임도 있어야 할 것이었다.

　기차는 가고 싶으면 가고, 쉬고 싶으면 또 마냥 눌러앉아 있었다. 화물차 안은 마치 노구솥 안에라도 들어가 앉아 있는 것같이 훅훅 열기가 달아 오르다가도 해가 떨어지면 통풍을 위해 문을 열어둘 수밖에 없었기 때문에 싸늘한 한기가 돌았다.

　또 하나 눈살을 찌푸리게 하는 것은 기차가 설 적마다 화물간으로 기어올라와 설쳐대는 경찰관들이었다. 아무에게나 반말 짓거리로 대하고 위세를 부리는 꼴이 꼭 왜정 때의 경찰을 그대로 뽑아다

박아놓은 것만 같았다.

　부산에서 서울까지 여러 곳을 거쳐오는 동안 그런 어처구니없는 작태는 어디서나 똑같이 행해졌다. 서로 입을 맞추고 행동통일을 연습했더라도 그렇게 한결같이 나댈 수는 없었을 것이다. 미 군정 당국이 일본인 앞잡이 노릇을 하던 이들을 그대로 고관으로 채용하고 있는 마당에 경찰관이라고 별다를 수는 없었겠지만, 너무나도 뻔뻔스럽게 구는 꼴은 차마 눈 뜨고 볼 수가 없을 지경이었다.

　기차가 서기만 하면 몇몇 사람은 아예 눈을 딱 감고 앉아 있기도 했다.

　기차는 부산을 떠난 지 이틀만인 5월 17일 저녁 여덟 시가 다 돼서야 서울에 들어왔다. 우리 일행이 서울에 몸을 내리면서 제각각 감회가 달랐을 것이 틀림없는데, 성엄으로서는 꼭 28년만에 서울에 온 셈이었고, 내 경우도 1931년에 마지막으로 여섯번째 국내 내왕 이후 처음이니 15년만에 서울을 대하는 셈이었다.

주소만 들고 찾아간 집

　서울역 광장에 서서 바라다보는 해진 녘의 남대문은 을씨년스럽기 그지없었다. 이미 날이 어두웠는데도 가로등 불빛이 거의 없었던 탓인지 불길한 느낌마저 들었다. 바라지도 않았던 일이지만, 우리를 마중나온 사람은 아무도 없었다. 쓸쓸한 귀국이었고, 참담한 귀향이었다.

　우리 일행이 역 광장에서 서로 헤어지며 주소를 일러주고 하면서 작별의 정을 나누느라 제법 시끌시끌한 것이 왠지 더욱 서글픈 마음만 더하게 했다. 나는 얼른 그 자리를 빠져나오고 싶었다. 서로가 얼굴을 쳐다보고 있는 것이 괜스레 상대방에게 짐을 지우는 것만 같았다.

　소지품 속에 간직해 두었던, 시동생 각한의 혜화동 집주소가 적혀 있는 종이 쪽지를 꺼내들고 나는 성엄과 후동이를 재촉했다. 역

광장을 빠져나와 마차에 짐을 싣고 부랴부랴 혜화동으로 길을 잡았다. 주소만 가지고 집을 찾을 요량이었다. 시어머님이 기다리고 계시는 시댁이었다.

이미 날이 어두워진 후여서 초행길인 혜화동에 가서도 한참 동안 이 집 저 집을 기웃거리고 나서야 옳게 집을 찾을 수 있었다.

혜화동 집에는 시어머니와 시동생들, 돈암동에 사는 시누이 모녀가 와서 우리를 기다리고 있었다.

그 후의 일이야 어찌 붓 끝으로 다 적어낼 수가 있으랴. 성엄이나 내가 어머님께 절이라도 제대로 올렸는지 모르겠다. 손자 후동이가 이렇게 컸습니다. 인사는 시켰을까? 그 동안 별고없이 지내셨느냐고 안부를 여쭙기는 했을까? 우선 다급한 건 말이 아니었다. 손목이라도 붙잡고 붙들리고 부둥켜 안아보기라도 해서 몸 성히 살아있음을 서로 확인하는 것이었다.

얼마가 지나 낙수를 이루던 눈물이 흐느낌으로 바뀔 때쯤 해서 그 자리에 보이지 않는 시동생 각한의 안부를 성엄이 물었다. 시동생은 며칠 동안 매일 서울역에 나가 우리를 기다렸으나 기차 도착 시간이 정해지지 않아 헛탕만 치고 돌아왔다는데, 오늘도 서울역에 나갔다는 것이다. 길이 엇갈렸던 것이다.

밤 10시가 되어 시동생이 돌아왔다. 그는 형 성엄을 보자 아무 말 없이 부둥켜 안고 하염없이 소리없는 눈물을 흘렸다. 27년 전 형의 모습을 기억해 내려는지 성엄의 얼굴을 들여다보다가는 또 어깨를 감싸안고 마냥 울었다.

27년. 서로의 얼굴이 기억에서 희미해질 만한 세월이었다. 그러기에 두 형제의 재회는 더욱 감격적이었다.

각한은 성엄보다 열 한 살이 아래였으므로 열 살 때부터 편모슬하에서 자란 셈으로 결코 평탄하지 않은 환경에서 집안을 지켰다. 그는 어려서부터 성품이 온순하고 참을성이 대단했다. 또한 재주가 뛰어나 팔방미인 소리를 듣곤 했는데, 특히 그림에 소질이 있었다. 시동생은 그래서 그때 이미 중견 화가축에 끼어 있었다.

성엄의 바로 밑 동생 용한 내외는 이미 다 세상을 떠난 후였고, 그들 사이의 아들인 석동이는 당시에 중국에 남아 광복군 제2 지대에서 활동하고 있었다. 석동은 우리가 귀국한 다음 해에 귀국했다. 큰시누이 정원은 시집을 갔으나 딸 하나만 두고 그만 청상 과부가 되어 주로 친정에 와서 있었고, 중국에 갔던 막내 시누이 영원은 귀국 후 상당히 연상인 의사 박무빈(朴武彬)과 혼인하여 역시 4남매를 낳았는데, 내외가 해방 전에 석왕사로 소개나가 그때까지도 38선 이북에서 살고 있었다.

백범이 달마다 건네준 생활비 만원

국내 사정은 험악하게 돌아갔다. 신탁통치 문제 때문에 동포끼리 서로 미워하고 헐뜯고 심지어 폭력까지 동원되는 지경이었다. 무엇보다도 안타깝고 한심스러운 것은 일본의 앞잡이들이 해방된 지 만 10개월이 지났는데도 날이 갈수록 더욱 날뛰는 현실이었다.

바뀐 것은 국내의 정치현실뿐이 아니었다. 그 동안 나 개인을 비롯해서 우리집을 돌봐주고 도와주던 많은 이들이 국내에 있었으나 적지않은 주변 사람들이 우리를 꽤 섭섭하게 대했던 게 사실이다. 내가 1931년에 조국을 다녀갈 때, 독립이 되기 전에는 다시는 오지 않겠다고 나름대로 속을 다지면서 상해로 떠났던 것은 결코 개인 감정의 문제가 아니었다. '누구시더라' 하던 말이 아직도 머리에서 떠나지 않는 걸 어쩌랴. 나 혼자 배불리 먹고 잘 살겠다고 그들에게 협조를 구한 것은 결코 아니지 않는가?

그런데 이제는 사정이 바뀌었다. '누구시더라' 하면서 고개를 갸우뚱했던 사람들의 입장에서 보면 그렇다. 그렇기에 냉소와 푸대접으로 나를 대했던 친척이며 친지들이 줄을 이어 우리집으로 찾아드는 것이 아닌가? 왜일까? 단순히 반가와서일까? 그뿐만은 아닌 게 분명했다. 그들의 태도가 그걸 증명했다.

'전쟁 난민'이라는 이름으로 미군 수송선을 타고 상해를 떠나 부산을 통해 독립된 조국에 들어온지 1년이 지났을 때(1947)의 세 가족. 외아들 후동은 보성중학교 5학년에 재학중이었다

    우리가 금의환향한 것은 결코 아니었다. 그러나 성엄이 비록 임정의 국무위원이 되어 귀국한 것은 아니지만, 해외에 망명했던 2대 정당 중의 하나인 한독당의 주요 간부의 한 사람이었던 것만은 틀림없었다. 그러니 '누구시더라'의 처지에서 보면 성엄이, 아니 우리집이 소위 '한 자리' 할 가능성이 있어 보였기 때문일까?
    만에 하나라도 그들이 그렇게 생각하고 우리집을 뻔질나게 드나들었다면 그건 큰 오산이었다.
    중경에서 애국부인회를 만들 당시 우리는 귀국 후에 부인회가 나서서 해야할 일들을 구상한 바 있었지만, 사실상 부인회는 해방과 더불어 자연 해체되고 말았다. 나 개인으로서는 내가 귀국 후에 특별히 나라 일에 보탬이 되리라고는 생각해 본 적이 없고, 또 그럴 능력도 없다고 판단했었다.

그리고 귀국한 후에도 나는 주부로서의 역할이나 충실하게 하리라고 마음먹고 있었다. 성엄도 정치에 투신할 생각은 없었던 것 같다. 그러나 우리나라가 실질적으로는 독립이 안된 상태였기 때문에 할일이 아직 끝나지 않았다고 판단하고 한독당을 중심으로 계속 활동하는 것은 당연한 일이었다.

귀국 후 우리의 살림은 아주 궁색했다. 당시 대부분 서울 시민들의 주식이라는 것이 미국에서 들여온 사료용 옥수수였으므로 우리는 그 옥수수로 끼니를 이어야 했다. 시동생 각한이 중견 화가라고는 하나 그림으로 생계를 유지한다는 것은 여간 어려운 일이 아니었고, 성엄도 고정 수입이 있을 리 없어서 많은 식구에 쪼들리는 살림은 전과 다를 바 없었다. 굳이 고정 수입이라고 이름붙일 만한 것이 있었다면, 백범이 한 달에 한 번씩 건네주는 돈 만원이 있었다. 차마 받아 쓰기가 쑥스럽고 죄스러운 돈이었다.

중국에서 친히 지냈던 사람들하고는 귀국 후에도 자주 만나게 마련이었다. 성엄과 나는 혜화동 집에 계속 머물러 있었다. 일파의 가족은 혜화동에서 가까운 성북동에 살았으므로 우리 집과 가장 내왕이 많았다. 삼선교에 사는 소앙의 댁도 자주 들르곤 했고, 백범과 우사도 자주 찾아뵙는 편이었으며, 충무로에 있는 한미호텔에는 우천 조완구 등 여러 분이 계셨으므로 한미호텔에도 발길이 잦았다.

이 분들과는 비록 나이 차가 많다고는 하나 전혀 허물없는 사이었으므로 무엇이든지 여쭈어 보고 답을 듣고 의견을 나눌 수 있었다. 또한 선배나 친우들과 만나는 자리에서도 나의 정치에 대한 식견이 대단하지 않았으나마 역시 주된 화제는 나라 걱정이었다.

성엄은 한독당 당사를 연락처로 사용하였다. 한독당에는 당시 그 최고의결기관으로 13명으로 구성된 중앙상무위원회가 있었는데 성엄은 그 중 한 사람이었고, 위원 중 절반 가량은 수십 년 동안의 혁명 동지들이었다. 상무위원 중에는 귀국 후 한독당에 흡수 통합된 국민당의 당수 민세 안재홍(民世 安在鴻)*과 「조선일보」 사장인 방응모(方應模)** 등도 들어 있었다.

나는 당사에 나갈 일이 없어 국내에서 선출된 사람들과는 대부분 인사도 하지 못한 사이였는데, 한독당 간부 중에서 조억제(趙億濟), 신창균(申昌均) 등은 우리집을 찾아오기도 하고, 우리 가족을 초대하기도 하여 잘 아는 사이가 되었다. 민세의 부인도 알게 되어 우리집이 돈암동으로 이사한 후에는 집이 가깝기 때문에 자주 왕래하게 됐다.

성엄이 국내에서 사귄 친구 중에는 석오의 아들 이의식(李義植)과 의백 형제가 있다. 의백은 상해에 온 일이 있어 이미 20여 년 전부터 아는 사이였으나 국내에 와서 더욱 돈독히 지냈다. 이의식 박사는 우리나라의 저명한 내과의사였는데, 민세와 함께 국민당을 창설하였다가 함께 한독당에 가입하여 역시 한독당 최고 간부로 있었다.

성엄은 1947년 3월에 '독립운동사자료수집위원회'를 만들어 그 대표가 되었다. 성엄은 성격이 아주 침착하고 꼼꼼한 편이어서 언제나 모든 일을 하나도 빼놓지 않고 기록하는 습관이 있었다. 중국에 있는 동안에도 늘 독립운동에 관계된 자료를 모으고 기록해서 자료를 귀물처럼 여겼다. 그렇기 때문에 자주 이사다니는 와중에서도 그 자료만큼은 꼭 몸에 지니고 다녔고, 귀국할 때는 물론 가장 소중히 간직해서 가지고 왔었다.

---

*1891~1965. 1912년 상해로 망명. 1945년 국민당을 조직하여 당수에 취임.「한성일보」사장, 미군정청 민정 장관, 제2대 국회의원 등을 지낸 후 6·25사변 때 납북, 평양에서 사망.

**1890~?. 1932년 운영난에 빠진 「조선일보」에 거액을 투자하여 사장이 됨. 1940년 「조선일보」가 총독부로부터 강제 폐간당하자 출판사 조광사를 경영하였으며, 8·15광복과 동시에 「조선일보」를 복간함. 6·25동란 중 납북됨.

독립운동사자료수집위원회는 성엄이 귀국하기 전부터 구상하고 있던 것으로, 내가 알기로는 꽤 엄청난 분량의 자료가 모아졌던 것으로 안다. 나는 이 자료들을 6·25 동란이 끝날 때까지도 잘 보관해 두었는데, 그 후에 그만 모두 분실하고 말았다. 안타깝기짝이 없는 일이다.

이승만과 백운장

1948년 2월 6일. 이 날은 성엄의 생일이었다.

중국에 있을 때는 때 맞추어 생일을 찾아먹는다는 게 여간 힘든 일이 아니었다. 간혹 생일이 가까와져서 미리 생각이라도 난다면 모를까, 그렇지 않고 며칠 전 몇 달 앞서 날짜를 꼽고 벼르다가 오늘이 내 생일이요, 당신 생일이요 하고 깍듯이 생일상을 받기란 가당치 않은 일이었고, 또 그럴 형편도 못 되었다.

서울에 돌아와서도 살림 형편이 썩 나아진 것은 아니지만, 그래도 중국에서보다는 마음이 한결 가볍고 정신적으로도 여유가 생긴 건 사실이었다. 그렇다고 마흔 여덟번째 성엄의 생일을 맞아 잔치집 분위기를 마련할 만한 상황은 아니었고, 다만 중국에서 함께 지내던 동지들과 국내에서 사귄 친우들을 저녁식사에 초대해 간단한 술 자리를 갖기로 했다.

성엄은 내게 간단한 술 자리를 마련하자고 의논한 다음, 생일 저녁에 주위의 친한 사람들을 초대했다. 따라서 그 자리만큼은 공적인 일을 떠나 사사로이 모이는 자리였다. 그러나 남한만의 단독정부 수립을 지지하는 사람들은 하나도 오지 않았다. 꼭 성엄과의 정치적인 대립 때문이라고는 할 수 없었으나 어떻든지 그들은 오지 않았다. 마침 그날이 유엔 한국위원단이 공항에 도착하는 날이라 대부분 위원단을 마중나간 탓도 없지는 않았다.

아무래도 정치에는 대립이라는 것이 꼭 있게 마련인가 보다. 자기의 소신이나 자기가 속해 있는 정당의 전체 의사에 따라 움직이다 보니 아무리 개인적으로 친분이 두터운 사이라 하더라도 일단 정치 견해가 다르면 거리가 생겼다. 성엄의 생일에 성엄과 반대되는, 단독정부 수립 지지 의사를 가진 사람들이 한 명도 오지 않았다는 것이 그리 커다란 일은 못 되더라도 어쨌든 당시 정국의 양분된 상황을 잘 나타내는 것임에는 틀림없었다.

남과 북이 각각 미군과 소련군의 점령하에 들어가면서 '남한'과 '북한'이라는 신조어가 생겼고, "남한만이라도 즉시 자율적 정부를 수립해야 한다"는 정읍에서의 이승만 연설을 꼬투리로 해서 남한에서는 단독정부 수립 지지와 반대라는 분열이 생겼던 것이다. 분단의 영속화를 반대하는 세력은 우리나라 사람들끼리의 협상을 통해 통일을 추진하려고 했으며, 그러기 위해서는 남한만의 선거에 의한 단독정부 수립을 막아야 한다고 생각하고 있었다.

그러나 실제로 남한을 관할하고 있는 미국의 '남한만의 단독정부 수립' 정책은 이미 기정사실화되어 있었으므로 단순한 호소만으로 이것을 저지한다는 것은 거의 불가능한 일이었다.

어쨌든 성엄은 단독선거를 반대하는 입장이었다. 성엄의 확고한 단선 반대 활동은 우남(雩南) 이승만과의 개인적인 우정마저도 끝내 깨뜨리고 말았다.

우리집은 우남과 개인적으로 무척 가까운 사이였다. 그가 1904년에 출옥하여 도미할 때* 시아버님이 그의 뒤를 많이 돌봐주었다. 심지어 집 내실에까지 데리고 와 도미 자금에 쓰라고 상당한 액수의 사재를 내준 적도 있다. 그런 연유로 해서 우남이 상해에서 미국으로 갈 때 성엄에게 동행할 것을 권하기도 했던 것이다.

---

*이승만은 20대에 서재필의 「독립신문」 등에 논설을 집필하고 만민공동회를 개최하는 등 독립사상 고취와 민중 계몽에 투신했었음. 또한 그가 부패한 정부를 상대로 활발한 비판 활동을 벌이자 정부측 단체인 황국협회가 나서서 이승만의 정치활동을 저지하게 되었고, 이승만은 황국협회와 맞서 싸우다가 체포되어 7년간의 옥고를 치르게 되었는데, 출옥 후 민영환의 주선으로 고종의 밀서를 가지고 루스벨트 대통령을 만나기 위해 미국으로 건너갔었음.

우남과의 그러한 관계는 귀국 후 정치적인 견해의 대립으로 틈이 생기기 시작했고, 결국 백운장(白雲莊)의 연고권 문제를 기화로 해서 사이가 벌어지게 되었다. 서울시 종로구 청운동에 있는 백운장은 서울에서 가장 훌륭한 사저 중의 하나로 시아버님 때 지어진 시댁 소유의 사택이었다. 내가 처음 서울 시댁에 들어왔을 때 인왕산 기슭의 백운장에 발을 들여 놓으면서 그 으리으리한 규모에 기가 질린 일이 있었다. 서울 장안에서는 으뜸가는 주택으로 만여 평의 숲이 집 둘레를 싸고 있었다.
　시아버님이 백운장에 기거하기 전에는 조정 대신들 중에서 가장 보잘것없는 초라한 집에서 살고 있었다. 그만큼 시아버님은 청렴하고 결백하기로 이름이 나 있던 분이었는데, 1904년에 창덕궁의 정원인 비원(秘苑)의 중수공사가 있을 때에 시아버님이 비원장(秘苑長)의 직임을 맡아 중수 공사를 주관하게 되었다.
　비원의 건축공사는 서예가로 널리 알려져 있을 뿐만 아니라 조각이나 건축 분야에서도 탁월한 재능을 발휘한 만능 예술가인 위창 오세창(葦滄 吳世昌)*이 맡았다. 비원 공사가 끝난 후 황실에서는 동농의 자택이 형편없다는 것을 알고 비원 건축에서 남은 자재로 위창의 감리하에 백운장을 짓도록 했다.
　시아버님은 여러 차례 백운장 건축을 사양했으나 결국 황실의 권고에 따라 백운장에 들어가게 되었는데, 망국 후 얼토당토 않은 일에 휘말려 백운장의 소유권이 일본인의 손에 넘어가게 되자 재판정에까지 소유권 문제가 확산되었다. 그러나 시아버님이 재판 도중 상해로 망명을 함으로써 백운장은 자연히 일본인 소유로 넘어갔고, 해방이 될 때까지 일본인의 소유가 되어 있었다.
　그러나 해방과 더불어 백운장은 적산(敵産 : 적국이나 적국인이 소유하고 있는 재산으로 해방 전에 한국 내에 있던 일제나 일본인

---

*1864~1963. 3·1운동 민족 대표 33인의 한 사람. 손병희와 함께 천도교 세력을 이끌며 기미 독립선언에 참가. 해방 후 한국민주당 당수 등을 지냄.

소유의 재산을 일컫는 말임)이 되었고, 우리는 당연히 연고권을 주장할 수 있었으므로 성엄은 우선 백운장을 임대하려고 수속을 밟았다.

백운장 임대를 위한 제출 서류에는 보증인이 필요했다. 성엄은 백운장의 내력을 잘 아는 세 사람을 보증인으로 내세웠다. 백운장을 직접 감리했을 뿐만 아니라 아버님이 대한자강회 회장으로 계셨을 때 비서로 일한 적도 있는 위창과, 백운장에 드나든 적이 있는 우남, 그리고 우사였다. 특히 우남은 이 일이 있기 전 성엄이 귀국하여 인사를 갔었을 때 먼저 백운장 얘기를 꺼내기도 했다.

"내가 백운장 내실에 가서 동농 선생을 뵌 적이 있지. 대부인께 인사드리러 언제 한번 가야 할 텐데."

물론 그 후 우남이 우리집에 온 일은 없다.

아무튼 성엄이 백운장의 임대 청구서에 보증인으로 서명을 해달라고 우남을 찾아가자 우남은 도장을 찍어 주면서 토를 달았다.

"독립이 되면 찾게 될 터인데, 서두를 필요가 있을까?"

마침내 백운장은 미 군정 당국의 임대 허가가 나와 성엄이 조흥은행에 임대료를 물고 임대를 받을 수 있었다. 그러나 미 군정 당국은 1948년 정부 수립이 될 때까지 결국 백운장의 소유권을 우리에게 넘겨 주지 않았다.

그리고 정부 수립이 된 후 우남은 여러 해에 걸쳐 모든 귀속재산을 소유자에게 다 불하(拂下)해 주면서도 백운장만은 유서있는 건물이라는 이유로 불하하지는 않았다. 우남이 정권을 잡고 있을 당시 가장 큰 이권의 하나가 이른바 귀속재산 불하였으며, 대부분이 집권 초기에 다 불하되었는데도 백운장만은 연고자가 나타나지 않았다 하여 그대로 두었던 것이다.

우남이 4·19로 물러난 후 아들 자동(귀국 후 성엄이 아들의 이름을 후동에서 자동(滋東)으로 고쳐 주었다)이 조흥은행의 임대료 영수증과 증빙서류를 갖춰 다시 불하를 받으려고 수속하던 중 5·

16이 났고, 5·16 직후 재정 부정이 여러 곳에서 말썽을 빚는 와중에 백운장은 결국 미국인이 운영하는 교회측으로 그 소유권이 넘어가고 말았다. 새 정권이 불하되지 않은 귀속재산을 그냥 두었을 리 없으니, 재빨리 미국인 교회에다 불하처분시켜 버린 것이다.

어쨌든 백운장에 얽힌 결코 아름답지 못한 이 이야기는 성엄과 우남의 정견 대립에서 빚어진 웃지 못할 사건이면서, 동시에 해방 직후 단독정부냐 아니냐의 양파가 날카롭게 신경을 곤두세웠던 양상을 보여 주는 좋은 예라 할 수 있다.

1948년 2월, 백범은 '삼천만 동포에 읍소(泣訴)한다'는 제하에 남조선의 단정 수립을 반대하는 성명을 발표하였고, 얼마 후 성엄이 민족 지도자 전원이 서명하는 단선반대 성명서 작성을 구상하여 칠거두(七巨頭) 성명이 작성되었다.

그 결과 김구, 김규식, 조소앙, 조완구, 조성환, 홍명희(洪命熹), 오화영(吳華英)* 등 7인은 공동성명 형식으로 남한 총선거 불참의 의사를 표시했는데, 이는 백범이 남북협상을 제의한 지 나흘 후에 발표된 것이었고, 주한 미군 사령관인 하지 중장이 '남한만의 총선거 시행'을 발표한 지 열 하루만에 나온 대응책이었다.

이 7인의 공동 성명은 획기적인 일이었다. 그때로서는 민족 최고 지도자 대부분이 남한만의 단선을 반대한다는 입장을 취한 것이다. 성엄의 최초 서명 목표는 9명이었으나 성재와 송석 김완규(松石 金完圭)**가 서명에 불참했다.

성재는 "우리가 반대한들 무슨 소용이 있나?"라면서 서명을 거절했고, 오화영과 더불어 3·1운동 33인의 한 사람인 송석도 서명

---

*1880~?. 3·1운동 민족대표 33인 중의 한 사람. 기독교계를 중심으로 배일 독립정신의 고취에 힘쓰다가 3·1운동 때 투옥됨. 출옥 후 목사로 신앙부흥과 민족정신 함양에 노력, 해방 후 정치대학 학장을 지냈고, 제2대 민의원에 당선됨. 6·25때 납북.
**1877~1949. 한일 합방 후 천도교에 입교하여 봉도(奉道) 간부직을 지내다가 3·1운동 때 민족대표 33인 중의 한 사람으로 참가, 체포되어 2년간 복역함. 출옥 후 도사(道師)가 되어 종교활동과 민족운동을 계속. 해방 후에는 국민회 재정부장을 지냄.

1948년 남북협상시 한독당 8인 대표 중 4인이 평양 대동강변 부벽루 앞에서. 왼쪽부터 김의한, 조소앙, 최석봉, 신창균

하지 않았는데, 성엄의 말에 의하면 두 사람은 모두 단선을 반대하는 입장이었다는 것이다. 송석은 성엄의 일가로 조항(祖行 : 할아버지뻘 되는 항렬)이었고, 내게는 친정으로 육촌 오라버니가 되기도 했다.

1948년 봄, 한독당의 영수(領袖)인 백범을 중심으로 남북협상이 추진되었다. 미 군정의 단독선거 계획이 하나하나 추진되고 있던 그 무렵에 백범 등의 남북협상 구상은 많은 어려움을 안고 있었다. 그러나 4월 19일에 백범 등 민족 지도자 일행은 결국 평양으로 출발했다. 한독당의 협상 대표자는 백범, 소앙, 우천, 일파의 네 명과 성엄이었다.

그러나 북한 공산주의자들은 노동당을 비롯한 그들의 단체를 동원하여 남북협상을 그들의 정치선전에 이용했고, 백범 일행은 협상에 참가하지 않은 채 5월 5일 서울로 돌아와 버렸다. 남북협상은 실패한 것이다.

나흘 후인 5월 9일은 남한만의 단독정부 수립을 위한 국회의원 선거일로 이미 공포되어 있었다. 그러나 그 날이 마침 일식(日蝕)이 있는 날이라고 뒤늦게 알려져 선거는 하루 연기된 10일로 하기로 되었고, 선거를 앞둔 9일에는 아시아의 대부분 지역에 개기일식이 일어나 세상이 온통 어둠에 잠겨 버렸다.

독립된 조국에서 국민의 대표자를 뽑는 역사적인 첫 선거는 그나마 남한에서만의 반토막짜리 선거였고, 그것마저도 우리끼리의 자주적인 선거가 아니라 '유엔 한국위원회의 감시 하에'라는 단서가 붙어 있었다.

수십 년만에 한번 있다는 그 개기일식의 어둠은 점점 더 짙어지는 듯했고, 쉽사리 가실 것같지 않았다.

민족은 분열되고

감찰위원이라는 자리

해방 직후의 국내 사정은 정치에 관심은 있지만 직접 관여하지 않은 나같은 사람이 헤아리기에는 역부족일 만큼 복잡했다. 남한과 북한이 이미 나뉘었고, 남한에서도 우익과 좌익의 대결이 심각한 상태로까지 발전된 상황에서 우익진영 내부에서도 여러가지 정치적인 쟁점을 둘러싸고 파가 갈려 있었다.

따라서 8·15 해방에서부터 몇 년 사이에 벌어진 사건들은 모두가 역사적으로 기록될 만하고 또 기록되어야만 하는, 민족과 조국의 행방을 가늠하는 굵직굵직한 대사건들이었다.

5·10 총선거의 결과로 우남을 의장으로 하고, 해공과 김동원(金東元)을 부의장으로 하는 제헌국회가 구성되었다. 그리고 7월에는 우남이 대통령에, 성재가 부통령에 선출되었다. 또한 조국이 일제의 강점에서 벗어난 지 꼭 3년이 지난 8월 15일 상오 0시를 기해 미 군정이 폐지됨과 동시에 대한민국이 수립되었다.

그러자 북한이 이에 맞서기라도 하듯이 다음 달 9일에 소위 조선민주주의인민공화국의 성립을 선포했다. 마침내 한반도에 두 개의 정부가 들어선 것이다.

성엄은 끝까지 단독정부 수립을 반대했다. 우남과의 관계도 이미 산산조각이 났다. 오랫동안의 동지 관계가 무우쪽 베이듯이 끊어진 것이다.

정견의 차이란 것은 정치인들 사이에서는 흔히 있을 수 있는 일이다. 그것은 상해의 임시정부 시절이나 중경에서도 마찬가지였다. 그러나 우남과 성엄의 경우는 단순한 정치 견해의 차이를 떠나 개인적인 일에까지 파급된 것이기에 안타까울 뿐이었다.

내가 정치 일선에 몸을 담고 있지는 않았으나 외자인 성엄이 정치계에 있었고, 주위의 여러 어른이나 친우들이 또한 정치의 거센 물결을 타고 있었기 때문에 자연히 정치에 관심을 두지 않을 수 없었다. 내가 정치에 관심을 가지게 된 것은 어쩌면 당연한 일이었는지도 모른다. 30여 년이라는 결코 짧지 않은 세월을 정치현장의 와중에서 지냈지 않았던가? 그러한 내 정치경력(?)을 시험해 보기라도 하듯이 정계의 손길이 내게 뻗쳤다. 정부조직에 참여하지 않겠느냐는 제의가 들어온 것이다.

대한민국 정부 수립이 선포되면서 정부기구 구성이 한창인 어느 날 성재 이시영 선생으로부터 내게 연락이 왔다. 긴밀히 만나 나눌 얘기가 있다는 전갈이었다. 성재는 상해에 있을 때부터 내게 공부를 가르쳐 주었고, 내가 모시기도 했으므로 석오 이동녕 선생과 더불어 나와는 각별한 사이였다.

그러나 성재가 내게 베풀어 주는 것만큼 내가 성재를 극진히 모실 수 있는 처지는 못 되었었고, 귀국 후 성재가 백범을 비롯해 임정에서 활동하던 모든 이들의 예측을 벗어나 혼자 단정에 참여한 후부터 사실상 성엄이나 나와는 다소 불편한 관계가 유지되고 있었다. 그런 상황에서 성재가 왜 나를 찾는지 그 이유가 쉽게 짐작되지 않았다.

어쨌든 내가 성재를 찾아가자 성재는 나를 반겼고, 나 역시 웃는 낯으로 인사를 드렸다. 성재는 시어머님의 안부를 묻고 이런저런 얘기 끝에 불쑥 일거리를 하나 맡아 보지 않겠느냐면서 신중한 태도를 보였다. 그리고 정부기구가 어떻게 구성되고 있다는 개략적인 설명을 곁들이면서 감찰위원회 위원을 맡으라는 것이었다.

성재가 부통령이 된 것도 뜻밖의 일이었지만, 성재가 나보고 정부기구의 핵심 자리를 맡으라고 한 것도 뜻밖이었다. 성재는 내가 스무 살이었을 적부터 줄곧 나를 지켜본 사람이었다. 그러니 내가 어떤 사람이라는 것은 누구보다도 잘 알고 있는 터였다. 그리고 그 점에서는 나도 마찬가지로 성재에 대해서 익히 알고 있었다. 성재가 나라는 사람의 됨됨이를 보고 그런 중요한 자리를 내게 맡긴 것은 무척 고마운 일이었다. 그러나 성재의 제의는 이미 나로서는 받아들일 수 없는 제의였다.

감찰위원회는 성재가 중국 손문 정권의 감찰원을 본따 만든 것으로, 성재로서는 이 감찰위원회에 큰 기대를 걸고 있었다. 손문이 만든 중국의 헌법에는 3권분립 대신 5권분립 제도가 채택되었다. 입법, 사법, 행정 외에 감찰원과 고시원을 추가하여 5개 원으로 분리시킨 것이었다. 그러나 이 5권분립 제도를 채택한 중국의 삼민주의 체제는 제대로 실효를 거두지 못했다. 입법원의 위원은 제대로 선출된 일이 없었고, 사법원은 다른 후진 독재국가들과 같이 행정부의 시녀에 지나지 않았으며, 행정원조차도 장개석이 주석에 취임하기 전까지는 사실상 전권을 장악하고 있던 군사위원회(위원장이 장개석이었다)의 지배 밑에 있었던 것이다.

고시원은 중국 전래의 과거제도를 도입하여 공정한 인사관리를 하자는데 그 뜻이 있었으나 역시 유명무실한 기구에 지나지 않았고, 정부 감사를 맡는 감찰원도 고시원과 마찬가지로 실속이 없어 국민당의 실권없는 원로가 원장 자리를 맡고 있었다.

중국에서 처음 감찰원 제도가 도입되었을 때 손문은 이 기구를 통하여 정부의 극심한 부패가 근절되리라고 기대하였다. 그러나 감찰원보다 훨씬 강력하고 막강한 저 윗자리에서부터 부패가 퍼져 나왔으므로 감찰원은 빛좋은 개살구에 지나지 않았던 것이다.

대한민국의 새로운 정부조직에 감찰위원회와 고시위원회가 채택된 것도 이러한 중국정부 조직의 영향을 받은 것이었다. 성재는 실권이라고는 거의 없는 부통령직에 취임하는 데 동의하는 대신 감찰위원회의 구성을 자신에게 맡길 것을 요청했던 듯싶다. 우남도 감찰위원회가 권력과는 크게 상관이 없는 기구였으므로 선뜻 그 기구의 인사권을 성재에게 맡겼다 한다.

성재는 중국정부의 감찰원 제도가 원래의 목적대로 움직이고 있지 못하다는 것을 누구보다도 잘 알았을 것이다. 그러나 대한민국에서 만큼은 운영이 잘 되어 감찰위원회를 통해 모든 부정이나 부패가 억제될 수 있으리라고 기대했던 것으로 여겨진다.

성재는 감찰위원회의 위원장직을 역사학자인 정인보(鄭寅普)*에게 맡기면서, 아마도 남녀평등의 원칙을 따르려 했음인지 위원 중에 여자 한 명을 넣기로 하고 나를 추천했던 것이다.

내가 성재의 말을 듣고 난색을 표하자 성재는 그 자리에서 당장 수락 여부를 대답하지 말라면서 거듭 재고할 것을 당부했다. 나는 성재의 제의를 지나치게 무시하는 태도도 예의가 아닐 듯싶어 생각해 보겠다는 대답을 하고 성재와 헤어졌다.

그러나 단정을 반대하고 선거에도 참여하지 않았던 나로서는 성재의 제의를 재고할 필요가 없었던 게 사실이다. 만약 내가 반쪽짜리 정부에 들어가 일을 한다면 그것은 민족적인 죄를 범하는 짓이라고까지 생각하고 있었기 때문이다. 집에 돌아와 성엄하고 의논해 본 결과도 마찬가지였다. 결국 나는 며칠 후에 성재를 찾아가 내 뜻을 분명하게 밝혔다.

성재는 그 무렵 혜화동에 살고 있어서 우리집과 가까왔기 때문

---

*1893~ . 국문학자. 사학자. 호는 위당(爲堂). 서울 출생. 1910년 중국에 유학하여 동양학을 전공하면서 동지들과 함께 1913년 상해에서 동제사를 조직. 귀국후 국사, 국문학, 유학을 연구하면서 우리나라 고대사, 실학, 국문학의 부흥을 꾀함. 1922년부터 연희전문학교 등에서 강의하고, 「시대일보」 「동아일보」의 논설위원으로 민중 계몽에 힘썼음. 6·25때 납북됨.

에 그 후에도 몇 번 더 만날 기회가 있었고, 그럴 때마다 겉으로 내놓고 말을 하지는 않았지만 무척 섭섭하게 생각하는 듯했다.

'감찰위원 정정화'가 앉을 뻔했던 그 자리는 나중에 유(兪)모라는 여인에게 돌아갔다. 그 여인은 후에 자유당의 중진이 되었는데 4·19 후에는 부정선거 관련으로 조사를 받기도 했다.

인간만사 새옹지마(人間萬事 塞翁之馬).

이 한마디는 아흔 살 가까이 살아온 내가 지금 늘 가슴 한켠에 품고 있는 말이다. 사람의 일이란 잘 되고 잘못되고를 따질 것이 아니라, 옳은 것인지 그릇된 것인지를 먼저 헤아려야 되지 않을까.

끝내 이국에 남은 시아버님의 유해

통일 조국을 이룩하겠다는 일념으로 갖은 어려움을 무릅쓰고 남북협상을 위해 평양에 갔다 돌아온 백범은 마치 죽기 전에 자신의 주변을 정리하는 사람처럼 주위의 미진했던 일들을 처리하기 시작했다. 남북협상이 실패로 돌아간 탓으로 허탈했던 심정도 있었겠지만 이미 백범의 나이 일흔 둘이었기에 생전에 처리해야 할 일들을 정리하고자 하는 뜻도 있었을 것이다.

백범은 어머님 곽여사와 부인 최씨, 맏아들 인을 중국에서 잃고 식구들의 유해를 그냥 중국에 남겨 놓은 채 귀국했었다. 어찌 백범의 가족들뿐이겠는가. 백범이 상해 시절부터 친형님처럼 모셨던 석오장이며, 임정의 비서장으로 백범의 오른팔과 다름없었던 동암 차이석 선생 등의 유해도 모셔오지 못한 처지였다.

백범은 성엄을 불러 중국에 한번 다녀오라고 했다. 어머님을 비롯해서 가족들의 유해와 동농, 석오, 동암, 예관 등 몇 분만이라도 우선 모셔야 될 것같아 차남인 신을 보내겠으니 데리고 갔다오라는 것이었다. 해외에 산재한 지사들의 유해가 어찌 한 둘일까마는 특히 가까왔던 몇 분만이라도 자신의 생전에 꼭 모셔야 되겠다는 의도였다. 새로이 들어선 정부가 헌법 전문에 밝힌 대로 임정의 정통성을 생각한다면 순국열사들의 유해 송환을 앞장서 추진하는 것이 원칙이었겠으나 그것은 기대할 수 없는 일이었다.

이보다 앞서 백범은 이미 애국단 출신의 이봉창, 윤봉길, 백정기(白貞基)* 세 의사의 유골을 일본으로부터 봉안하여 서울 시내 효창공원에 안장한 바 있다.

나는 백범의 생각이 아주 현실적이고 시기에 맞춤하다고 생각되어 기회를 놓치고 싶지 않았다. 하루라도 빨리 시아버님을 비롯한 석오장 등 여러 어른들의 유해를 모셔와야 했었다. 그러나 막상 성엄의 생각은 달랐다. 그는 통일정부가 몇 해 안에 세워질 것이 분명하니 그때 가서 모셔도 늦지 않는다고 고집을 피웠다.

결국 그해 8월 말에 신이 혼자 중국으로 갔다. 신이 한 달 남짓 중국에 머물면서 유해 송환을 추진해 백범의 가족과 석오, 동암 두 분의 유해를 봉안해 귀국한 것은 9월 22일이었다.

유해가 도착하는 날 인천항에는 각계 인사가 마중을 나왔다. 성엄과 내가 비록 시아버님의 유해는 빠졌지만 한 가족이나 다름없었던 백범의 가족과 석오장, 동암을 맞이하러 인천항에 나간 것은 물론이다. 그러나 대한민국 정부의 고관은 누구 하나 발 그림자도 비치지 않았다.

백범은 가족들의 유해를 소리 소문없이 국내에 안치시켰다. 주변 사람들에게도 제대로 연락도 하지 않은 채 조용히 일을 치렀던 것이다. 그러나 석오장과 동암의 장례는 백범 자신이 장례위원장

---

*1896~1936. 전북 정읍 출신의 항일투쟁 운동가로 3·1운동 직후 스물 네 살의 나이에 동지들을 규합, 경기 지역의 일본기관 파괴 공작을 수행하다 탄로나 역시 뜻을 이루지 못하고 상해로 건너가 무정부주의자 연맹에 가입하여 농민운동에 투신. 1928년에는 남경에서 개최된 동방(東方) 무정부주의자 연맹에 조선 대표로 참가하기도 했음. 1932년 상해에서 BDT 라는 흑색 공포단을 조직하여 테러 활동을 벌이던 중 1933년 3월에 이강훈(李康勳), 이원훈(李元勳) 등과 함께 홍구에서 주중(駐中) 일본대사 유기찌를 암살하려다 체포되었음. 그후 무기형을 받고 일본 나가사키 형무소에서 복역 중 1936년 5월 22일 옥사했음.

을 맞아 사회장으로 치러져 고국의 품에 안긴 유해는 효창공원에 모셔졌다. 지금도 나는 그때 시아버님을 모시지 못한 것을 뼈아프게 후회하고 있다. 성엄에게 우겨서라도 모셔야 했었는데, 그만 성엄의 고집을 꺾지 못한 것이 두고두고 안타깝고 죄스럽다.

적어도 내 판단으로는 당시의 정세가 쉽게 통일정부를 세울 만큼 밝지 못했다. 결국 40여 년이 지난 지금까지 이어져 오는 분단 조국이 아닌가. 성엄이 지나치게 낙관적이었다고 생각한다. 아들 자동이가 늘 입버릇처럼 모든 일에 "잘 될 겁니다, 잘 될 겁니다"하면서 낙관론을 펼 때마다 어쩌면 저렇게 부전자전일까 하는 생각이 든다.

백범의 죽음

1949년 6월 26일. 민족의 큰 별 하나가 떨어졌다. 백범이 경교장(京橋莊) 자택에서 정복을 한 현역 군인이 쏜 흉탄에 맞아 쓰러진 것이다.

돈암동 집에서 백범의 피살 소식을 들은 나는 그 길로 경교장으로 달려갔다. 백범의 시신은 흰 천에 덮여 있었다. 내가 반생을 받든 어른이 어이없게도 싸늘한 시신으로 내 앞에 모습을 보이시다니! 말문이 막힐 노릇이었다. 그분 앞에서 눈물을 보인다는 것은 오히려 죄스러울 것같았다. 왜 백범이 가야 했는가? 아니, 왜 백범을 없애야 했는가? 나는 그분 앞에서 많은 것을 물었고, 또 많은 것을 용서빌었다. 그러나 백범은 말이 없었다.

전국이 발칵 뒤집혔다. 당국의 조사 결과 안두희(安斗熙)라는 육군 장교의 단독 범행으로 결론이 났다. 안두희는 백범을 죽일 의사가 없었는데 백범이 '용공적인' 발언을 하는데 흥분해서 몸에지 지니고 있던 총으로 범행을 저질렀다고 했다.

그러나 당국의 조사 발표에 의구심을 가지고 듣는 이들이 많았다. 일제 치하 때부터 당국의 발표라는 것은 도대체 믿을 만한 것이 못된다는 불신풍조가 일반 국민들 사이에 팽배했으며, 또 사실상 당국 자체가 그런 불신을 살 만한 일을 서슴없이 하고 있기도 했다.
　더구나 이미 알려진 사실로 백범의 저격 당시의 상황은 상식으로는 이해하기 힘든 것들 뿐이었다. 우선 백범이 쓰러지자 기다리기라도 했다는 듯이 헌병 순찰차가 경교장으로 달려와 범인을 데려갔다. 그것은 체포라기보다는 보호에 가까운 조치였다고 수군거리는 이들이 많았다.
　사건 당시의 헌병사령관은 광복군 출신으로 나도 잘 알고 있는 장흥(張興)이었다. 장흥 사령관은 마침 일요일이었던 사건 당일 고향인 김포에 갔다가 백범 저격 소식을 듣고 귀경하여 저녁 늦게야 범인이 수감되어 있는 헌병대에 도착했다는데, 범인을 보려고 영창에 간 장 사령관이 영창 안에 특별히 침대까지 넣어 준 것을 보고 당장 침대를 치우라고 호통을 친 일이 있다 한다.
　사건 조사가 진행되면서 범인이 군인 신분(당시 안두희는 육군소위였음)이었던 관계로 장흥 헌병사령관은 해임이 되고 후임으로 부사령관인 전봉덕(田鳳德)이 취임했다. 전봉덕은 일제 때 고등문관 시험에 합격했으나, 법조계나 일반 행정직을 마다하고 일본제국의 경찰에 종사한 부일 협력자로 시세에 민감하게 처신하는 인물로 알려져 있었다.
　범인이 군인이었다는 사실로 세상의 눈길은 자연히 군부에 쏠리게 되었는데, 당시 국방장관으로 있던 사람은 '낙루(落淚) 장관'이라는 별명을 가진 신성모(申性模)였다. 선장 출신으로 한때는 상해에서 임시 의정원 의원직을 지낸 적도 있는 그는 이승만 탄핵에 관련되기도 했었는데, 어떤 곡절이 있었는지 이승만 정권의 국방장관을 지내고 있었다. 눈물을 흘리며 아첨을 잘하기 때문에 얻은 '낙루 장관'이라는 별명답게 처신을 잘했던 게 아닌가 한다.
　백범이 피살되었다는 보고를 받은 그는 대뜸,
　"이제 민주주의가 잘 되겠군."
하였다니 집권자들의 민주주의에 대한 정의는 그런 것이었나 보다. 그는 4·19 이후 백범 암살 배후를 규명하자는 원성이 높아질 무렵 급사했다고 전해진다.

백범 피살 사건과 관련된 의혹점은 한 두 가지가 아니었다. 그럴수록 국민들간에는 갖은 풍문이 떠돌아다녔으며, 추측이 만발하였다. 특히 범인인 안두희의 배후가 누구냐라는 데에 관심의 초점이 맞추어졌는데, 그 배후가 누군지에 대해서는 이미 공공연한 비밀이 되어 버렸다.

안두희는 한독당 서울시 중구당지부 위원장을 통해 이른바 '비밀당원'으로 한독당에 입당했다고 알려졌다. 그러나 당시 한독당에는 비밀당원제라는 제도가 없었다. 비록 내가 평당원에 지나지 않았으며, 귀국한 후로는 당사에 나가 본 일도 없었지만. 성엄이 당 최고 간부의 한 사람이었고, 나와는 모든 일을 상의하곤 해서 그 정도의 사실은 물론 알고 있었다.

비밀당원제는 정당법에 위배되는 것으로, 한독당 조직부장인 백파 김학규가 안두희를 비밀당원으로 입당시킨 위법을 저질렀다고 하여 그 죄로 3년형의 선고를 받아 서대문형무소에 수감되었다.

조직부장 자리는 원래 성엄이 맡기로 되어 있던 자리였다. 우리가 귀국한 지 1년이 지나 성엄이 한독당의 상임위원 겸 조직부장으로 선출되었던 것인데, 성엄이 조직부장직을 끝내 사양했으므로 광복군 제3지대장으로 있다가 귀국한 백파가 그 직책을 맡고 있었던 것이다.

백파가 비밀당원제를 운영하는 위법행위를 했는지는 알 수 없다. 다만 안두희가 중구지부 위원장을 통해 백파를 만나게 되었으며, 백파가 그를 백범에게 소개한 것은 틀림없는 듯하다. 백파와 중구지부 위원장과 안두희는 모두 평안도 출신 동향이라는 연유로 그들이 쉽게 친근해지지 않았나 하는 게 내 생각이다.

백범의 비서 선우진(鮮于鎭)군도 평안도가 고향으로 광복군 제3지대 출신이며, 지대장이었던 백파는 선우 군 등 지대원들의 존경을 받는 인물이었다. 백파는 지대원들로부터 '백파 영감'이라고 불리었다. 제2지대 출신의 지대원들이 지대장인 철기를 '이범석 장군'이라고 부르는 반면에, 백파가 친근감이 드는 '백파 영감'이라는 칭호로 불리는 것을 보면 백파가 휘하 지대원들로부터 사랑과 존경을 받았다는 것을 쉽게 알 수 있다.

어쨌든 백범을 가장 가까이서 모셨던 비서 선우진 군은 백파의 소개로 알게 된 동향 출신의 안두희를 믿었던 듯하며, 그러기에 사건 당일에 몸 수색도 안하고 권총을 지닌 안두희를 들여보낸 것이 아닌가 한다. 나중에 선우 군이 그 일로 추궁을 받았다는 말을 들은 일이 있으나, 민중의 추앙을 받는 지도자였던 백범이 방문객의 몸을 일일이 수색한다는 것도 어려운 일이었을 것이다.

백파나 선우 군은 누구보다도 백범을 위해 일을 한 동지들이었다. 안두희는 바로 이 점을 이용해서 백범에게 접근한 것인데, 중구지부 위원장이라는 사람이 안두희를 백파에게 소개한 동기도 석연치 않다.

내가 백파를 처음 만난 것은 중일전쟁이 터진 직후 장사에서였다. 그는 당시 만주지구에서 최동오 등과 함께 육문중학에서 교편을 잡는 등 육영사업에도 종사하며 독립운동을 하다가 장사에 왔던 것인데, 성엄하고 같은 연배로 절친한 사이였으며, 부인인 오광심이 백파보다 약간 나이가 어리고 아이가 없을 때여서 부부간의 정이 무척 도타왔다. 백파는 결국 백범 저격 사건에 연루되어 수감된 후 6·25가 일어나기까지 복역했다.

백파가 세상을 떠난 후 부인 오광심을 내가 만난 일이 있다. 광심은 중국에 있었을 때부터 나를 형님이라고 부르는 가까운 사이였는데, 광심의 말에 의하면 백범이 피살된 후 광심이 남편을 만나기 위해 서대문형무소에 갔다가 계급장을 버젓이 단 정복을 입고 간수들과 같이 앉아 장기를 두고 있는 안두희를 보았다는 것이다. 그 흉악한 '단독범'이 어째서 형무소에서 죄수복도 입지 않고 우대를 받으며 지냈을까? 안두회를 대하는 당국의 태도는 이해하기 힘들었을 뿐만 아니라, 사람에 따라서는 '당연한 게 아니냐'고 반문하는 축들도 있을 정도였다.

그 후 6·25때에도 안두회에 대한 당국의 배려는 극진했다. 6·25가 나자 형무소에 수감중이던 백범 사건 관련 죄수들은 전부 출옥했는데, 안두회는 출옥 즉시 대구로 후송되었으며, 현역 중령으로 임명되었다. 결국 이 안두회 문제는 국회에까지 비화되어 세인의 이목을 끌었고, 그 후 안두회는 예편되었다.

백범의 암살에 관하여는 그간 일삼아 나름대로 조사한 사람도 있고 해서 그 윤곽이 사실상 이미 드러나 있다고도 볼 수 있다. 사건에 관련된 것으로 추측되는 사람의 대부분이 이미 이 세상에 있지 않으나 지금이라도 성의를 가지고 대든다면 사건의 진상이 명백하게 밝혀질 수 있으리라 믿는다. 안두회 본인도 사사로운 자리에서는 사건의 내막을 다 털어놓았다고 들었는데, 공식적으로는 아직도 단독범임을 주장하고 있는 모양이다.

백범의 장례는 온 국민의 오열과 애도 속에 엄숙하게 치러졌다. 나는 소복을 입고 마지막 가는 백범의 뒤를 따랐다. 장례 행렬은 서울운동장, 남대문을 거쳐 서울역 앞을 빠져 나갔다. 연도는 온통 인산인해였다.

백범은 나 하나만의 스승이 아니었다. 나는 장지까지 행렬을 따라 갈 수가 없었다. 빈소에서 밤을 지새며 며칠을 버틴 탓에 그만 서울역 앞을 지날 때는 다리에 맥이 빠져 버리고 말았다. 행렬에서 빠진 나는 근처 도동에 있는 엄항섭의 집으로 들어가 지친 몸을 달랬다. 내 두 다리를 성하게 만들어서 먼 길을 떠나는 백범에게 말벗이라도 되고픈 심정이었다.

"남은 대통령도 하고 그러는데 선생님은 뭘 하실래요?"

"나? 나야 머리에 38선이나 베고 죽지."

다시 물어 봐도 대답은 한결같으리라.

"나? 나야 38선이나 베고 죽지."

선생 생전에 농으로 던진 내 물음에 왼손을 머리 뒤로 갖다 대며 싱끗 웃던 모습. 다시 물어봐도 그 웃던 모습 또한 변함 없으리라.

백범의 타계는 혼미했던 당시의 정국에 일대 파문을 일으켰다.

남과 북에 단독정부가 수립되어 서로의 관계가 날로 악화일로를 걷던 중이었기 때문에 남북간의 평화적인 대화를 시도할 수 있으리라고 믿었던 백범의 타계는 이 민족에게 크나큰 손실이었다. 물론 우사와 같은 분도 백범과 의견을 같이 하고 행동에 옮기는 분이긴 했지만, 우사에 비해 백범이 보다 많은 지지를 얻고 있었던 것이 사실이며, 백범이 그 특유의 거구답게 일을 박력있게 추진시키곤 했으므로 명실상부하게 백범은 한독당의 영수임에 틀림없었다. 그렇기 때문에 백범이 먼저 제거당한 것이 아닌가 싶다.

백범은 갔다.

"무릇 난 자는 다 죽는 것이니 할 수 없는 일이어니와, 개인이 나고 죽는 중에도 민족의 생명은 늘 있고 늘 젊은 것"이라고 말했던 백범은 갔다.

나는 그분 백범의 죽음을 한 위대한 정치가의 죽음으로만 애석해 하지는 않는다. 내가 관여했던 한 단체의 장(長)의 죽음으로만 슬퍼하지도 않는다.

백범은 민족지도자이기 훨씬 이전에 나에게 다정한 분이셨다. 근엄하고 묵묵하고 엄정하되 부엌을 들여다보며 "밥 좀 해줄라우?" 하며 아기를 건네받던 자상하고 마냥 어린이같기만 하던 소박한 자연인이었다. 무서운가 하면 천진난만한 웃음이 배어 있었고, 무뚝뚝한가 하면 오히려 보는 이로 하여금 배꼽을 잡게 만드는 잔재미를 잊지 않았다.

"저게 사람인 줄 알어?" 하시던 백범 어머님의 말이 맞다. 백범은 너무 큰 사람이었다.

북에서 온 사람

6·25

 아들 자동이가 서울대학교 법과대학에 입학했다. 백범이 피살된 이후 두어달 남짓 전국이 슬픔에 잠겨 있던 1949년 9월의 일이었다. 집안 일이나 성엄이 관계하는 한독당 일이나 한결같이 이렇다할 만하게 기쁜 일이 없었던 차에 아들의 서울대 입학은 하나의 경사였다. 다만 아들의 대학 입학을 마땅히 축하하고, 또 아들뿐만 아니라 우리 내외의 감사의 말을 들었어야 할 백범이 이미 이 세상에 계시지 아니한 것이 몹시 마음에 걸렸다.
 백범이 별세하기 꼭 두 주일 전 아들 자동이의 보성(普成)중학교(6년제) 졸업식이 있었다. 백범은 기꺼이 그 졸업식에 참석하여 축사까지 맡게 되었는데, 그 자리에서 자동이를 가리켜 '내 친자식이나 다름없는 학생'이라고 해서 졸업식장에 있던 성엄이 무척 자랑스럽게 여긴 적이 있었다.
 무슨 사정 때문이었는지 나는 그 졸업식장에 참석하지 못해 백범의 축사를 나중에 전해 들었을 뿐이나 백범의 우리 집안 식구들에 대한 각별한 정을 새삼스레 느낄 수 있었다.
 백범의 별세와 더불어 이승만의 독재정권은 반대세력에 대한 탄압을 강화시켰다. 「세계일보」 등 야당지가 폐간된 지는 이미 오래였고, 국회 내에 반대세력인 소수 소장파들도 국회 프락치 사건으로 투옥되었었는데, 이제는 한독당 차례가 된 듯했다.

아니나 다를까, 한독당의 지방조직들이 하나씩 둘씩 와해되기 시작하더니 당 운영자금의 출처마저도 모두 드러나게 되어 한독당은 뿌리째 흔들리게 되었다. 당의 간부들을 공산당원으로 몰아 체포하지 않은 것이 다행이라고 여길 정도였다.

1950년 5월 30일에 2대 국회의원 선거가 있었다. 2년 전의 첫 국회의원 선거 때 불참했던 한독당 내부에서는 이 5·30 총선을 두고 참가해야 한다는 측과 참가하지 말아야 한다는 측의 의견이 대립되었다.

남북협상에 다녀온 많은 사람들은 주위 정세나 국내사정으로 판단컨대 남북한의 통일정부 수립이 어렵다고 보아 5·30 총선에 참가하기로 결정하였으나, 한독당의 전체 의사는 선거 불참이었으므로 조소앙 등은 따로 사회당을 조직하기도 했다. 한독당원 중에는 개인의 자격으로 출마하는 사람도 있었으나 한독당의 공천을 받은 것은 아니었다.

성엄과 같은 이들이 남북한 통일정부 수립을 낙관하였던 때와 1950년에 들어선 후의 국내외 사정은 판이하게 달랐다. 중국에서는 1946년만 하더라도 공산당이 전 국토와 인구의 15퍼센트 정도만 차지하고 있었을 뿐인데, 3년 사이에 정세는 완전히 바뀌어 1949년 10월 1일에 공산정권이 수립되었다.

또한 미국의 정책은 소련과 새로 등장한 중공을 봉쇄하려는 경향으로 흘렀으므로 한반도 전체의 평화적인 통일은 더욱 요원해지기만 했다. 이러한 상황에서는 남북협상이라는 것이 이상일 뿐이었으므로 남북협상에 참가했던 이들이 남한과 북한의 단독정부 수립을 기정 사실로 받아들였던 것이다.

5·30 총선의 결과는 정치계의 흐름을 바꿔 놓았다. 서울과 부산 등 대도시에서는 5·10 선거에 불참했던 사람들이 대거 진출했으

며, 특히 항일운동에 참석했던 소앙이나 소해 장건상같은 이들은 당시 최고의 득표율을 보였고, 한민당의 중진인 조병옥, 김도연(金度演) 등이 고배를 마셨다. 윤치영(尹致映)은 원세훈(元世勳)에게 참패당했고. 정일형(鄭一亨)도 관권의 압력으로 최동오가 사퇴함으로써 겨우 당선되었다.

선거의 속사정은 살풍경한 것이었다. 소해는 옥중에서 당선의 결과를 알았고, 소앙의 선거운동원 중 내가 아는 사람도 투옥당했는데 죄명은 간첩 운운하는 무시무시한 것들이었으며, 선거가 끝난 후에는 석방되었다. 최동오는 선거운동원의 석방을 조건으로 투표 바로 며칠 전에 사퇴하고 말았다. 정국은 문자 그대로 혼미(混迷)의 연속이었다.

그리고 6월 25일, 북한군의 남침이 있었다. 6·25는 이 땅의 사람들 모두에게 깊은 상처를 남겼다. 나라고 예외일 수는 없었다. 내가 성엄과 떨어지고 감옥살이를 하게 된 것도 모두 6·25 탓이었다.

6·25가 터지기 6개월 전쯤 우리는 돈암동의 큰시누이 집에서 살다가 지금의 세종문화회관 뒤인 종로구 도렴동으로 이사를 했었다. 나중에 들은 얘기에 의하면 우리가 도렴동으로 이사를 온 바람에 전방에서 대위로 근무하던 박종길 군(토교에서 만났던 광복군이다)이 쌀 두 가마를 싣고 피난을 권유하고자 돈암동 집을 찾아갔다가 결국 우리를 찾지 못하고 되돌아갔다 한다.

우리는 그 때 「국도신문」을 구독하고 있었는데, 다음 날짜로 된것을 저녁 늦게 받아 보곤 했었다. 서울이 함락되기 하루 전인 6월 27일 저녁에 나는 신문이 늦게 오는 까닭에 신문을 보지 못한 채 잠자리에 들었다가, 다음 날인 28일 아침에 '국군 의정부 탈환'이라는 큰 제호의 신문을 읽었다. 정부는 이미 한강 다리를 폭파하고 도망친 다음이었다.

서울이 그처럼 빨리 함락되리라고는 생각하지 못했었고, 또 바

6.25동란 중 외아들과 조카며느리를 남쪽으로 떠나 보내고
돈암동 집에서 홀로 시어머니를 모시고 있을 때의 필자

로 전날인 27일에는 대통령 이승만이 서울 시민에게 안심하라는 방송까지 한 후여서 신문의 국군 승전보를 믿을 수밖에 없었다.

이렇게 서울을 내버리고 도주했던 자들이 9·28 수복 이후 개선장군인양 귀경하여 잔류했던 서울 시민들을 죄인 취급하듯이 대하던 꼴은 지금도 잊혀지지 않는다. 6월 25일부터 그 후 3개월간은 한마디로 암흑과 적막의 세상이었다.

북에서 온 사람

우리 가족이 세들어 있던 도렴동 집의 주인은 동네에서 이름나있는 사람이었다. 도렴동의 민보단 부단장 직책을 맡고 있던 그 주인은 재력도 제법 갖추고 있었던 모양인데, 널찍한 한옥 안채에 살면서 바깥채는 2층으로 꾸며 세를 놓고 있었다.

서울이 북한의 인민군에게 떨어지자 그 집의 바깥채는 여성동맹에서 접수하여 사무실로 사용하게 되었고, 집주인은 내무서원들에게 불려가 호된 문초를 당했다.

그 동네에 살던 청년 두 명이 6·25전에 서대문형무소에 수감되었다가 6·25가 나자 출감되었다. 동네 민청에 가입되어 있는 이 청년 둘이 밤낮으로 온 동네를 들쑤시고 다니면서 설쳐댔는데, 한번은 성엄을 밖으로 불러내서 "한독당도 반동이다" 운운하면서 입에 담지 못할 폭언을 가했다. 성엄은 즉시 종로구 인민위원회에 전화를 걸어 항의했다.

"법으로 처벌받을 만한 일이 있다면 모를까. 동리 민청에서 그런 권한을 가지고 있습니까?"

"몰라서 그랬을 겁니다. 알고야 그럴 리가 있겠습니까?"

종로구 인민위원장 홍상희(洪祥熹)의 대답이었다. 홍상희는 중국에서부터 우리와 알고 지내던 사이였는데, 6·25가 나자 북에서 내려와 종로구 인민위원장직을 맡고 있었던 것이다. 그 후로는 민청의 청년들이 성엄을 괴롭히는 일은 없었다. 더구나 서울시 인민위원회 부위원장이 성엄에게 사람까지 보내 인사를 전하면서 안심하라고 하였다. 아마 홍상희로부터 우리의 소재를 전해듣고 옛 정을 생각해 인사치레를 했던 것으로 짐작된다.

성엄과 나는 6·25때 북에서 내려온 사람들을 많이 알고 있었다. 모두 중국에서 인연을 맺은 사람들이었다. 서울시 부위원장이던 한지성도 그런 사람 중의 하나다. 한지성은 안중근 의사의 막내동생 공근의 사위로 청년 시절부터 우리와는 잘 아는 사이였다. 그러나 아무리 그들과 인연이 있다고는 하지만 여기는 중국이 아니었고, 한가닥 옛 인연만을 의지해서 넘기에는 너무나 많은 상처와 희생이 따를 것이 뻔한 남과 북이라는 높고 두터운 벽이 그들과 우리 사이에 놓여 있었다.

수복 전의 서울은 모든 것이 불확실했다. 그럴 수밖에 없었다. 당장에 들리는 소식이라고는 국군이 계속 밀려 내려간다는 것뿐이었고, 전선은 점점 더 서울에서 멀어져 갔다. 국민의 생존을 거머쥔 정부가, 아니 한 나라의 통치자가 불과 몇 시간 후면 탄로날 거짓말을 공공연히 방송으로 떠벌리고 자기만 도주하는 세태에서는 모든 게 불확실할 수밖에 없는 것이다.

백범이 피살되던 날은 주한 미군이 고문단 5백 명만 남기고 철수를 완료한 날이기도 했다. 미국 언론의 보도에 따르면 소련과 중공의 침략에 대한 방어선에서 한반도는 제외된다고도 했다.

또 하나 대한민국의 어느 고위층 장군은 북진의 명령만을 기다리고 있다면서, 아침은 개성에서, 점심은 평양에서, 저녁은 신의주에서 먹게 될 것이라고 큰소리를 쳤다. 국민들은 모두 의심의 여지 없이 그만큼 국군의 전력이 강화되어 있는 것으로 받아들였다. 내가 보기에도 그랬다. 그것은 정부와 국민 사이의 최소한의 신뢰가 있었기 때문이었다.

그런데 나중에 나타난 결과는 무엇인가? 서울은 모든 것이 불확실할 수밖에 없었다. 그리고 전세의 향방이라는 거국적인 문제는 셈하지 않더라도 서울에서는 우선 식량 마련이 급선무였다.

7월에 연합군 지상부대가 부산에 상륙했다는 소식을 들었다. 이땅에서 벌어지고 있는 동족끼리의 살상도 안타까왔지만, 이제는 연합군까지 끼어들었다는 것이 더욱 가슴을 쓰라리게 했다. 중국의 국공 내전이며 항일투쟁을 보아온 나에게 6·25는 너무나 많은 것을 가르쳐 주고 있었다.

9월에 들어서면서 미군의 서울 공습이 잦아졌고, 15일에는 미군이 인천에 상륙했다는 풍문이 들렸다.

인천 쪽에서 연일 비행기의 폭격소리와 함포소리가 들리던 어느날이었다. 자동차 한 대가 도렴동 우리집 앞에 와서 섰다. 차에서 내린 건장한 청년 한 사람이 성엄을 찾았다.

"김선생님, 소앙 선생 댁에서 모임이 있으니 함께 가시죠. 모시러 왔습니다."

나는 그 말을 듣는 순간 알지 못할 불길한 예감이 들었다. 성엄도 선뜻 응하는 눈치가 아니었다. 청년의 그 말이 끝나자 성엄이 내게 준 눈길에서 쉽사리 알아차릴 수가 있었다. 나는 성엄의 판단에 맡기려는 뜻으로 아무 말도 하지 않았다. 성엄도 별다른 말이 없었다. '소앙 선생 댁에서의 모임'이 무엇 때문인지를 알 길이 없었다. 성엄의 발길은 마냥 무거워 보였다.

그것이 내가 마지막으로 본 성엄이었다.

성엄은 그렇게 납북되었다. 소앙도 납북된 것은 물론이다. 안재홍, 조완구, 김규식, 엄항섭, 최동오, 그 외에도 많은 유명 정치인들이 한꺼번에 북으로 끌려갔다.

왜 이다지 험하기만 할까? 왜 이다지 매정하고 야박할까? 나는 그때 비로소 조국에 하소연했다. 잘못이 내게 있다면 나를 처벌하라고. 내가 더 해야 할 일이 있다면 나를 부르라고. 내가 붙들고 있는 사람을 부르지 말라고. 벌 주지 말라고.

그러나 조국은 말이 없었다. 그리고 36년이 덧없이 흘렀다. 조국은 끝까지 침묵했고, 그 36년의 하루하루는 혹시나 하여 기다리고, 내 분(分)이겠거니 체념하고, 그래도 또 모르지 하며 헛된 기대도 가져 보면서 한 땀 한 땀 천 조각을 깁듯이 메워 온 나날이었다. 어찌 나 하나뿐이겠는가.

내가 열 한 살 나이에 동갑내기인 성엄에게 시집왔을 때 우리는 이성지합(二姓之合)이니 부부유별(夫婦有別)이니 하는 지아비 지어미의 사이이기 이전에 서로 입술도 비쭉거리고 혓바닥 놀림도 해대는 소꿉동무였다.

사실 성엄과 나는 40여 년을 함께 살아오는 동안 아기자기하고 부부간의 애정을 듬뿍 나누어 가지는 그런 사이는 아니었다. 오히려 다툰 적이 더 많았을지도 모른다. 그러나 동고동락의 40년 세월은 둘 사이를 묶는 어설프고 설익은 애정보다도 더 질긴 끈이었고, 믿음이었으며, 이해였고, 포용이었다.

성엄의 본디 성품이 강인하고 몸도 건강한 편이긴 했지만, 그의 아내인 나만이 느낄 수 있는 연약함도 없지 않았다. 중국에서 우리가 서로 떨어져 있었을 때 참기 어려워하고 힘들어 했던 것은 나보다도 오히려 성엄 쪽이었고, 집안 일에 대해 나보다도 더 각별히 신경을 쓴 것도 성엄이었다. 특히 성엄은 외아들인 자동이를 무척 아끼고 애지중지했다. 그러나 그가 지금껏 살아 있다면 육체적인 고통보다는 정신적인 부담이 더욱 크리라고 본다.

만약 성엄이, 자동이의 아버지가, 내 남편인 그가 살아 있다면 말이다. 나는 이제 구십 수(壽)를 바라보는데……

보따리 장수

성엄이 떠난 후 나는 당장 생계를 꾸려나가야 했다. 서울이 수복되긴 했으나 아직도 전쟁중인 것은 마찬가지였다. 이것저것 돈벌이 할 만한 것을 찾아보다가 결국 행상을 나서기로 하고 보따리에 헌옷가지들을 주워모아 머리에 이고 나섰다.

제대로 될 턱이 없었다. 장사에 반드시 거짓이나 속임수가 따르는 것은 아닐 테지만 어느 정도의 상술은 필요했다. 장사 소질이라고나 할까. 나처럼 장사에 소질이 없는 사람도 드물 것이다. 자동이도 돈벌이를 할 생각으로 시장 바닥을 여기저기 누비고 다녔다. 역시 신통치 않았다.

우리 모자는 일단 집을 다시 돈암동 시누이에게로 옮겼다. 어머니를 모시고 있던 시누이도 함께 모여 살자는 의견이었다.

스물 두 살이던 자동이는 그때부터 일거리를 얻으려고 미군부대를 찾아다녔다. 학교 다닐 때 자동이의 영어 성적이 남에게 뒤떨어지는 편은 아니라 제법 영어를 잘한다는 소리를 듣고는 있었지만 유창한 통역까지 해낼 실력은 못되었다.

그러나 식당 심부름이라도 할 수 있다면 우선은 자기 한 몸 먹는 것이 해결될 것이고, 월급은 그대로 남길 수 있으리라는 자기 나름대로의 계산을 가지고 김포 비행장이며 부평 등지의 미군부대로 일자리를 찾아다녔던 것이다.

마침내 자동이가 내 곁을 떠나 부평으로 내려가서 미군부대에 취직한 것은 1950년 12월이었다. 전쟁중에 하나밖에 없는 아들과 떨어져 있다는 것이 자꾸만 마음에 걸리긴 했으나 별 수없는 일이었다. 그리고 결국 6·25는 나를 그냥 내버려두지 않았다.

자동이가 일자리를 얻기 한 달 앞서 평양을 점령하고 압록강변 초산에까지 진격해 들어갔던 국군은 10월의 중공군 개입으로 12월에 평양에서 철수해야 했고, 다시 남으로 밀리기 시작했다. 사리원에서 중공군을 격퇴했다는 등의 신문 보도는 이제 믿을 게 못되었다.

따라서 서울은 다시 한번 곤경에 처할 입장이었다. 시민들이 웅성거리기 시작하더니 너도 나도 피난 짐보따리를 꾸리기 시작했다. 나는 망설였다. 무작정 피난길을 떠나 갈 수 있는 처지가 아니었기 때문에 더욱 그러했다.

그 무렵 돈암동 집에는 시어머니와 나, 큰시누이, 그리고 조카 석동이의 딸 아이가 함께 있었다. 조카 석동이는 광복군 제2지대와 함께 1946년 봄에 귀국한 후 성엄의 죽마고우인 청전 이상범 화백의 장녀와 결혼해서 6·25가 나던 해에는 이미 두 살된 딸 하나를 두고 있었다.

이들 사이의 혼담은 석동이가 귀국하기 전부터 있었는데, 처음에 청전이 성엄에게 이들의 혼인을 제의했었다. 집안으로 보아서야 서로가 더 이상 바랄 게 없었지만, 본인들의 의사도 들어봐야 했으므로 귀국 후에 맞선을 보게 되었다. 그러나 둘은 서로가 만족스러워 하지 않았다. 석동이는,

"무슨 여자가 꼭 남자같군요."

했고, 신부감인 건진(建珍)이도,

"남자가 너무 얌전하기만 해요."

했다.

조카 석동이나 조카며느리가 될 건진이나 모두 상대를 잘 파악하고 그다지 흡족하게 느끼지는 않았으나, 그렇다고 해서 언제 봤느냐는 식으로 매몰차게 등을 돌리기에는 아쉬움이 남는다는 표정들이었다.

마침내 둘은 합해졌고 나는 조카며느리를 얻게 되었다. 석동이의 부모가 이미 세상을 떠난 후여서 성엄과 내가 실질적인 부모 역할을 하고 있었고, 그 두 사람이 부부의 예를 올리게 된 데에는 양가 부모들의 은근한 압력도 없지 않았다.

석동은 중국말을 유창하게 했다. 그는 미군 통역으로 취직해서 11월에 서울을 떠났고, 조카며느리도 딸을 내게 맡긴 채 부산으로 내려갔다. 얼마 후에 큰시누이 역시 한국은행에 다니는 사위와 함께 부산으로 내려가게 되어 돈암동 집에는 일흔이 넘은 노모와 두살짜리 손녀와 나만이 남게 되었던 것이다.

조카며느리와 시누이는 서울이 위험하게 되면 어머니를 모시고 부산으로 내려오라는 말을 했었으나 내 처지로서는 움직일 수가

없었다. 그러나 무작정 가만 앉아 있을 수만도 없었다. 서울에서는 젊은이들을 모두 소집해서 제2국민병으로 입대를 시키는 중이었다.

우선 자동이를 만나야겠다는 생각이 들었다. 부평으로 내려가서 길을 물어물어 자동이가 근무하는 미군부대를 찾았다. 다행히 자동이는 아직 그 부대에 있었으나 이미 후퇴할 준비를 다 해놓았다는 것이었다. 자동이는 내 걱정을 많이 했다.

"얘, 내 걱정은 말아라. 내가 아직은 움직일 수가 있어. 서울이 위험하면 할머니 모시고 피난을 갈 테니 집 걱정은 말고 너나 몸조심해라."

자동이가 군에 가지 않고 미군부대에 있다는 것이 적이 안심되었고, 부대가 후퇴하면 자동이가 따라가게 될 것이므로 보다 안전할 것 같았다. 그래도 자식을 떼어 놓고 서울로 올라오는 내 마음은 개운치가 않았다. 자동이를 마지막으로 보는 것이 아닌가 하는 부질없는 생각만 머리에 꽉 차올랐다.

평양에서 온 사람

서울에 돌아와 일주일쯤 지난 후에 대피령이 떨어졌다. 흥남에서도 모두 철수를 해서 피난민과 함께 남으로 내려온다는 소식도 들렸다. 며칠 전까지만 해도 안심하라던 당국에서 이제는 당장 떠나라고 성화였다. 관청이나 주요 기관들은 벌써 철수한 뒤며, 공직자 가족들도 이미 서울에 남아 있지 않다는 풍문이 번졌다. 그때까지 서울에 남아 있는 사람들은 대부분이 서민들이었다. 1950년 그해가 마지막 날들을 하루씩 잡아먹고 있을 때였다.

이듬해 첫 아침. 서울은 유령의 도시였다. 마치 우리 세 식구만이 남아 있는 듯했다. 해가 바뀌는 것조차도 달갑지 않았고, 마냥 텅 비어 있는 골목과 큰길에 혹시 낯선 사람의 그림자라도 비치게 되면 그렇게 두려울 수가 없었다. 차라리 총구 앞에서 손을 들고

서 있는 편이 나을 듯 싶었다.

　어린아이의 손을 잡아끌고 남부여대(男負女戴)하여 서울을 빠져나가던 피난민들의 뒷모습이 자꾸만 눈에 어른거렸다. 허둥지둥 철수하던 경찰과 군대들. 마치 다시는 못 돌아올 것만 같이 두고가는 집을 되돌아보곤 하던 할머니. 남편의 팔을 부둥켜 안고 종종걸음으로 따라가던 임산부, 그 축에도 섞이지 못한 채 멍하니 바라다보기만 하던 나같은 사람.

　피난은 내게 어쩌면 평범한 생활이었다. 중국에서의 끝도 없던 그 피난생활이 이제는 앙금으로 가라앉아 있는 듯했으나 또 다른 피난 행렬을 눈 앞에 그리면서 다시금 뽀얗게 일어나 가슴을 채웠다. 그러나 지금은 성엄도 없고 자동이도 멀리 떨어져 있다. 여러 선생님들의 소식도 모른다. 더구나 내 한 몸을 스스로 건사해야 할뿐 아니라 노모와 어린 손녀를 돌보아야 할 처지인데도 조바심이 나거나 불안하다는 느낌이 들지 않았다.

　나이 오십 줄에 들어선 아낙네에게 전쟁은 오히려 담담한 것이었다. 피비린내 끼치는 전쟁의 소용돌이 속에서 오랫동안 지내온 탓일 수도 있다. 연유야 어디 있든지 나는 나이답지 않게 6·25를 담담하게 받아들이고 있었다.

　우리집 맞은편 집에도 한 가족 중 몇 사람이 남아 있었다. 그런대로 꽤 의지가 되었다. 돈암동 전체를 통틀어 볼 때 2, 30집 걸러 한 식구 정도가 눈에 띌 정도였고, 그나마도 나이 든 부인들과 어린아이들뿐이었으며, 적막하고 을씨년스럽기가 그지없던 마당에 서로 내왕할 수 있는 이웃이 있다는 것은 천만다행한 일이었다.

　서울에 남아 있는 동안에는 그럭저럭 생활을 꾸려나갈 수가 있었다. 조카며느리가 떠나기 전에 쌀 서너 말과 밀가루 한 부대, 설탕 두어 근을 사들여 놓았었고, 용돈도 조금 지니고 있었기 때문에 세 식구가 먹기에는 그리 아쉽지 않았으나 언제까지 버텨야 할지를 몰라 아껴 먹어야만 했다.

서울 시민들이 대부분 피난했더라도 최소한 몇만 명쯤은 남아있었을 텐데 시장도 거의 철시하다시피 하고, 가게도 몇 군데만 열어 놓고 있던 때에 무엇을 어떻게 먹고 지냈는지 지금 생각해 봐도 도대체 이해가 되지 않는다.

　서울을 텅 비게 만들고, 내가 6·25를 담담하게 받아들이고 있다는 사실을 깨닫게 해준 1·4후퇴 얼마 후 혹시나 하고 민세 안재홍의 집에 들러 보았다. 민세도 납북되었기 때문에 집이 비어 있을 것으로 생각하고 우리집에서 얼마 떨어져 있지 않은 곳이라 헛걸음하는 셈치고 찾아간 것이었다.

　민세의 집은 고급 주택이었다. 왜 넓은 대지에 반 양식으로 집을 지어 놓아서 그 무렵에는 저택이라고 해도 손색이 없을 만했다. 민세의 집에는 이북에서 내려온 기관이 들어 있었다. 간판도 붙어 있지 않았고, 분위기도 그리 험악한 편은 아니었다. 집에 들어서자 청년 한 명이 다가와 용건이 무엇이냐고 물었다. 집주인을 찾아왔다고 하니 별다른 제지없이 안으로 들어가 보라고 했다. 안채에는 뜻밖에 민세의 부인이 혼자 남아 집을 지키고 있었다.

　"아니 어쩐 일이세요? 피난 안 나가셨어요?"

　아는 사람을 만나 반갑기도 했지만, 홀로 남아 있는 것을 의아해하며 묻는 내 말에 자연스럽게 흘러나온 민세 부인의 대답은 순간 나를 당혹하게 만들었다. 얼굴에 모닥불을 끼얹은 것같았다.

　"혹시 그분의 소식이 있을까 해서 혼자 남았어요."

　내가 남았던 것도 성엄의 소식을 애타게 기다려서였던가? 아니라면 내가 성엄과 애틋한 정이 없어서일까? 아니다. 그것은 이미 저질러진 일에 대한 나의 체념이었다. 포기였다. 그러나 민세 부인이 조심스럽게 내게 일러 준 뒷말은 그런 체념에 일말의 서광을 비춰 주었다.

　"김흥곤(金興坤)이라고 아시지요? 그 사람이 지금 여기 이북 기관에서 일하고 있어요. 혹시 바깥분 소식을 알지도 모르지요. 한번 만나보시겠어요?"

마치 성엄을 만나게 해준다는 소리같이 들렸다. 성엄이 집을 나간 후 내가 들어 알고 있는 것이라고는 성엄이 소앙의 집에 간 것이 확실하다는 것과, 그곳에서 하루를 묵은 후 트럭에 실린 채 영천 고개를 넘어 평양으로 끌려갔다는 것뿐이었다. 9·28 서울 수복 후 소앙의 동생인 조시원에게 들은 바로는 그게 전부였다.

6·25 직전까지 소앙의 비서로 일했던 김홍곤도 나를 잘 알고 있었다. 홍곤은 나를 보자 먼저 인사를 건넸다. 그리고 내가 성엄의 소식을 묻기 전에 자신도 민세, 성엄 등과 같이 평양까지 동행했다는 사실을 밝히고 먼저 성엄의 소식을 들려 주었다.

"무사합니다. 크게 걱정하지 않으셔도 될 겁니다."

홍곤은 성엄에 대해 아는 것을 간단하게 얘기해 주었으나 내게는 성엄이 무사하다는 말밖에 들리지 않았다. 성엄은 살아있다. 그 한마디 말이 다른 어떤 말보다도 가장 소중하고 귀하고 반가왔다.

홍곤은 성엄의 소식을 전하고 나서 주로 지난 이야기들을 했다. 그때까지도 내 마음 속에 남과 북이라는 괴물은 있지 않았다. 그런데 어쩐 일일까? 홍곤의 얘기를 듣는 동안 내게는 그 괴물이 살아났다. 홍곤의 말 속에는 전혀 그런 괴물의 이야기가 없었는데도.

성엄의 생존 소식을 들려 준 홍곤에게 무조건 감사하고 고마와해야 할 사람은 바로 나였다. 그러나 그렇지 못했다. 고마움보다는 경계심이 앞섰고, 알지 못할 거리가 생겼다. 어쩐 일일까?

그는 북에서 온 사람이었다. 나는 남에 있는 사람이었다. 남과 북은 그렇게 사람을 갈라 놓았다. 보이지 않는 선이 있었다. 홍곤은 옛 동지가 아닌가? 그 선은, 그 괴물은 나 스스로가 만들어낸 것이었다 계속 이어질 듯한 홍곤의 말꼬리를 자르고 나는 고맙다는 말을 전하면서 자리에서 일어났다. 돌아서는 나를 그가 불러 세웠다.

"아주머니. 이거 가지고 가시지요. 서울 올 때 아주머니 드리려고 개성에서 산 인삼입니다. 반 근밖에 못 샀습니다. 달여 드세요."

홍곤의 손에는 정성들여 포장이 된 인삼꾸러미가 들려 있었다. 순간 그때까지 내가 움켜잡고 있는 허망된 끈의 한쪽 실마리가 내손에서 풀려나가는 것을 느낄 수 있었다. 그 괴물같은 끈은 형체도 없이 사라졌고. 그 방을 들어서며 들었던 민세 부인의 첫마디에 그랬던 것처럼 내 얼굴은 또 한번 벌겋게 달아올랐다.

몹쓸 사람. 성엄은 멀리서 나를 꾸짖고 있었다. 나는 그 개성 인삼을 여러 번 사양했다. 그러나 홍곤은 막무가내로 그 꾸러미를 내 손에 쥐어 주었다. 그것은 내가 달게 받아야 할 채찍질이기도 했다.

그 후로 민세 부인을 만나러 그 집을 몇 차례 더 드나들었다. 그리고 그 집에서 만난 몇몇 사람하고도 대수롭지 않게 서로 인사를 나누기도 했다. 김홍곤과도 두어 차례 만난 것이 기억나는데, 첫번째로 그를 만나 성엄의 소식을 들었을 때를 빼고는 긴 이야기를 나누어 본 일은 없다.

얼마 후 홍곤은 평양으로 떠났다. 그는 떠나기 전에 자기와 동행하지 않겠느냐고 내게 물었다. 그의 말투는 별다른 뜻 없이 그저 해보는 인사치레 정도로 보였고, 굳이 내 대답을 들으려 하지도 않았다. 나도 또한 인삼 덕택에 며칠씩 설사를 하던 배앓이가 나아 고맙다는 말을 전했을 뿐이다.

감옥생활

체포, 그리고 절창 속에서

　김홍곤과의 만남. 그것이 화근이었다. 내가 감옥살이를 하게 될줄은 김홍곤과 웃으며 헤어질 때까지도 전혀 생각하지 못했던 일이었다. 2월 10일에 국군이 다시 서울에 들어왔다. 자동이가 집으로 찾아온 것은 4월 하순이었다.
　죽음이라는 담벽이 우리 사이에 놓여 있다가 치워진 것만 같았다. 서로 생사를 모르던 어머니와 아들이 다시 만나는 그런 순간에 무슨 말이건 말을 한다는 것은 가식이었다. 거짓말이었다. 어떻게 말이 나올 수 있을까? 한참 동안 자동이를 붙들고 울고 나서야 그 동안의 일을 물어 볼 정신이 들었다.
　자동이는 남하하는 부대를 따라 부산에 가서 한 달 이상 있었는데, 그곳에서 시누이를 만났었다고 했다. 부대가 다시 양평으로 와 있기 때문에 휴가를 얻어 나왔는데 혹시나 하고 집에 들렀다는 것이다.
　"부산하고 대구에서 어머니를 얼마나 찾았는 줄 아세요? 난 피난 나오셨는 줄로 알았잖아요."
　"만났으니 되었다."
　자동이는 다시 부대로 돌아갔고. 6월 초가 되면서 서울에는 사람들이 늘어나기 시작했다. 굳게 닫혀 있던 가게문도 하나씩 둘씩 열렸다. 그 동안 끊겼던 우편 배달도 다시 시작되었고, 자동이는 하루가 멀다 하고 편지를 보냈다.

9월 초 어느 날, 김선근(金善根)이라는 여인이 나를 찾아왔다.

김선근은 연초에 민세의 집에서 만났던 사람이다. 나를 찾아온 그녀는 무언가에 쫓기는 듯한 인상이었다. 나는 그녀가 후퇴를 안하고 그냥 서울에 있었다는 것을 그때 처음 알았고, 자신이 잡힐 것같다는 말을 하면서 당국이 자기를 체포하기 위해 쫓고 있다고 했다. 도대체 무슨 말을 하는지 종잡기가 힘들었다. 왜 쫓기는지, 왜 도망 다니는지 그 이유를 알 수가 없었다. 김선근이 그렇게 우리집을 다녀간 지 며칠이 지났다.

음력 8월 보름. 그렇다. 그 날은 보름달 떠오르는 8월 보름이었다. 보름달을 보는 대신 나를 취조하는 수사관의 부릅뜬 두 눈을 바라보고 있었으니까. 나는 경찰에 체포되었다.

죄명은 부역죄(附逆罪).

당시의 부역이란 죄명은 국가의 안위와 관련된 국사범과 똑같이 처리될 만큼 죄를 지은 사람이나, 그 죄를 응징하겠다고 나서는 사람이나 다 같이 중대하고 신중하게 받아들이는 죄목의 하나였다. 경찰에 잡혀와 비로소 알게 된 사실은 김선근이 간첩 혐의를 받고 있었다는 것이다. 김흥곤과의 만남 역시 나의 범법 행위로 간주되었다.

종로서에서 조사를 받게 되었다. 왜놈 경찰의 손에 이끌려 붙잡혀 왔던 바로 그 종로서였다. 그러나 상황은 달랐다. 종로서 문턱을 넘어서는 순간 내 심정은 갈갈이 찢겨갔다. 왜놈 경찰의 손아귀에 들어갈 때와 부역죄로 동포 경찰관의 손에 끌려 들어갈 때를 견주어 보아 모든 게 너무나 달랐다.

나는 내가 알고 있는 대로 숨김없이 모든 걸 얘기했다. 숨길 것도 속일 것도 잡아 뗄 것도 없었다. 담당 수사관도 내가 숨기는 것이 없다는 걸 눈치채는 기색이었다. 그러나 조사가 그것으로 끝날리는 없었다. 그렇게 쉽게 끝나서는 안될 성질의 사건이었다. 내가 쉽게 잡혀오긴 했으나 내가 잡혀왔다는 것이 내게는 결코 쉬운 일이 아니었던 까닭에서다.

조사는 계속되었고, 조사과정에서 내게 손찌검을 하는 자도 있었다. 일정 때부터 같은 일에 종사하는 자임에 틀림없었다. 해방된지 6년이 지난 당시에도 일본 경찰 출신들이 판을 치고 있었으며, 심지어 경찰 고위간부직까지도 부일 협력자가 자리에 턱 버티고 앉아 있는 형편이었다.

그때의 형편으로는 부역과 관련된 혐의만 있으면 체포되었고, 체포되었으면 반드시 기소되었고, 또 기소되었으면 어김없이 유죄선고가 내려졌다. 조사과정에서 내 신분이 모두 밝혀졌고, 과거의 행적도 어느 정도 드러났다. 내 신분과 과거의 행적이 드러나고 사실상 혐의받을 만한 일이 없다는 것이 나타나자 적당히 석방시켜야겠다고 눈치를 보이는 이도 있었으나, 반면 그렇기 때문에 더욱 골탕먹여야 한다며 덤벼드는 이도 있었다.

체포 후 조사가 끝났으니 다음 차례는 기소였다. 어김없이 나는 기소되었다. 그리고 철창 문소리를 들었다.

옥(獄).

마룻바닥은 차가웠다. 햇빛은 비집고 들어올 틈이 없었고, 그 밀폐된 공간의 악취나는 음산한 공기는 하루 두 끼의 밥 덩어리에 묻어 내 빈 속을 채웠다.

서러웠다. 슬펐다. 이유가 너무 분명한 쓸쓸함이었고, 서글픔이었다. 여름 한철의 모시옷으로 그 속을 데우기에는 옷이 차라리 화사했고, 아침 저녁으로 퍼붓는 간수들의 욕지거리가 걸맞지 않게 그 옷 위에 떨어져내려 나뒹굴었다. 마루에 앉아 있는 사람이 치어드는 손은 자기에게 닥친 몹쓸 운명을 거역하며 채찍을 피하려는 안간힘의 가냘픈 도피였고, 간수가 머리 위로 치켜드는 손에는 여지없이 채찍이 들려 있었다.

철창의 덜커덩거리는 문소리는 한 달 동안 나를 들볶았다. 무엇이 그토록 서글프고 서러우냐고 질책하는 소리였다.

자동이가 전방에서 소식을 듣고 달려왔을 때 나는 죄수의 몸이었다. 철창을 사이에 두고 어머니와 아들이 마주앉았다. 아들은 울었다. 아들의 눈물은 뜨거울까? 내 것보다 더 차가울지도 모른다. 그러나 이제 스물 셋의 나이인 아들의 눈물은 뜨거워야 한다고 빌었다. 속으로 빌고 또 빌었다.

자동이가 다녀간 후로는 퍽 안심이 되었다. 그러나 밖에서 일이 어떻게 진행되고 있는지는 전혀 몰랐는데 내게 변호사 한 사람이 붙게 되었다. 나중에 유신정권에 항거하여 활동했던 이병린(李丙璘) 변호사였다.

재판은 그야말로 어처구니없이 진행되었다. 나와 같은 죄로 기소된 20여 명의 피고가 함께 재판정에 섰다. 구체적인 죄명은 각각 달랐으나 모두가 '비상사태 하의 특별조치령'에 의해 기소된 것은 똑같았다. 나를 포함한 피고인들은 서로가 알지도 못하는 사이였고 아무런 상관도 없었다. 검사의 개별적인 논고 또한 전혀 없었다. '이 사람들은' 식으로 시작되는 검사의 논고에 따르면 1·4후퇴 당시 후퇴하지 않은 것이 유죄였다.

방청석에는 10명 남짓한 방청객만이 나와 앉아 있었다. 피고인 20여 명에 가족들이 대부분이어야 할 방청객이 10여 명. 그나마 변호사를 댄 사람은 나 하나뿐이었다. 그러니 나에 대해서는 검사가 간단하나마 별도로 기소할 수밖에 없었다. 검사의 단체 논고와 달리 구형만큼은 피고 개개인에 대해 내려졌다. 5년에서 10년씩이었다. 그리고 30분간의 휴정.

다시 개정되자마자 시작된 언도에서 피고 거의 전부가 구형량의 3분의 2정도로 판결을 받았다. 나는 변호사가 있던 덕택인지 5년구형을 받고 집행유예로 그 자리서 풀려나올 수 있었다.

국회에서는 몇 해 후에 이 특별조치령의 위헌성과 위법성을 결정한 법안을 통과시켰다. 그 다음에서야 터무니없는 재판 절차로 몇 해 동안 옥살이를 한 사람들이 풀려났으며, 전과기록도 삭제되었다. 그러나 물론 응분의 보상조치는 전혀 없었다.

수많은 사람들의 생애를 망쳐 버린 그 특별조치령이 국회에서 폐기 처분될 때까지 나는 이른바 '요시찰인'이었다. 시민증에는 '요' 자가 찍혔다. 언젠가 시민증 재발급이 있었을 때 성북서 사찰계의 어느 형사는 그 '요' 자를 내 시민증 뒷면에 찍어 주었다. 그 형사가 보기에도 내 처지가 딱했던 모양이다.

"할머니, 또 오셨어요. 할머닌줄 알았으면 미리 오시지 말라고 할 걸. 제가 몰라서 또 오시게 했군요."

이따금씩 요시찰 인물을 경찰서로 출두시켜 근황을 살피곤 하던 바로 그 사찰계 형사의 말이었다.

그 무렵 요시찰인 명부에 이름이 오른 사람은 시도 때도 없이 '예비검속'을 당하곤 했다. 나도 두어 번 그 예비검속을 당한 일이 있는데, 아이젠하워 미 대통령이 내한했을 때(1952년 12월 2일임)검속당했던 것만 기억에 남아 있다.

6·25라는 거목은 이 땅의 사람들에게 너무나 많은 회한의 잔뿌리를 내려 박았다. 그리고 이 나라의 땅덩어리뿐만 아니라 사람과 정신마저도 두 동강 내버렸다. 그런 6·25는 내게 처참하거나 극악한 모습을 보이지는 않았으나 슬그머니 성엄을 빼앗아 갔고, 맹랑하게 나를 한 달 동안 감옥에 집어 넣었었다. 그리고 나를 주저앉게 만들었다.

겁없이 국경을 넘나들던 예전의 내가 아니었다. 한 달간의 그 차가왔던 마룻바닥이 내 가슴마저도 식게 만든 것이었다.

전운이 걷힌 다음 해 1954년 6월에 자동이가 미군부대 생활을 청산하고「조선일보」에 견습기자로 들어가 언론계에의 새 생활을 시작하였다. 자동이의 나이 스물 일곱이었고, 내가 쉰 다섯의 나이였다. 나는 아직도 무엇이든지 할 수 있을 것만 같은 심정이었지만 사회에서 내가 할 일을 찾지는 못했다. 6·25 휴전을 한 획으로삼아 내 주변을 정리해 보았으나, 나는 이제 뒷전에서 시어머님을 모시고 아들의 뒷바라지를 하며 지낼 수밖에 없었다.

그러나 세상사에 대한 관심만큼은 쉽게 버릴 수가 없었다. 아니, 관심이라는 것은 찾거나 버리는 것이 아니라 원래부터 내가 가지고 태어난 소질이고 본능같은 것이었다. 관심은 때와 필요에 따라 열고 닫는 문이 아니라 항상 세상과 잇대어 있는 끈인지도 모른다.

나는 6·25 전과 마찬가지로 6·25 후에도 그런 끈을 세상과 이어놓은 채 살았다. 허망한 명예나 이름을 바라서가 아니었고, 알량한 재력이나 권력에 미련이 있어서도 아니었다. 그것은 내가 살아있는 한 내가 지내온 날들과 연결된 또 하나의 이야기가 어떻게 전개되고 끝나는가를 똑똑히 보고 싶어서였다.

맥없이 서쪽 하늘 땅 밑으로 묻혀 버린 황혼녘의 저녁해, 한치 앞을 내다볼 수 없었던 칠흑같은 오밤중, 그러나 마침내 햇살을 받고 동터오는 새벽, 이 모두를 지켜본 사람이 계명성(鷄鳴聲)을 듣고도 잠자리에 들지 않고 졸린 눈을 비비며 나머지 아침을 마저 지켜 보려는 심사와도 같은 것이었다.

그러나 내 땅에서 맞이하는 내 나라의 아침은 춥고 쓸쓸한 것이었다. 자유당 정권의 물불을 못가리는 부패상은 3·15부정선거로 귀착되었고, 결국 4·19의 열기도 잠깐, 5·16이 뒤를 이으면서 유신으로 뻗쳤고, 마침내는 그 정권도 끝이 좋지 못했다.

5·16 직후 언론인 다수가 박정권의 초빙으로 정계에 투신하여 출세가도를 달릴 때 아들 자동이에게도 그런 기회가 주어졌다. 그러나 자동이 스스로가 거절했다. 아마 아들이 거절하지 않았더라면 내가 나서서 말렸을 것이다.

자동이가 이승만 정권 당시 경무대 출입기자로 일할 때, 우남 면전에서 직접 회견할 기회가 여러 번 있었으나 자동이는 결코 집안

이야기를 비치지 않았다 한다. 그런 아들의 성품은 내가 누구보다도 잘 알고 있다. 그러니 5·16 직후의 이른바 그 출세의 기회라는 것은 아들 자동이에게나, 실질적으로 그가 가장으로 있는 우리 집안과는 아무런 관계도 없는 셈이었다.

고지식하달까, 강직하달까 좀처럼 남에게 머리를 수그리지 않고 타협할 줄 모르는 아들의 기질 탓인지, 자동이가 언론계 일선에서 물러난 후 손을 대었던 소규모의 여러 사업은 모두가 신통치가 않았고, 우리집은 셋방살이나마 다행으로 여기고 살아야 했다.

새벽에 꾸리는 이삿짐

내 손으로 챙겨야 할 것들

　조간신문이 어제와 마찬가지로 머리맡에 가지런히 접혀 놓여 있다. 새벽 5시 30분. 벽시계의 수 글씨가 어제보다 더 희미하게 보인다. 오른쪽 눈은 아주 못 쓰게 된 듯싶다. 차라리 수술을 받지 말 것을.
　실로 총총 감아맨 부러진 안경 다리를 조심스럽게 잡아 손가락으로 쓸어 귀에 걸친다. 신문에는 온통 큰 활자가 가로 세로 박혀 있어 또 아침부터 정신을 쑥 빼놓는다. 어제도 대학생들의 데모가 심했는가 보다. 대규모 연합시위, 경찰과 투석전, 단식농성 풀고 귀가, 총학장 긴급 연석회의, 당국자 좌경화 학생운동 강력 대처시사…….
　얼마 전에 막내 손녀가 내게 하던 말이 생각난다. 여자들만 다니는 대학교에 갓 입학한 손녀가 신입생들을 위한 학교 안내 교육을 받기 위해 사흘 동안 수안보 온천을 다녀온 일이 있다. 그 애가 내게 와서 하는 말이 걸작이었다. 전하는 말의 내용 자체가 걸작이었다는 게 옳겠다.
　"나라 걱정 사회 근심도 자기 자신이 다치지 않고 몸이 성해야할 것인즉, 각자가 알아서 각별히 몸조심할 것."

대학생들이 하라는 공부는 안하고 자꾸만 데모다 집회다 시위다해서 대학가가 시끄러우니 학교 당국에서 신입생들에게 아예 초장부터 단단히 주의를 시켰던 모양이다.

나는 그저 아무 말 없이 손녀의 말만 듣고 있었다. 생각같아서는 손녀에게 불쑥 한마디를 묻고 싶었다. '그래? 그럼 너는 어떻게 할 테냐?'고. 그러나 나는 묻지 못했다. 데모가 옳으니 그르니, 자기 몸을 다치지 않는 것이 우선이니 나중이니를 따지기 전에 꼭 학생들에게 그런 식으로 교육을 시킬 수밖에 없는가 하는 게 내 심정이다.

손녀는 열 아홉 살이었다. 나는 애써 신식 할머니 티를 내느라고 '내가 열 아홉 적엔……'이라는 말을 입에 담지 않았다. 언제나 우리가 데모 공포증에서 해방될 것인지.

일찍 이삿짐을 싸는지 건넌방이 벌써부터 부산하다. 그러고 보니 오늘은 내가 늦잠을 잤다. 해방 전후의 정세를 어떻게 볼 것인가를 가지고 역사학자며 평론가며 언론인들이 쓴 책을 열심히 들여다보느라고 밤잠을 설친 탓이다. 낮에는 책을 보는 게 괜찮지만 밤에 보조 돋보기까지 안경에 걸치고 책을 보자면 눈도 쉬 아프지만 신경을 곤두세워서 그런지 몸이 영 말을 듣지 않는다.

하기야 내 나이 벌써 여든 일곱인데, 기름불 아래서 밤을 새우며 책 보던 생각만 할 수는 없겠다.

"어머니 일어나셨어요? 웬 늦잠을 다 주무셨어요. 책 좀 그만 보세요. 몸도 생각하셔야지요. 오늘은 좀 시끄럽겠습니다. 이삿짐을 마저 다 싸놔야 할까 봐요. 그래야 내일 모레 새 집으로 들어가지요."

아범은 효자다. 아범이 이미 딸 아이를 시집 보낼 나이이니, 옛적 후동이나 자동이가 아니다. 조간신문을 들여다 놓은 것도 바로 아범이다. 너무 눈이 아파 신문도 못 볼 지경이면 대신 읽어 주는 것도 아범의 몫이다. 매년 주기 때마다 효창공원으로 가 백범이며

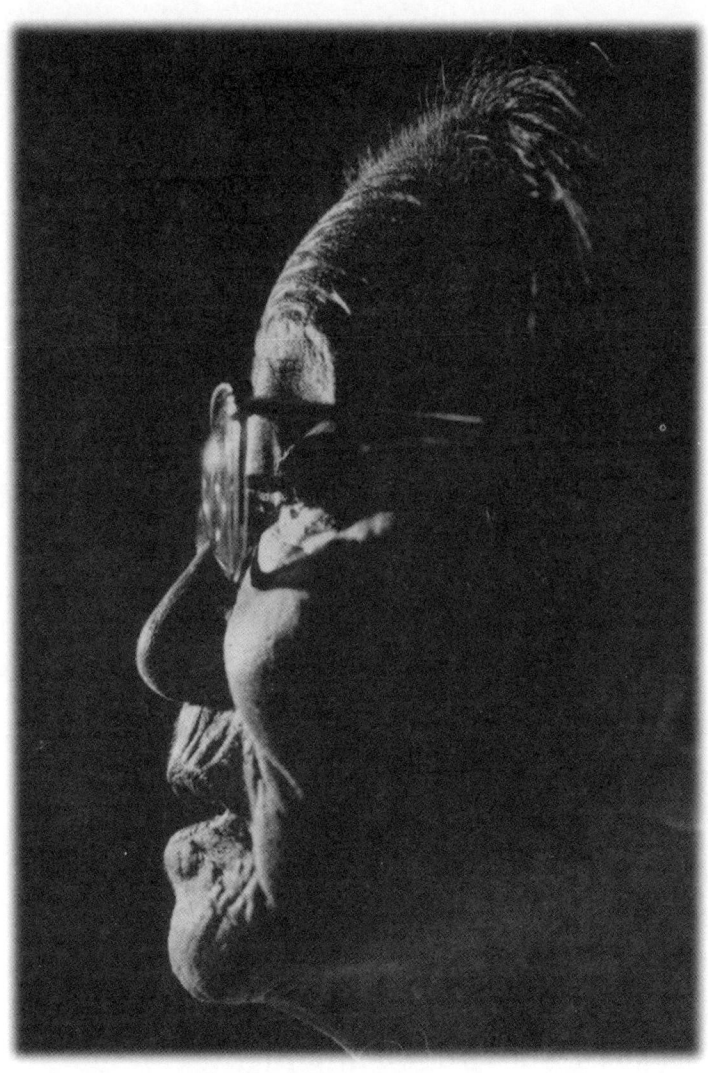

여든 여덟 나이의 필자. 속일래야 속일 수 없는 나이이고 늙은 몸뚱아리지만
아직까지 정신 하나만은 칠흑의 밤 압록강에 거룻배를 띄우고,
대륙의 도도하게 흐르는 장강 위에서 목선 난간에 기대어 있을 적과 한 치의 다름이 없다.
이 나라 격변기 역사의 한 줄기를 국외자로서가 아니라 바로 그 현장,
그때 그곳에서 참여자로 지켜보고 이끌어온 이 사람이 역사 앞에 서서 침묵으로 대변하는
말마디 속에는 알려지지 않았거나 잘못 알려진, 너무나 많은 역사의 찌꺼기들이 들어 있다.
그 소중한 찌꺼기들은 아무나 골라낼 수 있는 것이 아니다

석오 선생 등을 뵐 때도 꼭 아범이 나와 동행한다. 아범으로서는 거동이 온전치 못한 나를 부축해 주려는 뜻도 있지만, 그보다는 친아버님이나 다름없는 백범을 찾아뵙지 않을 수 없을 것이다.

시아버님의 묘소는 어떻게 되었을까? 그대로 남아 있기나 한 것일까? 시아버님과 예관의 묘소가 두 발을 마주 대고 있었는데, 두 분이 서로 갈리지나 않았는지 모르겠다.

상해시 당국이 도시를 확장하면서 서가회 만국공묘를 없앨 때 홍콩의 신문에까지 공묘 정리를 공고하면서 연고자를 찾았다는 소식을 듣고도 달리 손을 쓸 도리가 없었으니, 시아버님께는 두고두고 불효를 저지르고 있는 셈이다.

홍콩 총영사를 지낸 바 있는 예관의 외손 민영수(閔泳秀)군에 의하면 연고자가 나타나지 않은 묘의 유골은 현재 상해시 당국에 의해 보관되어 있다는데, 지금으로서는 확인할 길이 없어 더욱 안타깝기만 하다.

이삿짐 싸는 것을 살펴봐야 하겠다. 아범이 잘 알아서 꾸리고 건사하겠지만, 그래도 성엄의 필적으로 된 기록만큼은 내 손으로 꾸려야겠다. 사진들도 한번 더 확인을 해야겠다. 그 많던 사진들이 다 어디로 흩어졌는지. 아마 이 사람 저 사람의 부탁에 못 이겨 아범이 내주었다가 돌려받지 못한 것일 게다.

가흥에서 성재와 백범을 모시고 같이 찍은 것도 있을 테고, 자동이의 어렸을 적 사진도 있을 것이다. 중국 옷을 입고 있는 내 젊었을 적 모습이 지금도 눈에 선하다. 중경의 삼일유치원을 다니던 아이들은 이제 지아비 지어미가 되었을 터이다.

사진도 사진이지만 성엄의 일지를 꺼내 확인해 볼 것들이 많다. 내가 자전(自傳)을 쓴답시고 이 얘기 저 얘기를 두서없이 해냈는데, 혹시 날짜나 장소나 사람 이름이 잘못되어 있을지 모르니, 아범에게 마저 살펴달라고 해야겠다.

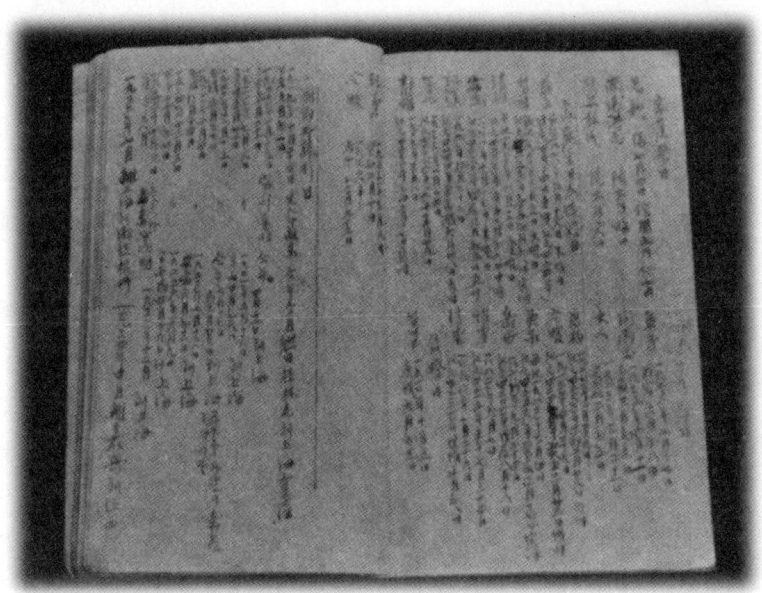

필자의 남편 김의한이 국내를 빠져나갈 때(1919년)부터
해방이 되던 해까지 일어났던 모든 일을 꼼꼼하게 적어 놓은 가족 일지.
손바닥 크기의 이 일지 속에는 필자의 여섯 차례에 걸친 국내 잠입 날짜며,
임시정부가 상해를 탈출해 중경에 마지막 청사를 마련하기까지의
세세한 사항이 고스란히 적혀 있다

무엇을 남길까

아범의 말로야 '어머님의 투쟁기'라고 하지만, 막상 내가 지내온 날들의 이야기를 적고 보니 싱겁기 짝이 없다. 작년까지만 해도 웬만한 일들은 속속들이 다 기억이 났었는데, 올해 들어서 갑자기 몸이고 정신이고 예전같지가 않으니 나이는 속일 수가 없는가 보다. 그래도 그나마 머리 속에 박혀 있고 가슴 속에서 지워지지 않는 것들이 남아 있길래 없는 글 재주며 부족한 소견으로 원고지를 메웠다.

물론 아범이 옆에 붙어앉아 거들지 않았더라면 당초에 될 일이 아니었고, 이것저것 자료를 한 보따리씩 정리해 주고 간혹 미심쩍

은 것들이 있으면 연락이 닿는대로 당사자들이나 자손들을 찾아가 확인해서 내게 일러 준 것도 아범의 정성이었다.

　글을 쓰기 시작해서 채 반이 되지 못했을 때 백내장 수술 탓인지 정신이 혼미해져 갈피를 잡지 못하고 사흘 밤낮을 꼬박 누워 지낸 적도 있다. 아범이 내가 불러 주는 대로 받아 적으면서 자기가 보기에는 어쩠했다느니, 이런 일도 있었다느니 하며 지난 일들을 끄집어낼 때는, 주위 선생님들께 칭찬받던 어릴 적 아범의 모습을 빼다 박아놓은 것같다.

　이번 이사가 끝나면 아무래도 병원을 찾아야 할까 보다. 아프고 고장난 것을 낫게 하고 고치자고 찾아갔던 병원인데, 황색 카드 탓인지 무료 시술 탓인지 백내장 수술을 한답시고 그만 눈 한쪽을 아예 못쓰게 만들어 놨으니 다시는 그 황색 카드 들고 보훈 대상자입네 하면서 병원 문고리를 잡지는 않겠다고 수십번을 벼르긴 했지만, 뭐가 잘못돼서 이렇게 됐는지 속시원하게 말이라도 들어 봤으면 싶다. 그랬다가 혹시라도 망령난 할머니 소리를 듣게 되는 것은 아닐지.

　이사가 끝나면 우리집 식구 하나가 준다. 손녀가 시집을 가게 됐으니 어쩌면 손주 사위 한 사람이 더 느다고 할 수도 있겠다. 아범이 이제는 '장인 어른' 소리를 듣게 되었다. 첫딸 시집 보내기가 무척 섭섭할 것이다. 더구나 집안 형편이 조금 핀 다음에 보냈으면 할 텐데 딸 자식을 마냥 잡아둘 수도 없는 노릇이니, 알몸뚱이로 보내는 것만 아니라면 때가 무슨 상관이겠는가.

　이제야 셋방살이를 청산한다. 아범도 애를 많이 썼고, 어멈도 고생이 무척 많았다. 이삿짐을 싸느라고 법석을 피면서도 모두들 즐거운 낯이다. 떠나면서 얼굴에 웃음을 잃지 않는다는 건 얼마나 다행한 일인지 모르겠다.

　해방된 조국을 향해 상해 부두를 떠날 때를 빼고 나면 중원 대륙 수만리를 떠돌면서 웃는 낯으로 발길을 떼어 본 기억이 드물다. 이사가 끝나면 주위 사람들에게 한번쯤 연락해서 새 집 주소라도 알려야겠다. 이미 갈 사람은 다 가고 이제 세상에 몇 되지 않는 옛 동지들인데 연락마저 끊고 지내기란 못할 일이다.

아범이 성엄의 일지와 사진들, 내가 즐겨 읽는 책들을 따로 정성 들여 싸놓았다. 내가 내 손으로 들고 갈 것들이다. 성엄의 일지 안에는 시아버님을 비롯해서 임정에 몸 담았던 혁명투사들의 이름이 낱낱이 적혀 있다. 내가 본국을 드나들던 때의 기록도 빼놓지 않았다. 그 일지만큼은 내가 내 손으로 들고 갈 것이다.

손자와 손녀도 짐 꾸리는 데 손을 모으는지 건넌방이 더 수선스럽다. 비록 셋방이었지만 집안의 흔적이 묻어나는 짐들을 차곡차곡 꾸리는 게 참 보기좋다. 나도 거들어야겠다. 이 아침에 이사를 가기 위해 짐을 싸는 아들과 며느리와 손자와 손녀에게 내 손길을 주어야겠다.

조국의 타오르는 아침을 맞게 될 그들에게.

어머니에 대하여
시대의 부름에 두 손을 모으고

김 자 동

  어머니의 어렸을 적 이름은 정묘희(鄭妙喜)이다. 호적에 올라 있는 이름도 이것이지만, 중국 상해에 있을 때부터 수당(修堂)이라는 호와 함께 정화(靖和)라는 이름을 썼으므로 정정화가 어머니의 본명이 돼 버렸다. 수당이라는 호는 몸과 마음을 닦는다는 뜻으로 어머니 자신이 스스로 지어 쓰면서 삶의 지표를 삼았던 것으로 어머니의 근실한 성품을 잘 알게 해준다.
  어머니는 20세기의 첫해인 1900년 8월 3일(경자년 음력 7월 9일) 서울에서 태어났다. 어머니가 태어난 이 해에 서울에서는 한강철교가 준공되었고, 경인간 철도가 개통되었다.
  이 두 가지 사실은 일본이 이미 정치·경제·군사 등 각 방면에서 우리나라에 막강한 영향력을 행사하고 있다는 사실을 상징적으로 보여 주고 있다. 어머니의 일생은 이렇게 일본의 우리나라에 대한 침략과 더불어 시작된다.
  나라의 불행과 달리 어머니의 어린 시절은 행복했다. 충남 예산에 많은 토지를 갖고 있었던 나의 외조부 정주영과 외조모 이인화 사이에서 2남4녀 중 세째딸로 태어난 어머니는 부모님의 귀여움뿐 아니라 특히 두 오라버니와 언니들의 총애를 받으며 자랐다.
  정씨 집안의 세째딸인 어머니가 집안 식구들의 사랑을 독차지할 수 있었던 것은 총명하고 부지런하며 남과 다툴 줄 모르는 원만한 성격 탓이었다.

어머니가 여섯 살되던 1905년에 이른바 을사보호조약이 체결되자 민영환, 홍만식 등이 자결로 항의하여 매서운 기개를 보였고, 많은 뜻있는 이들이 경향 각지에서 이 땅에 사람 있음을 호소로써 또는 행동으로써 보이는 중에 관직을 맡았던 이들도 보호조약 즉시로, 혹은 그 후 2,3년 안에 관직에서 사퇴하기도 했다.

외증조부는 당시 이미 관직에서 은퇴해 있었고, 얼마 후 충남 예산으로 내려가 농장에서 여생을 보내게 되자 어머니도 예산으로 내려가게 되었다.

외조부는 지극히 완고하고 보수적인 분이었다. 여자는 한문을 배워서는 못쓴다고 여겨 딸에게 한문을 가르치지 않았고, 한글만 겨우 깨우치게 했다. 그 이상의 공부는 감히 엄두를 낼 수 없었다. 그러나 두 살 위인 오라버니와 함께 서당을 몰래 드나들던 어머니는 이미 여섯 살에 천자문을 다 익혔다.

그러다가 아홉 살 되던 해에 다시 서울로 올라온 어머니는 다시 공부할 기회를 얻게 되었는데, 사랑채에서 두 오라버니와 함께 가정교사 밑에서 한문 공부를 계속할 수 있었다. 물론 외조부의 눈길을 피해서였다.

당시 서울에는 이미 여학교가 있었고, 개화된 집안에서는 딸을 여학교에 보내기도 하던 상황이었다. 남자들에게도 한학만을 고집하는 외조부가 딸들을 여학교에 보냈을 리는 없다.

하루는 가정교사가 외조부와 만난 자리에서 외숙부뿐만 아니라 동생인 어머니도 머리가 영특하여 공부를 썩 잘한다고 칭찬하는 바람에 어머니의 서당 출입이 들통나고 말았다. 가정교사는 외조부에게 어머니를 계속 공부시키는게 좋겠다고 제의했고, 시대의 변화를 눈치챘음인지 외조부도 교사의 권고를 받아들여 『소학』까지만 가르치도록 허락했다.

이것이 어머니가 혼인 전에 받은 교육의 전부이다. 열 한 살에 시집가서 스무살 되던 해 상해로 떠나기 전까지는 어려운 시집살이에 물론 책 들여다볼 기회가 전혀 없었다. 그러나 어머니와 함께 이야기를 해본 사람들은 누구나 어머니의 해박한 지식에 혀를 내두르곤 한다. 올해로 여든 여덟이 되신 그런 어머니를 나는 감히 천재라고 부르기를 주저하지 않는다.

어머니가 중국에 있는 동안, 정규교육받을 기회는 전혀 없었을 뿐만 아니라 늘 쫓기고 불안한 생활이었음에도 책을 손에서 놓질 않았고, 일단 한번 잡은 책은 끝까지 독파해야 직성이 풀리는 성품이었으니, 당시 전문학교나 유학 등의 정규교육을 받은 이른바 신여성들에게 조금도 뒤지지 않았다.

내가 학교에 다니기 시작하면서 어머니는 미리 내 모든 교과서를 다 자습한 후에 나를 가르쳐 주었고, 중학교에 입학한 후에도 2학년까지는 영어를 가르쳤다. 물론 어머니는 영어의 철자부터 시작해서 모두 새로 내 교과서를 보고 배워 내게 지도한 것이다.

이것은 뛰어난 지능만으로 될 일이 아니다. 총명하고 명석하며 이해력이 남다르다고 해서 할 수 있는 일도 아니다. 어머니에게는 근면이라는 실천철학이 있었다. 처음 대하는 아들의 교과서를 미리 자습해서 내용을 안 후에 아들을 가르친다는 것은 능력도 능력이지만 우선은 성실하고 근면해야 되리라고 본다.

내가 어려서부터 어머니의 품안에서 배운 것 중 하나가 바로 이 근면성이다. 부지런하다는 것은 남이 시켜서 되는 것이 아니고, 억지로 꾸며 만들어 내는 것도 아니다. 더구나 임정의 변화무쌍한 생활권 안에서 이 근면의 정신이 없다는 것은 곧 도태를 의미하기도 했다.

완고한 분위기의 친정과 시댁에서 막 벗어나자마자 어머니는 험하고 거친 임시정부의 세계에 뛰어들었다. 세상 물정에는 거의 백지에 가까웠던 시절이었다. 그리고 임정이 해체될 때까지 약 30년을 어머니는 임정에 끝까지 몸을 담고 있었다. 임정이라는 울타리 안에서의 사생활은 애옥살이나 다름없었고, 임정 자체도 휘몰아치는 비바람에 알몸을 드러내 놓고 있는 상황이었음을 생각해 보면 어머니의 적응능력은 상상을 뛰어넘는 것임에 틀림없다.

나는 어머니의 이러한 적응능력이 사생활이나 공적인 생활에서 남달리 부지런했던 데에서 나온 것이 아닌가 한다.

대담무적(大膽無敵)이라는 말이 있다. 적을 적으로 여기지 않을 만큼 담이 크다는 뜻이다. 어머니에 대해 이야기할 때 빼놓을 수 없는 것이 바로 어머니의 대단한 담력이다. 부녀자들의 바깥 출입이 그리 환영받지 못하고, 혹 나들이를 하게 되면 쓰개치마가 필수적이거나 가마 행보가 상식으로 여겨지던 시절에 불원천리하고 상해길을 나섰던 것이며, 이웃 마실이라도 가듯이 비밀통로를 통해 국내를 수차 왕래하였던 것은 그야말로 담이 크지 않고는 쉽사리 덤벼들 만한 일이 아닌 것이다.

듣기만 해도 가슴 조이고 간담이 서늘한 이야기를 지금도 어머니는 마치 관광여행이라도 갔었던 것같이 덤덤하게 넘겨 버리시곤 한다. 어머니가 늘 뇌이는 백범같은 분이야 우람한 체구 그 어느 한 켠에 기백이며 담력이 숨어 있다고 능히 짐작이 가건만, 마냥 연약하고 가냘프기만 한 체구의 어머니는 도대체 어디서 그런 대장부적인 용기가 나오는 것인지 60년 가까이 곁에서 지켜봐도 알 길이 없다.

내가 본 어머니를 모두 글로 옮기자면 또 한 권의 책이 묶여 나와야 할 것이다. 내가 어머니를 존경하고 흠앙하는 것은 새삼 말할 것이 못되고, 나는 어머니를 내 모든 사고와 행동의 지표로 삼고 있다. 혹 내 배움이 어머니에 뒤질까 염려하기도 하고, 혹시 60을 바라보는 내 나이를 핑계로 게으름을 피우는 것은 아닐까 자책하기도 하는 것은 분명히 어머니의 말없는 실천적 가르침 덕분이다.

언론계에 몸을 담고 있던 지난 날부터 나는 줄곧 일제 치하 국내외의 항일투쟁과 해방 전후의 사회상황에 대해 관심을 가져왔다. 그것은 꼭 우리 집안이 관련되어서라기보다는 좌절과 절망의 일직선상에서 이따금씩 환희와 희망의 등불이 깜박이던 우리나라 현대사의 질곡의 이면을 똑바로 알고자 하는 순수한 욕심에서였다.

대한민국 임시정부와 관련된 적지 않은 증언이나 회고록, 연구보고서, 논문 등이 물론 내게 많은 도움을 주긴 했지만, 임시정부의 실체를 보다 더 올바르게 파악할 수 있는 계기가 된 것은 무엇보다도 나의 직접 경험이라고 할 수 있다.

내가 태어난 1928년의 상해 임시정부는 내부 분열과 자금난 등으로 해서 많은 어려움을 겪고 있었다. '열 사람이 모이면 뜻이 열 개가 나오고(十人十志)' 가까스로 두 개 당이 합치고 보면 세 개 당이 파생되어 나올 정도로 의견 통합이 힘들었고, '재미동포들의 주머니 돈'으로 간신히 명맥을 유지하고 있던 때였다. 국내와의 비밀통로 조직인 연통제와 교통국이 이미 와해되어 사실상 국내와의 연계는 거의 이루어지지 못했다.

어머니의 독립자금 모금을 위한 국내 왕래가 1928년 이전에 다섯 차례나 있었던 반면 1930년 7월에 나를 데리고 국내에 왔었을 때부터는 모금이 순조롭지 못했다는 것만 봐도 상해 임정의 당시 처지를 쉽게 짐작할 수 있다.

어머니가 국내에 잠입하게 된 것은 애초에 사사로운 동기에서였다. 내 조부와 아버지의 뒷바라지를 위해 어머니가 상해로 갔을 때와 마찬가지였다. 그러나 사적으로 계획되었던 일이 비밀지령이라는 막중한 임무를 짊어지게 되었고, 어머니 특유의 담력과 성실한 자세로 뜻밖의 결과를 얻게 되자 아예 어머니에게 국내 잠입 모금이라는 공적인 임무가 주어지게 된 것이다.

임정의 자금난이라든가, 일경의 집요한 감시 등 당시의 주변 상황으로 봐서 첫번째 임무를 무사히 마치고 상해로 돌아갔을 때 상해에서의 어머니를 맞이하는 환대는 대단했으리라 보는데, 어머니는 그때의 상황을 그저 '반기더라'는 식으로 대수롭지 않게 그리고 있다.

어머니가 처음 상해에 망명했을 무렵 상해에는 이미 신여성들이 주도하는 애국부인회 조직의 움직임이 있었다 한다. 신교육을 받지 못한 대부분의 부인들은 그러한 움직임에 관여할 생각을 못했다. 그런 일은 신여성들만이 하는 일로 생각했기 때문이다. 어머니도 예외는 아니었다.

그러나 사실상 그러한 단체는 주로 지식과 미모를 겸비한 신여성들의 탁상공론을 위한 모임에 지나지 않았다. 실제 독립운동에 기여한 일이라고 해봐야 성명서 몇 장 내는 데 지나지 않았다. 어머니가 굳이 밝히기를 꺼리는 이야기 한 가지를 여담삼아 적어 본다.

애국부인회의 회장까지 지낸 적이 있는 김모라는 여인은 상해에서 임정의 주요 인물인 최모와 결혼했다. 수준 이상의 생활을 유지하려다 보니 결국 임정이 상해를 떠난 후에도 상해에 머물러 있었는데, 일본 정부에 항공기를 헌납할 정도로 유지가 되었다 한다. 해방 이후에는 부일협력 혐의로 상해에서 투옥까지 당했다. 그런데 최근에 들은 바에 따르면, 그 여인이 한때 임시 의정원의 요직에 있었다는 사실만을 내세워 훈장을 받았을 뿐만 아니라 독립기념관에 자신의 동상을 세우려고 운동을 하고 다닌다는 것이다.

물론 일부의 사람에게만 해당되는 일이라고 믿고 싶다.

어머니는 중국에서도 충실한 가정주부였다. 며느리의 도리를 다했다. 그리고 소아와 대아를 나누어 보고 어느 것을 택하는 게 옳은 것인지를 스스로 터득했다. 그런 어머니 밑에서 나는 대아를 위해 살도록 철저하게 교육받았다.

내가 어렴풋이나마 중국에서의 생활을 기억해낼 수 있는 것은 열 살 이후의 일이다. 그 후 해방될 때까지 10여 년간의 세월을 나는 한국 광복진선계의 여러 지사들 틈에서 자랐다. 물론 내 어머니를 주변의 다른 부인들과 견주어 보기도 했다.

광복진선계의 가족들 사이에 문제가 생길 때마다 으레 어머니의 의견이 크게 작용했고, 직선적이고 참을성이 부족한 까닭으로 동지들하고 충돌하는 경우가 빈번한 아버지에 비해 어머니는 너그러운 성품으로 상대방을 감싸곤 했다.

그러니 자연히 아버지하고는 개인적으로 거리가 있는 사람들도 어머니하고는 늘 가깝게 지냈다.

혼자 생활하는 임정의 국무위원들을 어머니가 자청해 모신 것도 이러한 어머니의 성품이 많이 작용한 탓이다. 사실 네 다섯 분의 노인들을 모신다는 것은 누구라도 선뜻 나설 일이 못되는 일인데, 당시 형편으로는 누군가가 그분들을 돌봐드려야 했기 때문에 비교적 식구가 단촐한 어머니 자신이 나섰고, 여러 어른들도 어머니를 원했던 것이다.

망명 기간중 어머니의 활동은 대체로 세 시기로 나누어 볼 수 있다.

첫째는, 상해에 처음 발을 들여 놓은 1920년에서 상해를 떠나는 1932년까지다. 이 기간에 어머니의 여섯 차례에 걸친 국내 내왕이 있었다. 압록강 철교를 건너 잠입하다가 체포된 것은 세번째의 밀입국 때였다.

할아버님이 작고한 후 어머님과 아버님은 진로에 대해 무척 고심을 했던 것으로 알고 있다. 두 분은 만주로 가서 독립운동의 최전선에서 일할 것도 생각했으나 결국 현대교육을 받으려는 의도에서 미국유학행을 결심했다. 물론 외조부의 지원을 염두에 둔 계획이었다. 그러나 이 유학계획은 외조부의 별세로 실천되지 못했다.

부모님이 유학의 꿈을 버린 후에 계속 상해에 남아 있었던 것은 임정 지도자들과의 개인적 친분이 많이 작용했기 때문이다. 그 무렵의 상황을 살펴보면 이 점을 쉽게 알 수 있다.

기미년 이후 큰 꿈을 품고 상해에 모여든 청년의 수는 한때 천여 명을 육박했다. 그랬던 것이 독립의 전망이 불투명해지고 임정의 활동이 침체되자 많은 사람들이 상해를 떠났다. 더러는 집안의 가세를 의지해 고향으로 돌아가기도 했고, 일본 유학을 택하는 사람도 있었다. 미국이나 유럽 쪽으로 유학가는 이도 있었다.

그러나 보다 많은 사람들은 중국혁명의 본거지인 광주(廣州)로 가서 그곳의 중산(中山)대학에 입학했다. 중산대학에 진학하여 보다 더 효과적인 독립투쟁이라는 혁명의 대열에 서고자 했던 것이다. 광주 부근의 황포에 있는 중앙군관학교나 기타 군관학교에 입학하는 이들도 적지 않았다. 1924년 경에는 광주의 한국 청년들이 2,3백 명에 달했으니 상해에 남아 있는 수보다도 많았다.

그러한 한인 청년들 중에는 중국의 혁명에 연대의식을 가지고 참여함으로써 일제의 침략을 물리치려는 구상을 행동에 옮기는 이들도 있었다. 일부는 국민당 군대에 가담하기도 했고, 좌경 청년들은 중국 공산혁명에 발을 들여 놓아 목숨을 잃기도 했다.

이런 경우와는 반대로 상해를 떠나 일본의 꼭두각시 노릇을 하는 이들도 없지 않았으니, 이광수같은 지식인들이 일본의 충실한 앞잡이 노릇을 한 것은 애석한 일이라 아니 할 수 없다.

이와 같은 여러 사정을 감안해 볼 때 임정의 주변에 남게 된 청년들은 소수에 불과했고, 그들 중 몇몇은 임정의 주요 지도자들과 특별히 가까운 관계를 맺은 사람들이었다. 부모님도 이 무렵 이동녕, 이시영, 김구 선생 등과 불가분의 관계를 맺고 있었다.

어머니의 중국 체류 제2 시기는 1932년 4월 29일 윤봉길 의사의 홍구공원 의거로 상해를 탈출한 날로부터 중일전쟁 이듬해인 1938년 2월에 우리 집안이 호남성 장사에서 임정 일행과 합류한 때까지로 잡을 수 있다.

1932년 5월 황망히 상해를 빠져나온 우리 가족은 그 후 약 1년간 절강성 가흥현에 머물렀다. 어머님이 비공식으로나마 임정의 살림을 맡기 시작한 것은 이때라고 할 수 있다. 이 무렵 윤 의사의 의거로 중국 각계의 지원이 답지하여 상해 시절보다 자금 형편은 윤택한 편이었으나 상해의 대일 테러 활동의 근거지를 상실한 임시정부와 애국단은 그야말로 휴업상태나 다름없었다.

아버님은 윤의사의 희생으로 얻게 된 지원금을 축내며 무위도식하느니 차라리 아무 곳에나 가서 밥벌이라도 하는 것이 나을 듯싶어 중국 관청에 일자리를 얻었던 것같다. 그러니 결국 중일전쟁이 일어난 1937년까지 5년간은 와신상담의 세월이었다.

만주에서 내려온 독립군 출신 수십 명이 임정 주변으로 몰려들어 실질적인 항일투쟁보다는 입씨름만 하고, 이합집산으로 시간과 정력을 낭비한 것도 바로 이 시기였다.

아무튼 독립운동에 적극적으로 뛰어들 상황이 아닌 이 무렵, 아버님이 중국 관청에 취업하는 동안 부모님은 나름대로 유용한 시간을 보냈다. 중국말을 익히고 중국인들과 밀접하게 지내면서 중국에 대한 인식이나 지식을 넓힐 수 있었던 것이다. 뿐만 아니라 어머니는 세계정세의 중요성을 인식하고 중국에서 발행되는 신문, 잡지, 서적 등을 통해 국제정세의 흐름을 익히게 되었다.

어머니가 상해에 있을 때인 제1 시기에 국내 왕래 기간을 빼곤 언제나 틈이 날 때마다 책을 멀리하지 않아 중국의 고전이나 역사에서부터 서양 문학, 국내 역사, 문학에 이르기까지 방대한 분야를 섭렵할 수 있었던 데 비해 현실적이고 직접적인 현재의 상황을 올바르게 파악하는 눈을 기르게 된 것이 바로 이 제2 시기인 것이다.

1937년 중일전쟁이 터지자 아버님은 중국 관청 일을 청산하고 1938년 2월에 남경에서 옮겨온 임정 일행과 장사에서 합류하였다. 이때부터 1946년 5월에 귀국할 때까지가 어머니의 중국 체류 마지막 기간이다.

1938년 가을부터 어머니는 임정의 안살림을 맡게 되었다. 같은 해에 아버님은 임정 국무원 비서에 취임함으로써 당시 국무위원이자 국무원 비서장이던 차이석 선생과 함께 두 분이 국무원의 살림을 도맡게 되었다.

　백범의 말대로 '기적장강만리풍(寄跡長江萬里風)'의 다사다난한 시기였던 이 마지막 8년간은 지난 20여 년이 망명에 지나지 않았던 데 비해 고난과 역경의 연속이었긴 하지만, 광복군 창설 등으로 희망과 기대에 부푼 보람된 시기였다.

　이 기간에 광복진선계의 부인들 대부분이 전통적인 주부로서의 일에 충실한 반면 어머니는 공적인 일에 보다 적극적으로 참여하였다. 대외 교섭에 필요한 사교행사도 임정의 필수적인 업무 중의 하나였기 때문에 소홀히 할 수 없었는데, 대개의 이런 잔치는 어머니가 주관하곤 했다. 여성들의 단체활동이나 어린이들의 교육, 심지어 한독당 일에도 관여하는 등 눈코뜰 새 없는 생활 중에도 어머니는 결코 집안일을 등한시하지 않았다.

　나는 1940년대의 초반기에 운동화라든가 구두를 한 켤레도 사서 신어 본 적이 없다. 구두뿐만 아니라 운동화까지도 그 즈음의 형편으로는 사치품이라고 할 만큼 물자가 귀한 시절이었다. 국내의 당시 상황과 크게 다를 바 없다고 본다. 그러니 전쟁 기간 내내 내가 신을 수 있었던 것은 오직 헝겊 신뿐이었다. 바닥부분을 모두 첩첩이 헝겊 조각을 대서 송곳 구멍을 내고 촘촘하고 단단하게 누벼서 만드는 그 헝겊 신은 여간 손이 많이 가지 않았고, 정성을 요하는 것이었다.

　어머니는 꼬박꼬박 손수 그 신을 내게 만들어 주셨다. 중경 근처의 겨울이 물론 혹한의 날씨는 아니지만, 그래도 짚신을 신고 다니기에는 고역이었다. 내 친구들 대부분은 짚신을 신고 지내도 나만큼은 늘 헝겊신을 신을 수 있었으니, 어머님의 검소하고 근면한 성품 덕분에 호강스럽게 자란 셈이다.

　1946년 5월 우리 가족 세 식구는 피난민 귀국선을 타고 그리던 조국에 발을 디뎠다. 그리고 어언 40년이 지나 어머니 연세 벌써 여든 여덟이 되었다.

어머니는 원대한 이상을 가진 바도 없었고, 큰 포부를 지닌 것도 아니었다.
민족의 한 사람으로서 민족이라면 누구나가 다 갈망하는 독립을 바랐을 뿐이며,
그저 묵묵히 자신의 일을 성실하게 해냈을 뿐이다

 원래 어머니가 이 책을 시작할 때는 해방 전까지만 언급하기로 계획을 잡았던 것인데, 어쩐 일인지 해방 후 6·25를 거쳐 현재 생활 주변까지도 손을 대셨다. 어머니 나름대로의 깊은 뜻이 있어서라고 본다.
 어머니의 중국 망명 30년의 세월은 결코 평탄치 않은 역경의 세월이었긴 하지만 적어도 이상이 세워져 있었고, 목표가 뚜렷했

으며 희망에 차 있던 30년이었다.

그리고 부산에 첫발을 디디면서 출발한 독립 조국에서의 40여 년 세월. 어머니는 늘 말씀하신다. 원칙이 없다고. 어쩌면 어머니가 겪으신 조국의 40년은 침울한 것이었는지도 모른다.

6·25 때 어머니가 투옥된 불행한 사건은 어머니에게 너무나 큰 상처를 입혔다. 어머니는 그 후부터 중국 시절의 당당하고 패기넘치던 모습을 전혀 보여 주지 않았다. 늘 자유와 민주와 통일을 이야기하면서도 얼굴빛엔 예전에 내게 헝겊신을 꿰매 주던 때의 그것이 아니다.

그러나 나는 오늘도 어머니의 책 읽는 모습을 볼 수 있다. 한쪽 눈을 실명한 채로 여전히 돋보기에 확대경까지 걸치고 책 갈피를 넘기는 어머니의 모습은 감당하지 못할 많은 것을 내게 말해 준다.

어머니의 항일투쟁 기록은 고초와 간난으로 점철된 파란만장한 한 편의 대서사시다. 어느 한때도 어머니는 주인공 자리를 남에게 맡겨 보지 않았고, 자신의 삶의 신조를 어기지 않으면서 역사의 소용돌이에서 끝끝내 자신의 자리를 지켰다.

변절, 매국, 부일에서부터 방관, 냉소, 무관심, 안일무사, 이기주의에 이르기까지 민족의 가슴에 못을 박은 몹쓸 것들이 종횡무진으로 활개치던 그토록 어려웠던 시기에 어머니는 흔들림 하나 없이 항상 꼿꼿했다.

하지만 어머니는 원대한 이상을 가진 바도 없었고, 큰 포부를 지닌 것도 아니었다. 민족의 한 사람으로서 민족이라면 누구나 다 갈망하는 독립을 바랐을 뿐이며, 그저 묵묵히 자신의 일을 성실하게 해냈을 뿐이다. 스스로 독립으로 가는 길의 디딤돌이 되었을 뿐이다. 그러기에 어머니는 집안에서도 가장 아내다웠고 엄마같았으며, 며느리다왔고 어머니같았다. 내게 어머니는 어머니 이상인 까닭이 바로 여기에 있다.

다음에 소개하는 한시 두 수는 어머니가 1951년 호 6·25동란 중 1·4후퇴로 텅빈 서울에서 쓴 「철옹성」과, 출옥 직후에 쓴 「옥중소감」이다. 이 시를 옮긴다는 말을 듣고 어머니는 웃으며 극구 나를 말렸다. 한시는 운(韻)이 맞아야 제맛인데, 이 시들은 그저 생각나는 대로 몇 자 긁어 본 것이므로 시라고 부를 수도 없다는 것이었다.

그러나 형식에 앞서 어머니의 깊은 마음을 헤아릴 수 있는 내용들이기에 어머니의 반대를 무릅쓰고 감히 옮겨 본 것이다.

철옹성(鐵甕城)

한강가는 철옹성같이 요새화되었고(漢江邊境鐵甕城)
역사에 듣지 못한 참변이 이는구나.(有史末聞極慘事)
텅빈 시내에는 쌓인 눈이 겹겹인데(空城積雪數餘尺)
세상일 돌아봄에 소매에 젖는 눈물.(回顧世事淚萬襟)
자식들은 남쪽으로 피난길 떠났고(子輩避難下南行)
남편은 북쪽으로 잡혀갔구나.(夫君爲虜北方去)
며느리도 밥벌이로 집 떠났으니(子婦爲食離家中)
남느니 몇 집의 늙은이와 아이들이 다가올 일들만 기다리고 있을 뿐(幾家老弱惟待事)

날마다 폭격하는 그곳이 어디인가(爆擊地方日何處)
그곳 역시 내 나라 계림땅이 아닌가.(亦是鷄林我國土)
낮과 밤이 따로 없는 비행기 소리(日夜不是飛機聲)
동족 상쟁으로 피와 살이 튀는구나.(同族相爭血肉出)
눈내린 밤 밝은 달이 창가에 비치는데(雪夜明月照我窓)
콩알만한 등불 아래 누더기를 깁나니(如豆燈下縫破衣)
세 살박이 손녀는 무릎 위에서 놀고(三歲孫女膝上戲)

팔십 노모 아랫목에 잠들어 있네.(八十老母坎下睡)

옥중소감

아직껏 고생 남아 옥에 갇힌 몸되니(餘苦未盡入獄中)
늙은 몸 쇠약하여 목숨 겨우 붙었구나.(老軀衰弱句息存)
혁명 위해 살아온 반 평생 길인데(半生所事爲革命)
오늘날 이 굴욕이 과연 그 보답인가(今日受辱果是報)
국토는 두쪽 나고 사상은 갈렸으니(國土兩斷思想分)
옥과 돌이 서로 섞여 제가 옳다 나서는구나.(玉石交叉各自是)
철창과 마룻바닥 햇빛 한 점 없는데(鐵窓地板無日光)
음산한 공기 스며들어 악취를 뿜는구나.(陰氣襲入惡臭生)

하루 두 끼가 한줌의 보리며(一日兩餐一掬麥)
일어서고 앉음이 호령 한마디에 달렸네.(起居動作依號令)
깊은 밤 찬 바람에 마루에 누웠는데(夜深寒氣臥板上)
가을이 늦었어도 걸친 건 모시옷뿐.(菊秋之節尙麻衣)
옥리들의 소행이 우습기만 하나니(獄吏所行亦可笑)
입 벌리면 사람에게 욕이니 퍼붓네.(開口言所辱人家)
손 들어 하는 짓은 채찍질이 고작이니(擧手所作加鞭撻)
나하고 전삼생에 무슨 원한이 있단 말인가(與我無有三生怨)

어머님은 원래 기억력이 뛰어나기로 주위 사람들 사이에 정평이 나 있었으나 근래 들어서는 실력 발휘를 다하지 못하신다. 이 책을 시작하면서 끝마칠 때까지 나는 어머니의 한숨소리를 여러 번 들었다. 그럴 때마다 나는 내가 아는 바나 기록에 나온 자료들을 어머니께 일러드렸고, 어머니께서 다시 기억을 되살려 무릎을 치곤 하셨다.

원고지 한 장 한 장이 메워지는 동안 몇몇 옛 동지들의 도움을 얻었다는 것도 어머니를 대신해 밝히고자 한다. 특히 박영준(朴英俊) 형과 그 부인 신순호(申順浩) 여사, 김승곤(金勝坤) 형, 김신(金信) 형이 중국 망명 당시의 여러 사건과 시일, 장소 등에 대해 조언을 아끼지 않았다. 사진 자료를 제공해 준 석오장의 손자 이석희(李奭熙)에게도 사의를 표하지 않을 수 없다.

1987년 2월

정정화 연보

1900	8월 3일(음 7월 9일) 수원유수를 지낸 정주영과 이인화의 3녀로 서울에서 태어남. 이름은 정묘희(鄭妙喜).
1910(10세)	대한협회 회장 김가진의 3남 김의한과 결혼.
1919(19세)	여름 첫딸을 낳았으나 바로 죽음.
	10월 시아버지와 부군이 상해로 망명.
	11월 큰오빠 정두화 대동단 사건으로 구속됨.
1920(20세)	1월 초 시아버지와 남편의 뒤를 따라 상해로 망명함으로써 중국에서의 망명생활 시작. 이름을 정정화(鄭靖和)로 바꾸고, 스스로 호를 수당(修堂)으로 지음.
	안창호, 이시영, 김구, 신규식 등 임정 요인들과 교류. 3월 임시정부 독립운동 자금 모금의 밀령을 띠고 지하조직을 통해 1차 국내 잠입. 세브란스병원 관사에 있는 신필호의 집에 머물면서 모금.
	4월 상해 귀환, 임정 합류.
1921(21세)	늦은 봄에 2차 국내 잠입. 친정에 들림. 친정 아버지는 외국유학을 권유함.
	김규식의 이질 서재현과 함께 상해로 귀환함.
1922(22세)	6월 3차 국내 잠입 도중 신의주에서 체포되어 서울로 압송당함. 종로경찰서에서 석방됨.
	7월 4일 시아버지 김가진 노환으로 별세.
	친정에서 자금을 얻어 시동생 용한을 대동하고 상해로 귀환.
	10월 4차로 본국에 들어옴. 근화학원에서 영어를 배움.

1923(23세)	음력 2월 4일 정신적·재정적 후원자였던 친정 아버지가 별세함으로써 도미유학 계획이 좌절됨.
1924(24세)	12월 5차로 본국에 들어와 친정에서 6개월간 체류. 부군 김의한은 상해에서 대동전문학교 졸업.
1925(25세)	7월 상해로 귀환. 가을부터 유인욱의 알선으로 혜중학교를 한 학기 다님.
1926(26세)	부군이 상해에서 영국인이 경영하는 공공기차공사에 취직. 동지 32명과 의명(義明)독서회 설립, 부군 김의한이 주임 간사를 맡음.
1927(27세)	부군이 재중국 한인청년동맹 창설, 집행위원에 취임.
1928(28세)	아들 후동 출생. 부군과 함께 한국독립당 창립에 참여. 시동생 용한, 의열단 사건에 연루되어 고문후유증으로 자살.
1930(30세)	7월 아들과 함께 6차 귀국, 6개월간 체류.
1931(31세)	연초에 상해로 귀환. 부군이 한인애국단 창립.
1932(32세)	5월 윤봉길 의사의 4·29거사 직후 상해에서 절강성 가흥으로 탈출.
1934(34세)	봄에 부군이 중국 관청에 취직, 강서성 풍성현으로 이주. 9월부터 이듬해 봄까지 백범의 가정일을 도우며 지냄.
1935(36세)	11월 한국국민당 창건으로 부부가 함께 창립당원으로 가입.
1936(36세)	시누이 영원과 조카 석동이 남경에 찾아와 함께 강서성 무령에서 지냄.
1937(37세)	부군이 중국 관청의 직장 생활을 청산.
1938(38세)	2월 가족 전원이 강서성을 떠나 구강과 무한을 거쳐 호남성 장사시에서 임시정부 일행과 합류. 7월 장사시를 떠나 광동성 광주로 감.

	9월 다시 광동성 불산으로 옮김. 부군이 임시정부 국무원 비서로 취임.
	11월 불산에서 삼수, 오주, 계평을 거쳐 광서성 유주로 피난길을 떠남.
1939(39세)	4월 유주를 출발해서 귀주성을 경유, 사천성 서남부의 기강현에 도착.
	임시정부 청사 옆에 기거하면서 임정의 독신 국무위원들을 뒷바라지함.
	임시정부 선전위원회 신설로 부군이 위원으로 선출됨.
1940(40세)	5월 한국독립당 창당에 부부가 함께 창립당원이 됨.
	6월 한국여성동맹 창립으로 간사에 뽑힘.
	부군은 당중앙 감찰위원에 피선, 광복군 창건에 참여.
1941(41세)	1월 기강에서 중경의 외곽 지대인 토교로 이주.
	6월 한독당 제1기 집행위원에 피선.
	10월 3·1유치원 창설.
1942(42세)	9월 부군이 한독당 조직부 주임에 취임.
1943(43세)	1월 부군이 한국청년회 고문에 취임.
	2월 한국애국부인회 집행위원 겸 훈련부 주임이 됨.
1944(44세)	6월 부군이 한독당 선전부 주임에 취임.
	7월 임정 외교위원회 위원이 됨.
1945(45세)	중경에서 조국의 해방을 맞음.
1946(46세)	1월 아들을 데리고 중경을 출발, 2월에 상해 도착.
	5월 가족이 함께 해방된 조국의 품으로 돌아옴.
1947(47세)	3월 부군이 독립운동사 자료수집위원회를 만들어 대표에 취임.
1948(48세)	4월 부군이 김구 일행과 함께 평양 방문, 한독당 대표로 남북협상에 참가.
1950(50세)	9월 6·25동란 중에 부군 납북됨.
1951(51세)	9월 비상사태 하의 특별조치령 위반으로 투옥.
	집행유예로 출옥.

	집행유예로 출옥.
1952(52세)	12월 아이젠하워 미 대통령 방한 때 '요시찰인'으로 예비검속당함.
1960(60세)	회갑.
1969(69세)	칠순.
1979(79세)	팔순.
1986(86세)	백내장 수술 후 한쪽 눈 실명.
1991(91세)	운명하여 대전 국립묘지에 모셔짐.

찾아보기

고광원 44
고운기(高雲起) 190
고중민(高仲民) 219~22
공진원(公震遠=고운기) 190
곽낙원(郭樂園) 115,119~22,133~34
관신(關信=김신) 134
굴원(屈原) 152
김가진(金嘉鎭) 9,19,21,24~31
김각한(金玨漢) 19,269,270,273
김관오(金冠五) 151
김구(金九) 7,72,88,90,96~97,103,107,
　　　　　109,111,116~19,121~22,
　　　　　126,133,134,150,179,214,23
　　　　　5,279,281,287,289~94
김규광(金奎光=김성숙) 205
김규식(金奎植) 71,181,201,205,214,
　　　　　279,301
김극재(金克哉) 217
김노원(金魯源) 90
김도연(金度演) 297
김동길(金東吉) 171
김동원(金東元) 283
김두봉(金枓奉) 210~11
김명한(金明漢=김인한) 260
김붕준(金朋濬) 183
김병인(金秉仁) 171,177
김병호(金丙豪=고중민) 221
김병흥(金炳興) 61
김상덕(金尙德) 214
김상엽(金象燁) 211
김상옥(金相玉) 84
김석동(金奭東) 134,135,138,148,165,
　　　　　171,226,271,304
김석진(金奭鎭) 29
김선근(金善根) 312
김성숙(金星淑) 205,214
김숙동(金淑東) 261

김순애(金淳愛) 72,259
김신(金信) 115,133
김영원(金令媛) 19,134~38,148,271
김옥균(金玉均) 25
김완규(金完圭) 279
김용한(金勇漢) 19,48,84,135,271
김원봉(金元鳳) 73,74,124~26,197,207,
　　　　　214,230
김유동(金逌東) 61
김윤동(金沇東) 260
김윤식(金允植) 26
김응균(金應均) 24
김의한(金毅漢) 9,19,44,84,90,112,114,
　　　　　115,117,122,134,148,
　　　　　180,204,209,231,260,
　　　　　273,274,281,301
김인(金仁) 116,133,259
김인한(金仁漢) 260
김일(金一) 238
김일성(金日成) 238
김자동 295,303,305,311,314,316
김재호(金在浩) 205
김정원(金靜媛) 19,271
김종진(金宗鎭) 90
김종한(金宗漢) 26,83
김좌진(金佐鎭) 77,102
김중민(=고중민) 222
김진동 259
김진세(金鎭世) 217
김책(金策) 238
김철(金哲) 154
김충식 79
김태식 82,83
김학규(金學奎) 207,224,291
김해엽(金海燁) 211
김혜숙(金惠淑) 92,261
김호(金乎) 196

김홍일(金弘壹) 124,125,207
김홍집(金弘集) 61
김후동(金厚東=김자동) 92,94,105,134,
　　　　　　　　　174,215~18
김홍곤(金興坤) 307~09,311,312

나월환(羅月煥) 171,200
나창헌(羅昌憲) 44
나태섭(羅昌憲) 170
노덕술(盧德術) 74
노복선(盧福善) 170

당소의(唐紹儀) 43
도연명(陶淵明) 245
두보(杜甫) 254
드골 194,213
등영초(鄧穎超) 201

료중개(廖仲愷) 130
루스벨트 194,212~13,228

마점산(馬占山) 201
맥아더 237
모택동(毛澤東) 106,152
몽고메리 209
무솔리니 212
무정(武亭) 91
민영달(閔泳達) 30,61,
민영수(閔泳秀) 322
민영환(閔泳煥) 28
민필호(閔弼鎬) 113,185

박건웅(朴建雄) 205

박무빈(朴武彬) 271
박영준(朴英俊) 115,183
박영효(朴泳孝) 25,29
박용만(朴容萬) 44
박재희(朴載喜) 247~51,256~57
박정양(朴定陽) 26
박종길(朴鐘吉) 226,297
박찬익(朴贊翊) 23,34,112,115
박헌영 37
박효삼(朴孝三) 197
방응모(方應模) 274
백정기(白貞基) 288
부의(溥儀) 129

서병호(徐丙浩) 71
서재필(徐載弼) 25
서재현(徐在賢) 71
석정(石正) 201,210
선우진(鮮于鎭) 291,292
성주식(成周湜) 214
손과(孫科) 201~02
손문(孫文) 74,134,152,285
손영직 44
손일민(孫逸民) 241
손정도(孫貞道) 51
송경령(宋慶齡) 130
송미령(宋美齡) 141
송병조(宋秉祚) 160,241
송병준(宋秉畯) 32
송영조(宋永祚) 161
송자문(宋子文) 141
송지영(宋志英) 222
스탈린 227,228
시로가와(白川) 110
신규식(申奎植) 23,34,53,56~57,122,
　　　　　　　　150
신복룡(申福龍) 36
신성모(申性模) 290
신송식(申松植) 185

신순호(申順浩) 162,183
신익희(申翼熙) 197,206,214,283
신정완(申貞琓) 205
신창균(申昌均) 274
신필호(申弼浩) 58,60
신환(申桓) 150,162,183
심균유(沈鈞儒) 142
심대섭(沈大燮) 66,67

아이젠하워 209,315
안경근(安敬根) 133,134
안공근(安恭根) 97,122,210,300
안두희(安斗熙) 289,291,293
안미생(安美生) 97,259
안원생(安原生) 210
안재홍(安在鴻) 274,301,307
안정근(安定根) 210,259
안중근(安重根) 97,261
안창남(安昌男) 143
안창호(安昌浩) 28,40,53,105,161
안훈(安勳=조경한) 180,230
양우조(楊宇朝) 162
양호성(楊虎城) 140,141
엄기동 92
엄복동(嚴福童) 143
엄항섭(嚴恒燮) 67,90,92,112,114,126,
     155,176,183,281,293,
     301
엄홍섭(嚴弘燮) 162
연미당(延薇堂) 92,113
엽정(葉挺) 190
오광선(吳光鮮) 184
오광심(吳光心) 208,292
오세창(吳世昌) 277
오영걸(吳英傑) 185
오철성(吳鐵城) 156
오화영(吳華英) 279
오희영(吳嬉英) 185
오희옥(吳姬玉) 185

왕웅(王雄=김홍일) 124
왕조명(汪兆銘=왕정위) 142,168,170
왕중량(王仲良) 170
우승규(禹昇圭=나절로) 10,66,83
원두우(元杜尤, Horace G. Underwood)
     70
원세훈(元世勳) 297
유관순 226
유길준(俞吉濬) 26,30
유동열(柳東說) 102,150,151,183
유림(柳林) 214
유인욱(柳寅旭) 66,91,117
유종원(柳宗元) 162,164
유진동(劉振東) 177,183
유평파(劉平波) 183
윤기섭(尹琦燮) 214
윤기우(尹基祐) 34
윤보선(尹潽善) 66,67
윤봉길(尹奉吉) 107,109,110,288
윤용구(尹用求) 30
윤징우(尹澄宇) 202
윤치영(尹致暎) 297
윤치호(尹致昊) 32,33
은여경(殷汝耕) 131
이강(李堈) 40,41,44,134
이건진(李建珍) 304
이광(李光) 185
이광수(李光洙) 32,77
이규학(李圭鶴) 92,135,138,261
이규홍(李圭鴻) 135,138
이동녕(李東寧) 7,8,54,90,91,95,109,112,
     115,126,134,150,160,
     167,176~79,288
이동휘(李東輝) 76,95
이두(李杜) 130
이범석(李範奭) 180,207,292
이병린(李丙璘) 314
이봉창(李奉昌) 104,124,288
이상만(李象萬) 183
이상범(李相範) 143,304

이상설(李相卨) 95
이석영(李石榮) 95
이세창(李世昌) 59,60,62,63,64,69,72,
　　　　　　　100
이숙진(李淑珍) 171
이승만(李承晩) 84~85,222,237,
　　　　　　　276~78,283
이시영(李始榮) 8,54,66,88,112,126,134,
　　　　　　　150,160,177,261,279,
　　　　　　　271,283~86
이욱(李昱) 79~82
이운환(李雲煥) 150,151
이유필(李裕弼) 111
이의백(李義栢) 119,274
이의식(李義植) 274
이의흥(李義興) 197
이종욱(李鐘郁) 40
이종인(李宗仁) 140
이준식(李俊植) 170~171,190
이집중(李集中) 230
이청천(李靑天) 102,150,180,207
이회영(李會榮) 92
임긍(林兢) 122
임삼(林森) 212
임의택(林義澤) 177,260

장개석(蔣介石) 98,101,106,129~31,
　　　　　　　140~42,147,212~13,
　　　　　　　285
장건상(張建相) 202~03,205,214,297
장석우(張錫祐) 34
장준하(張俊河) 224~25
장치중(張治中) 106
장학량(張學良) 100,123,140~42
장흥(張興) 290
저보성(褚補成) 114
저봉장(褚鳳章) 114
전봉덕(田鳳德) 290
전협(全協) 31~34,44,45

정난희(鄭蘭喜) 24
정두화(鄭斗和) 23,31
정봉화(鄭鳳和) 24
정봉희(鄭鳳喜) 24
정숙화(鄭淑和) 85
정인보(鄭寅普) 286
정일형(鄭一亨) 297
정주영(鄭周永) 22
정태희(鄭泰熙) 261
정필화(鄭弼和) 18,47,48,49,50,73
조경한(趙擎韓) 180,230
조경호(趙慶鎬) 30
조계진(趙季珍) 92,261
조병옥 297
조성환(曺成煥) 23,34,167,170~171,279
조소앙(趙素昻) 126,161,179,201,206,
　　　　　　　209,279,281,296,308
조시원(趙時元) 91,230,308
조억제(趙億濟) 274
조완구(趙琬九) 28,57,109,126,134,150,
　　　　　　　160,161,279,281,301
조지쇼오(George Shaw) 41~42,72
조한용(趙漢用) 91
주은래(周恩來) 147,201
주코프(G. K. Zhukov) 209
진동손(陳東蓀) 114
진명(陳明=김후동) 134
진벽군(陳壁君) 168
진제당(陳濟棠) 140
진해(陳海=김의한) 123

차이석(車利錫) 8,160,161,167,241,288
채정개(蔡廷鍇) 106
처칠 194,212
최남선(崔南善) 32,89
최덕신(崔德新) 151
최동선(崔東仙) 73,266
최동오(崔東旿) 102,151,292,297,301
최린 32

최석순(崔錫淳) 59,63,64,69,72~73, 79,181
최익환(崔益煥) 34,36~37,45
최준례(崔遵禮) 9,116~18

트루만 228
티토 212

하지 279
하응흠(何應欽) 101,142,170
하향응(何香凝) 130
한규설(韓圭卨) 30
한지성(韓志成) 210,300

한필동(韓弼東) 226~27
항영(項英) 190
현익철(玄益哲) 102,150
호건(胡建=김재호) 205
호지명(胡志明) 192
홍명희(洪命憙) 279
홍범도(洪範圖) 102
홍상희(洪祥憙) 299
홍수전(洪秀全) 159
홍순형(洪淳馨) 30
홍진(洪震) 102,179,183,208,299
황학수(黃學秀) 102,170
황흥(黃興)152
히틀러 212